Kohlhammer

Jürgen Moosecker

Der Wochenplan im Unterricht der Förderschule

Mit Beiträgen von
Christine Cassar, Eva Coenen, Anja und Bernd Sager
und Anke Schöngart

Verlag W. Kohlhammer

Alle Rechte vorbehalten
© 2008 W. Kohlhammer GmbH Stuttgart
Gesamtherstellung:
W. Kohlhammer Druckerei GmbH + Co. KG, Stuttgart
Printed in Germany

ISBN 978-3-17-19921-7

Inhaltsverzeichnis

1	**Einleitung**	7
2	**Grundlegendes**	11
2.1	Zur Herkunft	11
2.2	Verschiedene Formen des Wochenplans im Umfeld methodischer Vielfalt	12
2.3	Das Fundament des Wochenplanunterrichts in der Reformpädagogik	15
2.4	Aspekte des Selbstgesteuerten Lernens als Grundlage der Wochenplanarbeit	18
2.5	Acht Schritte zum Aufbau eines Wochenplanunterrichts	22
2.6	Zur Leistungsbeurteilung im Rahmen der Wochenplanarbeit	25
2.7	Neuere Sichtweise: Notwendigkeit einer Strukturierung des Offenen Unterrichts	29
2.8	Qualitätskriterien einer Wochenplanarbeit	30
3	**Besondere Aspekte des Übertrages auf den Unterricht der Förderschule**	32
3.1	Zur Einführung: Überforderungsvermeidung, Regeln, Arbeitstechniken, Vertrauenskultur	32
3.2	Zeitliche Klammer	41
3.3	Klassenbinnenbindung/Stärkung der subjektiven Bedeutsamkeit der Wochenplanarbeit	46
3.4	Ritualisierung und Strukturelle Konstanz	52
3.5	Differenzierung und „frustärmerer" Einbezug schwächerer Schüler	55
3.6	Das Prinzip Wiederaufnehmende Lernschleifen	59
3.7	Förderung der Selbstständigkeit	70
3.8	Kontrolle und Korrektur von Lernergebnissen/Selbstkontrolle	73
3.9	Besprechungen und Wochenplanreflexion	75
3.10	Wochenplanunterricht und Verhalten	78
	Schulpraxisbeispiel: Förderung des Arbeits- und Sozialverhaltens im Rahmen der Wochenplanarbeit an der Schule zur Erziehungshilfe (Christine Cassar)	80
3.11	Spezielle Aspekte des Förderschwerpunktes geistige Entwicklung	89
	Schulpraxisbeispiel: Wochenplanarbeit zweier Klassen eines Förderzentrums mit dem Förderschwerpunkt geistige Entwicklung (Eva Coenen)	95
4	**Einsatz in der Grundschulstufe**	98
4.1	Zur Einführung des Wochenplans in der Grundschulstufe (Anke Schöngart)	99
4.2	Wichtige Aspekte und Beispiele der Durchführung der Wochenplanarbeit in der Grundschulstufe (Anja und Bernd Sager)	106
4.3	Der „Arbeitsplan Rechnen" – eine Vorstufe und eine spezialisierte Form des Wochenplans (Anke Schöngart)	125
4.4	Beispielhafte Wochenpläne in der Grundschulstufe	128

5 Einsatz in der Hauptschulstufe ... 140

5.1 Zusätzliche schulstufenbezogene Intention: Förderung von Grundkompetenzen, Arbeitstugenden und Schlüsselqualifikationen ... 141
5.2 Aspekte und Anregungen der Durchführung der Wochenplanarbeit ... 145
5.3 Ergänzende Umsetzungsideen zur Wochenplanarbeit in der Hauptschulstufe ... 155
5.4 Beispielhafte Umsetzung der Wochenplanarbeit in der Hauptschulstufe ... 159

6 Der Wochenplan – eingebettet in einen Multimodalen Unterricht ... 168

6.1 Überlegenheit eines Methodenmixes ... 168
6.2 Unterrichten mit dem Jahresbuch ... 172
6.3 Einbezug von handlungsorientierten, fachübergreifenden Unterrichtsprojekten. Beispiel Bankgeschäfte ... 177
6.4 Flankierende Maßnahme des Wochenplanunterrichts: Der Klassenrat ... 179

7 Erfahrungen, Möglichkeiten und Grenzen ... 183

7.1 Fünf Missverständnisse, die den Wochenplanunterricht belasten können ... 183
7.2 Zum Vorwurf der Fremdbestimmung der Schüler ... 184
7.3 Ungünstige Rahmenbedingungen ... 185
7.4 Zum Motivationsloch der Schüler in höheren Klassen ... 187
7.5 „Lehrer-Überdruss" ... 188
7.6 Woran kann der Wochenplan scheitern? ... 188

8 Downloadhinweise und Literatur ... 190

1 Einleitung

> „Die Tragweite dieser Neuorientierung
> wird zu Beginn oft unterschätzt." (Landwehr 1998)

Mittlerweile ein Überzeugungstäter! Im vierten Jahr arbeite ich jetzt intensiv im Unterricht mit Wochenplänen für die Schüler[1].

Dieses Konzept beinhaltet ein breites Potential: Es setzt eine zeitliche Klammer über die 45 Minuten und den Tag hinaus, steigert die Motivation der Schüler, fördert Selbstständigkeit und Eigenverantwortung und erlaubt in hohem Maße eine Differenzierung unserer heterogenen Schülerschaft.

Grundsätzliche Intentionen (Stichwort: angewandte Schlüssel- und Grundqualifikationen) sind mit diesem Ansatz verknüpft, die über isolierte Lernprozesse hinausreichen und oft wichtige grundlegende Förderziele von Schülern mit unterschiedlichen Förderschwerpunkten darstellen. Folgende Selbst- und Methodenkompetenzen können mit der Wochenplanarbeit gefördert werden:

- Selbstständigkeit
- Entscheidungsfähigkeit
- Soziale Tugenden, soziale Fähigkeiten
- Initiative/Aktivität
- Verfügung über methodisches Wissen
- Selbsteinschätzung
- Verfügung über Zeit, Planungsfähigkeit
- Handlungsfähigkeit
- Verantwortlichkeit
- Selbstvertrauen

(Aufstellung in Anlehnung an Claussen 1997a, 23)

Das Konzept des Wochenplans wurde für die Primarstufe schon Ende der 1970er Jahre im Zuge einer Öffnung des Unterrichts entwickelt. Jedoch nahm es eine lange Zeit in Anspruch, bis die Methode zu breitem Einsatz kam. Gegenwärtig nimmt der Wochenplanunterricht einen weiteren Aufschwung durch den Aufbau jahrgangsgemischter Klassen an der Grundschule mit der Suche nach geeigneten Methoden der Differenzierung (vgl. u. a. Staatsinstitut für Schulqualität und Bildungsforschung 2007).

Noch mehr Zeit verstrich, bis „man die im Wochenplanunterricht liegenden Chancen" (Vaupel 2000, 72) für die Sekundarstufe erkannte: Ende der 1980er Jahre bzw. Anfang der 1990er Jahre setzten die ersten Lehrkräfte Wochenpläne ein. Trotz der Verbreitung während der letzten beiden Jahrzehnte existiert bis dato leider für die Regelschule kein grundlegendes, umfassendes Buch zur Methodik der Wochenplanarbeit. Einzig theorieorientierte Forschungsarbeiten zum Wochenplanunterricht wurden in den 1990er Jahren veröffentlicht, darüber hinaus liegt jedoch eine große Bandbreite an Zeitschriftenartikeln zu Einzelthemen im Rahmen der Wochenplanarbeit vor.

Mit dem Einsatz in der eigenen Klasse und der Suche nach Literatur stellte ich das Fehlen eines Kompendiums fest, das theoretische Grundlagen, Erklärungen und praktische Hinweise/Beispiele

---

1 Die Verwendung von *Schüler* schließt jeweils die weibliche und männliche Form mit ein.

zum Einsatz des Wochenplans verbindet. Im Bereich der sonderpädagogischen Literatur ließen sich sporadische Veröffentlichungen finden, in der Regel nur beispielhafte unterrichtspraktische Beiträge zu sachkundlichen Themen, die sich in die Wochenplanarbeit einbinden lassen. Darüber hinaus existieren kaum grundsätzliche Artikel in Zeitschriften, in einigen wenigen didaktischen Büchern wird die Methode kurz angesprochen. Die Gesamtbetrachtung zeigt somit, dass primär in größerer Zahl Veröffentlichungen in Zeitschriften aus der Perspektive der Grundschulpädagogik und allgemeinen Didaktik vorliegen. Diese lassen sich manchmal, jedoch nicht immer, auf Schüler mit sonderpädagogischem Förderbedarf übertragen. In der Regel sind für unsere Schüler besondere Akzentuierungen und adaptive Elemente notwendig.

Vor dem Hintergrund des Mangels an Literatur entstand der Wunsch, das Konzept des Wochenplans in einem Buch sowohl von einer grundsätzlichen, theoretisch orientierten Seite und aber auch einer praktischen Seite – mit Beispielen und Erfahrungen – darzustellen. Wir hoffen, das vorliegende Buch kann diesem Anspruch genügen und einen kleinen Beitrag dazu leisten, dass sich das Konzept des Wochenplans in qualitativ hochwertiger Weise im notwendigen Methodenmix aus gebundenem Unterricht, Partner- und Gruppenarbeit, anderen Formen des geöffneten Unterrichts wie Stationenarbeit u. a. im Unterricht weiter etabliert.

Charakteristik des Wochenplanunterrichts

Im Rahmen des *selbstgesteuerten Lernens* entwickelten sich einige methodische Formen *geöffneten Unterrichts*. Eine geöffnete Form, versehen mit strukturierenden Elementen, bildet der Wochenplanunterricht.

Diese Form bietet eine rhythmisierte und strukturierte Möglichkeit einer Überwindung des einseitigen Stundenplan- und Fächerkorsetts zu einer für die Schüler leistbaren Öffnung des Unterrichts. Die Praxis der Förderschule zeigt häufig, dass die Schüler (wie viele Regelschüler auch) mit den „hohen Formen" (beispielsweise der Projektmethode nach Frey 1990) des Offenen Unterrichts überfordert sind.

Einige Vorteile, die diese Methode bietet:

- Durch einen individuellen Wochenplan für jeden Schüler gewinnt die Lehrkraft ein großes Differenzierungspotential, dem sie im Rahmen des reinen Regel- bzw. Frontalunterrichts schwer gerecht werden kann.
- Die Schüler können wieder mehr Freude am Lernen gewinnen, da sie in den Wochenplanstunden selber entscheiden können, mit welcher Pflicht- bzw. Wahlaufgabe eines welchen Faches sie beginnen.
- Der Wochenplan erzieht zur Selbstständigkeit, da die Schüler lernen (in abgestufter Form), das Arbeitspensum über eine Woche einzuteilen. Am Ende der Woche müssen sie Rechenschaft über ihren Plan ablegen.
- Das fächerübergreifende Lernen wird gefördert, da die Schüler zeitgleich an Aufgaben verschiedener Fächer arbeiten. Diese können durch den Wochenplan verknüpft werden.
- Eingebaute Kooperative Sozialformen im Wochenplan bereichern das soziale Lernen.
- Die langsame Hinführung zu Wochenplanaufgaben mit eigenständiger Kontrollmöglichkeit führt Schüler zur Übernahme von mehr Verantwortung für ihr Lernen.
- Der zeitliche Horizont der Schüler geht über die oft frustrierend erlebten 45-Min.-Stunden hinaus zu einer strukturierten und thematisch eingefassten Woche.

Grundsätzlich ist es keine didaktische Methode, die als besonders schwierig zu kennzeichnen ist. Für eine erfolgreiche Umsetzung sind jedoch einige Dinge zu beachten. Ist die Methode beispielsweise erst einmal „vermurkst" eingeführt, erleidet sie bei den Schülern einen „motivationalen Tod".

Im Besonderen beinhaltet der Wochenplanunterricht ein hohes Maß an Optimierungspotential, es lässt sich die Wochenplanarbeit auf qualitativ sehr unterschiedlichen Niveaus durchführen. Die gesammelten Grundsätze, Hinweise und Beispiele des Buches helfen bei einer Einführung des Wochenplanunterrichts in der Klasse und können – so ist unsere Hoffnung – einige Hinweise für qualitativ hochwertigen Wochenplanunterricht geben.

Abschließend seien die mit dieser Methode verbundenen pädagogischen Potentiale hervorgehoben. Erst auf den zweiten Blick und aus der Perspektive der praktischen Durchführung werden diese deutlich:

- So umrahmt der Wochenplan eine Struktur, die vielen „haltlosen" Förderschülern eine Sicherheit vermittelt. Der Rahmen kann – bei optimal verlaufener Einführung – etwas von der Sicherheit erzeugen, die für das Bewältigen unbekannter und anstrengender Lern- und Arbeitsaufgaben stets auch nötig ist.
- Die „Fliehkräfte" als Folge großer Heterogenität innerhalb der Klasse können das Zusammengehörigkeitsgefühl einer Klasse stark unterhöhlen: Die einen sind (evtl. auch nur in einem Fach) die Leistungsstarken, wahlweise – je nach Situation der Klassenhierarchie – die „Checker" oder „Streber"; die anderen: Leistungsschwache werden als „Coole" oder „Dummies" gesehen. Jede Differenzierung, die im gebundenen Unterricht vorgenommen wird, bietet neben dem Vorteil einer passgenaueren Förderung den Nachteil der (partiellen) pädagogischen Trennung.

Die Wochenplanarbeit bietet die Chance der Eindämmung dieser Fliehkräfte durch ein gemeinsames Verbindungselement: Jeder arbeitet an diesem individuellen Plan, mit persönlichen und gemeinsamen Aufgaben, die jeder mit der gesamten Klasse oder anderen Schülern in einer Differenzierungsgruppe teilt. Der Wochenplan kann durch dieses offensichtliche Verbindungselement einen Anteil des „Sinnhorizontes" bilden, den jedes Lernen verlangt.

Die Methode bietet somit ein gewisses Potential an, um die Klassenbinnenbindung zu stärken.

Wir möchten ermutigen, die mit dieser – zunächst didaktischen – Methode verbundenen pädagogischen Möglichkeiten zu heben und sie für positive Entwicklungen in der Klasse und zur eigenen Erleichterung zu nutzen.

Zum Aufbau des Buches

- Das Buch beschreibt zunächst **Allgemeine Grundlagen**: Herkunft, Grundsätze, das selbstgesteuerte Lernen, Schritte zum Aufbau des Wochenplanunterrichts, Leistungsbeurteilung und Qualitätskriterien des Wochenplanunterrichts.
- **Adaption für die Förderschule**: Für den Einsatz in der Förderschule ist das „Vor-Augen-Führen" einiger adaptierter Aspekte, die einen guten Wochenplanunterricht fundieren, sinnvoll.
- **Einsatz in der Grundschule**: Die unteren Jahrgangsstufen fordern über die grundsätzlichen Prämissen hinaus eine andere praktische Umsetzung als ältere Schüler. Deshalb werden die praktischen Erfahrungen und Ideen des Grundschulstufenbereiches (bis ca. 4. Klasse) in einem Kapitel gebündelt. Die SonderschullehrerInnen Christine Cassar, Anke Schöngart und Anja und Bernd Sager führen Einführung, Einsatz und Umsetzung des Wochenplans in dieser Stufe detailreich vor Augen.
- **Einsatz in der Hauptschule** (ca. 5.–9. Klasse): Bei Schülern höherer Jahrgangsstufen, für die ich selbst die Methodik des Wochenplans einsetze, ergeben sich in der praktischen Durchfüh-

rung einige Besonderheiten, Erweiterungen und Schwerpunktsetzungen, die in diesem Teil Darstellung finden.

Diese beiden, nach Altersgruppen differenzierten Kapitel bieten ganz konkrete Aspekte, wie der Leser den Wochenplan in seiner Klasse umsetzen kann.

- **Der Wochenplan im methodischen Mix:** Ein Unterricht wird nicht komplett auf den Wochenplan umgestellt, sondern dieser sinnvoll in den traditionellen Unterricht integriert. Außerdem können flankierende Methoden (wie beispielsweise das Jahresbuch oder der Klassenrat) mit diesem Unterricht verbunden werden.
- Den Abschluss bilden **Möglichkeiten, Grenzen und Erfahrungen** des Wochenplanunterrichts.

Sich die Offenheit der ständigen Revision und Verbesserung zu erhalten, erscheint als ein Geheimnis eines guten Unterrichts, im Besonderen auch im Wochenplanunterricht. Beispielsweise äußern das Rosenthal/Dahlke (2002), die viel mit dem Wochenplan arbeiteten: Nach einer Kooperation wurde uns „die immer noch mangelhafte Subjektorientierung bzw. unzureichende Individualisierung unserer Wochenplanarbeit sehr bewusst" (81). Auch uns kamen nach einer Zeit, im Anschluss an eine anstrengende und umfassende Etablierung der Wochenplanarbeit, doch wieder neue Verbesserungsideen. Die aus meiner damaligen Sicht beste Verwirklichung barg nach erneuter Anschauung neue Möglichkeiten. Dies ist – fast schon plakativ ausgedrückt – eine der schönen und nicht selten anstrengenden Seiten des Lehrerdaseins – niemals fertig zu sein!

2 Grundlegendes

2.1 Zur Herkunft

Die Wurzeln des Wochenplanunterrichtes liegen in der Grundschulpädagogik und Allgemeinen Didaktik.

Die ersten veröffentlichten Konzeptionen zum „Wochenplan-Konzept" entwickelte eine erziehungswissenschaftliche Forschungsgruppe unter Leitung von Wolfgang Klafki in Zusammenarbeit mit Grundschullehrer/innen im Rahmen des „Marburger Grundschulprojektes" in den Jahren 1971–1979 in Hessen (Huschke/Mangelsdorf 1995, 9).

Im Zuge einer „Öffnung des Unterrichts" wurde im Rahmen der weiteren Entwicklung der Wochenplanunterricht den „geschlossenen Unterrichtsformen" (Herbert 1987, 12) gegenübergestellt. Die zentrale Intention der Öffnung des Unterrichts verdeutlichte damals u.a. Herbert: „Mit den Kindern in einer Weise zu lernen, die sie als Individuen berücksichtigt. Ihre Interessen auf- und sie als Lernende ernst nimmt" (ebd.).

Die Diskussion in den 1980er bis in die Anfänge der 1990er Jahre führte entlang dem Spannungsbogen von „geschlossenen" und „offenen" Unterrichtssystemen. Oft bildeten sich Lager, die mit unverrückbaren Grundsatzintentionen ihre Position verabsolutierten. Die Vertreter „offener Systeme" wanden sich gegen die Bildungsreform der 1970er Jahre und ihre Folgen, d.h. eine zu starke Verwissenschaftlichung des schulischen Lernens, die sich in einer starken Lernzielorientierung in Lehr- und Lernprozessen zeigten und sich in „lernzielorientierten" bzw. „geschlossenen" Curricula niederschlugen (vgl. Pallasch/Reimers 1990, 21).

Um die Intention der Offenheit des Wochenplans zu verdeutlichen, sei auf die „Fünf Dimensionen der Offenheit" nach Wagner (1987, 16) verwiesen:

- Offenheit in der Organisationsform, z.B. Zeitorganisation, Arbeits- und Sozialformen
- Offenheit im inhaltlichen Bereich, z.B. fakultative Inhalte
- Offenheit im kognitiven Bereich, z.B. unterschiedliche kognitive Ebenen, Fächerverbindungen
- Offenheit im sozio-emotionalen Bereich, z.B. Berücksichtigung sozialer und emotionaler Bedürfnisse
- Offenheit gegenüber der Welt außerhalb der Schule, z.B. Umwelt- und Gemeinwesenbezug, nachschulische Perspektive im Hinblick auf eine Berufs- und Lebensorientierung.

Die „Öffnung" des Unterrichts bezieht sich darauf, „dass die Schüler entscheiden können, *wann sie was in welcher Reihenfolge* tun wollen, *wo* (bei entsprechend als Lernumgebung gestaltetem Klassenraum) und *mit wem* (bei entsprechend gestalteten Regelungen) sie arbeiten wollen und *ob bzw. welche Hilfen* je nach ihren Bedürfnissen *aufgrund der Aufgabenvorgaben* sie von ihren Mitschülern, vom Lehrer oder von der Lehrerin beanspruchen oder aus Nachschlagewerken, Lösungsheften, Kontroll-Blättern etc. holen wollen" (Claussen 1997a, 16). So ist für den Wochenplanunterricht typisch, dass die Lehrkraft die enge Führung des Unterrichts etwas öffnet, das gleichschrittige Vorgehen in der gleichen Zeiteinheit sowie die frontale Instruktion lockert und partiell aufgibt.

Die teilweise ideologisch geführte Debatte über die „Öffnung des Unterrichts" ebbte zusehends ab und machte den Weg für eine differenziertere Betrachtung frei. So unterscheidet man heute – entsprechend einem Grad der Öffnung – unterschiedliche Konzepte:

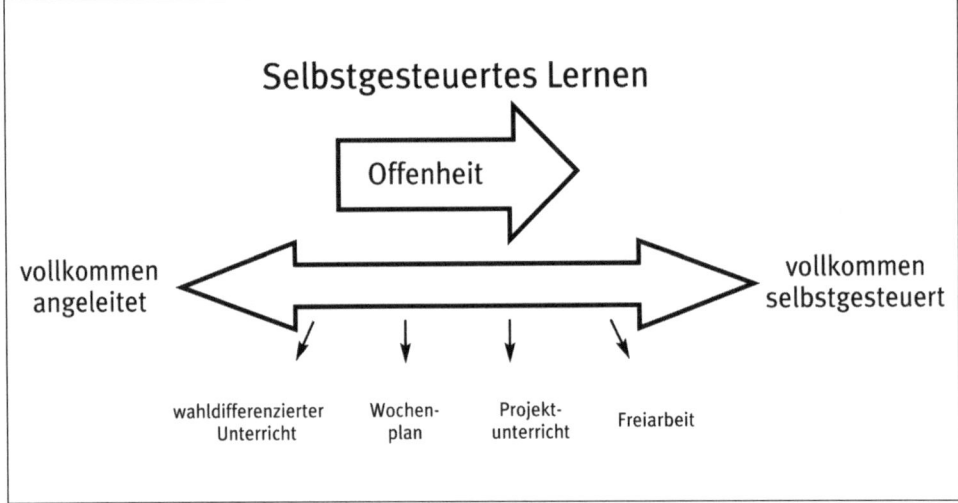

Abb. 1: Verwirklichungsformen selbstgesteuerten Lernens (Traub 2003, 20)

Zur Abgrenzung: Wochenplan und Freie Arbeit

Zu Beginn der Debatte um den Wochenplan wurden die „freien Tätigkeiten" der Schüler als Voraussetzung für die Arbeit mit selbigen genannt. In der Folge kam es zu einer Verwischung der „freien Tätigkeiten" mit der im schulreformerischen Kontext praktizierten „Freien Arbeit" (oft synonym gebraucht: Freies Arbeiten, Freiarbeit, Freies Lernen).

Grundsätzlich ist zu betonen, dass – wie die Abbildung verdeutlicht – die „Freie Arbeit" das höchste Maß an Eigenständigkeit auf den Schüler überträgt. Die Beschreibung von Meier/Mayer-Behrens (1988) deutet diese gesteigerte Selbstverantwortung für Lernprozesse an: „In der Freien Arbeit hat der Schüler das Recht, sich Aufgaben zu wählen. Dies kann sich auf einen festen Bestand an Angeboten und Aufgaben beziehen (erste Tendenz). Die Wahl kann auch die selbstständige Auswahl von Gegenständen und Verfahren einschließen (zweite Tendenz)" (24).

2.2 Verschiedene Formen des Wochenplans im Umfeld methodischer Vielfalt

Generell sind mit der Öffnung des Unterrichts verschiedenste Grade verbunden, wie auch die unterschiedlichen Verwirklichungsformen des selbstgesteuerten Lernens verdeutlichen. Auch innerhalb der Wochenplanarbeit lassen sich verschiedene Grade der Öffnung im Hinblick auf den Grad des Übertragens der Lernverantwortung auf die Schüler verwirklichen.

Grundsätzliche Aspekte des Wochenplans

Grundsätzliche Kennzeichen des Wochenplans formulierte Gasser schon 1992:

- Das Lernen wird in die Hände der Schüler gelegt.
- Jeder kann sein Arbeitstempo weitgehend selbst bestimmen.
- Der Plan sorgt dafür, dass in einer Klasse zur gleichen Zeit unterschiedliche Dinge getan werden können.
- Die Schüler haben die Möglichkeit, darüber zu entscheiden, wann sie welche Aufgaben bearbeiten und wie viel Zeit sie sich dafür lassen.
- Sie können sich aus einem Angebot Aufgaben selbst auswählen und damit eigene inhaltliche Schwerpunkte setzen (vgl. 182 f.).

Zur Definition

Eine spezifische Definition legt Jürgens (2003, 41) vor:

- Das Lernen ist dem Selbstaktivierungsparadigma als didaktischem Prinzip verpflichtet. Dies trifft besonders auf die organisatorischen Freiheiten zu, während hingegen inhaltlich-sachliche Selbstbestimmungsmöglichkeiten eingeschränkt sind.
- Er erstreckt sich über einen gewissen Zeitraum (z. B. eine Woche) und ist an einen (schriftlichen) Arbeitsplan gebunden.
- Der Plan kann für die ganze Klasse, einzelne Gruppen innerhalb der Klasse oder für einzelne Schüler fachspezifisch oder fachübergreifend gelten.
- Er kann Pflicht-, Wahlpflicht- und Zusatzaufgaben enthalten. Das Pflichtpensum ist für den jeweiligen Adressaten verbindlich. Bei Wahlpflicht- und Zusatzaufgaben gibt es persönliche Entscheidungsmöglichkeiten.

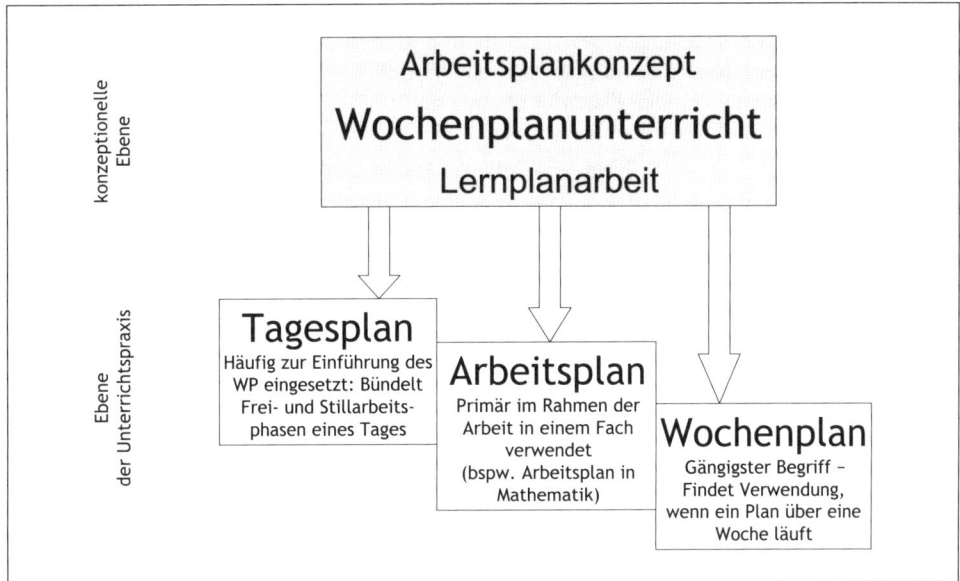

Abb. 2: Verwendete Begrifflichkeiten auf einer konzeptionellen Ebene und der Ebene der Unterrichtspraxis

Verschiedene Begriffe wie Arbeitsplan, Arbeitsplankonzept, Lernplan, Tagesplan Wochenplan, etc. verwirren im Rahmen der intendierten Öffnung des Unterrichts.

Abb. 2 versucht diese Termini anhand zweier Ebenen zu ordnen:

- Auf einer **konzeptionellen Ebene** sind didaktische und strukturelle Überlegungen verortet. Drei Begriffe heben sich auf dieser Ebene hervor:
    - *Arbeitsplankonzept*: Der Terminus, primär von Jürgens (2003) geprägt, hat den kleinen Vorteil, dass auch Pläne, die nicht zwangsläufig über eine Woche laufen (Tages-, Arbeitsplan), begrifflich mit eingeschlossen sind.
    - *Lernplanarbeit*: In der Schweiz ist dieser Begriff – zusammen mit Wochenplanarbeit – verbreitet. Die Konnotation dieses Begriffes liegt stärker auf dem Wort Lernen.
    - *Wochenplanarbeit oder -unterricht*: Diese Bezeichnung ist unter Kollegen, die den Wochenplan einsetzen, die gängigste. Als übergeordnete Kategorie subsummiert sie im weit verbreiteten Verständnis auch Tages- und Arbeitspläne.
- *Ebene der Unterrichtspraxis*: Abb. 2 verdeutlicht, für welchen Bereich in der Regel welcher Begriff im Unterricht Verwendung findet.
    - *Tagesplan*: Dieser Plan wird häufig zur Einführung des Wochenplanunterrichts eingesetzt. Er bündelt zunächst die Frei- und Stillarbeitsphasen des Unterrichtstages und schließt mit einer kleinen Tagesreflexion ab. Die Schüler lernen dadurch, die geleistete Arbeit des Tages zu rekapitulieren.
    - *Arbeitsplan*: Wenn der Wochenplan in einem Fach Verwendung findet (gerade zum Einstieg in der Grundschulstufe), wird häufig der Begriff des Arbeitsplans verwendet.
    - *Wochenplan*: Das ist der gängigste Begriff. Sobald mehr als ein Fach eingebunden und der Plan über eine Woche läuft, wird in der Regel im unterrichtlichen Alltag vom Wochenplan oder Wochenarbeitsplan gesprochen.

Vaupel (2000, 75 f.) unterscheidet drei verschiedene Formen des Wochenplans:

- *Wochenpläne, die mehrere Fächer enthalten*: Durch mehrere Fächer ist eine Vielfalt der zu bearbeitenden Aufgabenstellungen gewährleistet und die Schüler haben die Möglichkeit auszuwählen. Allerdings fordert ein solcher Plan von den Schülern Kompetenzen, die langsam aufzubauen sind: Sie müssen den Plan, der in einer gemeinsamen Besprechung eingeführt wird, überschauen und sich überlegen, in welchen Arbeitsschritten sie vorgehen. Die Herausforderung für den Schüler des Überblickens verschiedener Fächer über eine ganze Woche sollte nicht unterschätzt werden.
- *Wochenpläne in einem Fach*: Die Wahlmöglichkeit fachbezogener Wochenpläne (bspw. Arbeitsplan in Mathematik) ist naturgemäß eingeschränkter. Aus diesem Grunde ist beim Aufstellen fachbezogener Wochenpläne besonderer Wert darauf zu legen, eine breite Palette unterschiedlicher Aktions- und Handlungsmöglichkeiten anzubieten und Kooperationen zu initiieren. Zur Einführung eignet sich der Wochenplan in einem Fach (oder der Tagesplan) in besonderer Weise.
- *Offene Wochenpläne*: Nach Vaupel liegt die Königsform des Wochenplans darin, dass – wo dies möglich ist – auch Elemente von Freier Arbeit und Projektunterricht eingebunden werden. Der Grad der Öffnung muss sich jedoch an den Schülern orientieren, um nicht für sie notwendige Strukturierungselemente zu verlieren.

    Im Besonderen sind bei diesem Grad der Öffnung die Schüler an der Planung ihres Wochenplans beteiligt. Morgenthau (2003) nennt es auch den *mitgestalteten Plan*, wenn die Schüler den Plan mit beeinflussen können (13).

Der Wochenplan eingebettet in einer methodischen Vielfalt

Braun (2001) setzt ihren Wochenplan im Rahmen einer breiten Methodenpalette ein: „Offene Arbeitsstunden haben im Wochenplan genauso ihren festen Platz wie der lehrerzentrierte Unterricht, der Morgenkreis und der Klassenrat" (84).

Die Intention ist nicht, dass der Wochenplanunterricht den gesamten Unterricht ersetzt. Vielmehr ist er eine sinnvolle Ergänzung des gebundenen Unterrichts, der Schwerpunkte an den Stellen setzt, wie beispielsweise die Förderung der Selbstständigkeit und die Erweiterung des Differenzierungspotentials, denen der lehrerzentrierte Unterricht oft nicht in vollem Umfang gerecht werden kann. Die Unterrichtsstunden des Wochenplanunterrichts können dabei – entsprechend der Klassenstufe und dem Grad der Verankerung in der Klasse – stark variieren: Von zwei bis hin zu zehn bis zwölf Unterrichtsstunden über die Woche verteilt (siehe Kap. 3.2 Zeitliche Klammer).

2.3 Das Fundament des Wochenplanunterrichts in der Reformpädagogik

Zur Fundierung ist die Beleuchtung der intentionalen Wurzeln des Wochenplans interessant. Die Begriffe „Selbsttätigkeit", „Selbststeuerung", „Entdeckendes Lernen", „Offener Unterricht" haben ihre breit ausgeprägten Wurzeln in der sog. Reformpädagogik. Mit dieser Bewegung der 1920er-Jahre wurden sie Gegenstand theoretischer Erörterungen und praktischer Reformversuche. So setzte beispielsweise Peter Petersen mit seinem Jena-Plan jene Leitideen in seiner Jenaer Universitäts-Versuchsschule praktisch um (mit Ähnlichkeiten zum Wochenplanunterricht).

Schon Claussen (1997a) beklagt die spärlichen und unpräzisen geschichtlichen und theoretisch grundgelegten Hinweise der Entstehung des Wochenplans (61). Doch lassen sich Grundlagen in der Reformpädagogik finden, hier sei auf die Auswahl Claussens (1997a) hingewiesen.

Der Ansatz Maria Montessoris

In intentionaler Hinsicht ist Montessori – die von 1870 bis 1952 lebende italienische Ärztin und Pädagogin – durch ihre Entwicklung der Freien Arbeit eine Wegbereiterin des Wochenplans. Der von ihr definierte und beschriebene Ansatz der Freien Arbeit entspricht einer erkennbaren Grundtendenz der freien Wahl aus einem bestehenden Programm an Aufgaben und Übungsmitteln. Mit der Einschränkung, dass bei der Wochenplanarbeit frei „nur die Wahl zwischen den vorgegebenen Mitteln und den in ihnen enthaltenen Aufgabenfolgen [ist]. Der Ertrag dieser Arbeit liegt in der individuellen Passung der Arbeit, der zeitlich individuellen Gestaltung von Sachwahl und Aufgabenfolge und ihrer hohen Intensität im Rahmen der gebotenen Arbeitsmöglichkeiten" (Meier/Mayer-Behrens 1988, 24).

Gleichwohl war bei Montessori die schulische Freiheit der Freien Arbeit auch in „schulischen Grenzen" eingebettet: Alle Bewegungen im Raum, um etwa neues Material aus dem Regal zu holen oder benutztes zurückzulegen, waren zwar frei, aber gleichwohl an der arbeitenden Gemeinschaft der anderen orientiert, „eingeordnet in die durchgesetzte Arbeitsstille" (Claussen 1997a, 64).

Besonderes Augenmerk legte Montessori, darin liegt auch ein zentrales Vorbild für die Wochenplanarbeit, auf das Material. Sie wählte das Material sorgfältigst aus, achtete auf die Qualität und die Stimmigkeit der Aufgabe, die dem Material innewohnt.

Im praktischen Einsatz sieht Claussen den montessorischen Anteil der Wochenplanarbeit im Wahlbereich und Wahlpflicht-Bereich zum Ausdruck kommend (68).

Der Ansatz von Helen Parkhurst (Dalton-Plan)

Im Zusammenhang der Benennung von Traditionslinien, die dem Wochenplanunterricht zugrunde liegen, fehlt nicht der Hinweis auf die Dalton-Plan-Schulen, die auf Helen Parkhurst zurückgehen. Huschke/Mangelsdorf (1995) sprechen von „verwandten Entwicklungen" und „Methoden", die „ähnlich denen des hier beschriebenen Wochenplans" (10) sind. Die nordamerikanische Lehrerin Parkhurst (1887 bis 1973) unterrichtete in einklassigen Dorfschulen, in denen sie den Unterricht alters- und begabungsmäßig stark heterogener Gruppen bewältigen musste. Sie entwickelte eine Abkehr vom damals üblichen Klassenunterricht und stellt das didaktische Prinzip der Eigenständigkeit in den Vordergrund: Beispielsweise lernten Schüler anhand von Beschäftigungsmaterial in so genannten „subjekt corners", in denen sich nicht zwangsläufig Gleichaltrige, sondern ähnlich begabte und interessierte Kinder zusammenfanden. Tradierte Einordnungen der Schüler nach Lebensalter in Klassen wird durch Gruppierungen nach Begabung, Interesse und Neigung ersetzt, die Lernprogressionen im individuellen Rhythmus zulassen. Konkret hieß das bei Parkhurst Einzelarbeit in einem vorgeordneten Lernsystem, das sie als „free work" bezeichnete, d. h. – in gegenwärtiger Interpretation – unabhängig von dominanter und enger Führung durch die Lehrkraft. Ihr zentrales methodisches Hilfsmittel ist der *Dalton-Plan*, der sich als ein spezifisch methodisch gestalteter Lernweg, bei dem alle Schüler das sogenannte Pensum, d. h. die Anforderungen ihrer jeweiligen Lehrpläne (sie unterscheidet drei verschiedene Niveaus), auf – annähernd – freie Art und Weise und in eigener Verantwortung ausführen. Grundgedanke des Lehrplansystems sind Kontrakte, d. h. Abmachungen, die die Schule mit den Schülern schließt. Jeder monatliche Kontrakt (bzw. der darin angewiesene Lernstoff) unterteilt sich in vier Abschnitte, sie entsprechen dem wöchentlichen Lernstoff. Im Besonderen sind von Parkhursts Ideen diese monatlichen und wöchentlichen Lernstoffzumessungen sowie der Kontraktcharakter in die Überlegungen zum Wochenplanunterricht eingeflossen. Neben diesem engen Korsett legt sie Wert auf das individuelle Lerntempo, d. h. jedes Kind bestimmt selbst, wie schnell es lernen kann. Auch die Niveauebene des Lernstoffs darf der Schüler frei wählen, genauso die freie Wahl des Arbeitsplatzes (situationsspezifisch) und -partners. Die Lehrkraft fungiert – im Kontext des „assignments" – überwiegend als Beobachter und Berater, tritt als Vermittler in den Hintergrund (vgl. Bönsch 2000, 369–371).

Claussen (1997a) betont, dass mit dem Dalton-Plan „*Individualisierung* auf die Spitze getrieben'" (77) wird. Für den Unterricht an Förderschulen ist das ein bedeutsamer Aspekt, da auf der einen Seite in der Individualisierung die Förderung der Selbstständigkeit angelegt ist, auf der anderen Seite der Ausgangspunkt für die durch die heterogene Schülerschaft gebotene Differenzierung liegt. Claussen hebt hervor, dass als besonders interessantes und zukunftsweisendes Merkmal der verpflichtende und damit die Verantwortung über eigenes Lernen einschließende Aspekt des Dalton-Plans festzuhalten ist und „der grundsätzlich bedeutsame (wohl auch in völlig anderer Ausprägung mögliche) Weg des Schließens von Kontrakten zwischen Lehrerinnen, Lehrern und Kindern" (78).

Der Ansatz von Peter Petersen (Jena-Plan)

Die eindeutigsten Hinweise auf eine reformpädagogische Traditionslinie, die auf den Wochenplanunterricht einwirken konnte, verbinden sich mit dem Namen des Schulreformers Peter Petersen. Er hat mit seinem Jena-Plan jene Leitideen in seiner Jenaer Versuchsschule praktisch umgesetzt.

Peter Petersen (1884 bis 1952) ist hinsichtlich seiner Tätigkeit in Schulpraxis und Hochschule durch zahlreiche Veröffentlichungen im reformpädagogischen Zusammenhang mit den Leitbegriffen *Neue Erziehung* und *New Education* verbunden (vgl. Claussen 1997a, 80).

Im Folgenden wird im Überblick nur ein Ausschnitt aus dem Werk Petersens vorgestellt, zum einen die pädagogisch-didaktischen Ausprägungen im *Jena-Plan* (Petersen 1927), zum anderen die *Führungslehre des Unterrichts* (Petersen 1937).

Die wichtigsten Merkmale einer schulpraktischen Umsetzung sind folgende:

- „Jahrgangsübergreifende Lerngruppen" (Stammgruppen)
- Rhythmischer Wochenarbeitsplan der Gruppe: ausgewogene Gestaltung der pädagogischen Situationen nach den anthropologisch-pädagogischen „Bildungsgrundformen" Gespräch, Spiel, Arbeit und Feier:
  - *Gespräch*: Kreisgespräch, Berichtsgespräch, Vortrag, Aussprache u. a.
  - *Spiel*: Freies Spiel, Lern-, Pausen-, Turn-, Schauspiele
  - *Arbeit*: Gruppenarbeit, Niveau-, Wahlkurse, „Gestaltendes Schaffen"
  - *Feier*: Morgen-, Wochenschluss-, Geburtstagsfeier, Aufnahmefeier für die Schulanfänger u. a.
- „Schulwohnstube": Ein von den Kindern mitgestalteter Schulraum

Durch das System der Stammgruppe entfallen die ‚Versetzung' und die ‚Zeugnisse' in ihrer sonst üblichen Form. Im Jena-Plan geht es insgesamt um die Gestaltung eines reichen, anregenden und nach vielen Seiten hin offenen Schullebens: „Die soziale Dimension wird besonders berücksichtigt" (Skiera 1990, 18).

Die Gliederung der Schule in Altersklassen zur Erteilung von Unterricht greift Petersen an: „… wie Eisblöcke in Frühlingslandschaften liegen auf unseren Schulen die Jahresklassen! Ich verstehe darunter eine Vereinigung von Schülern, die als Einheit nach einem bestimmten Jahrespensum geführt wird mit dem Ziel, ‚als Einheit' so weit gefördert zu werden, dass sie als Ganzes für die Anforderung des nächsten Jahresplanes fortgeschritten ist; es gehört zu ihr Pensenschematismus und die ‚Versetzung'" (Petersen 1927, 20).

Bei Petersen bestimmt die Idee der Gemeinschaft alles Geschehen in der Schule und in der Schulgemeinde als Erziehungsgemeinschaft, so vor allem die Bildung von *Stammgruppen*. Die einzelnen Stammgruppen sind – zusammengenommen – das Schulganze. Im Schülerleben tritt diese Ganzheit in den Veranstaltungen der Schulgemeinde auf. Im Zusammenhang mit den Stammgruppen und ihrem Schulalltag steht der so genannte *Wochenarbeitsplan*. Nach den Beobachtungen Petersens schwingen die Arbeitspläne der Gruppen in einem Wochenrhythmus, eben jenem Wochenarbeitsplan, den Petersen gegen den alten Fetzenstundenplan setzt, weil dieser nicht nach pädagogischen Kriterien, sondern in der Regel aus vordergründig-organisatorischen Überlegungen konzipiert wird (vgl. Claussen 1997a, 82 f.).

Sein neuer Arbeitsplan, anstelle eines Stundenplans, folgt dem umgestalteten Gruppenaufbau und passt sich mit seiner „Vor-Ordnung" der Zeit dem Tages- und Wochenrhythmus des jungen Menschen an; er ist dem Unterricht vorgegeben (ebd.). Petersen sieht einen elementaren Wochenrhythmus von Sonntag bis Sonntag gegeben. Durch den Rhythmus sollen „das Verhältnis des Schullebens zum Gesamtleben, zur Umwelt der Schüler und die Arbeitenfolge und Lebensordnung innerhalb der Schule" (1927, 114 f.) dargestellt werden.

2.4 Aspekte des selbstgesteuerten Lernens als Grundlage der Wochenplanarbeit

Der Ausgangspunkt der Entwicklung der Intention des selbstgesteuerten Lernens lag in der Realität der Schule: Schule repräsentiert für die Schüler eine Anforderungsstruktur, bestehend aus Lern- und Leistungsforderungen. Durch ein System externer Kontrolle wird die Lernmotivation der Kinder in der Schule bestimmt: Deren schulische Lernarbeit orientiert sich vorwiegend daran, Lob, Anerkennung, gute Noten usw. für konformes Verhalten zu bekommen bzw. Tadel, schlechte Noten und andere unangenehme Konsequenzen für nonkonformes Verhalten zu vermeiden. Dabei monopolisiert der Lehrer alle wesentlichen unterrichtlichen Entscheidungen. In der Folge ist für die Schüler oft sehr wenig oder kein Handlungsspielraum gegeben, innerhalb dessen sie selbst aktiv werden, sich selbst Ziele setzen könnten. Dadurch „werde *Lernen* in Verbindung mit den Mechanismen der externen Sanktionierung primär zu einem Gehorsamsproblem (= Fremdsteuerung)" (Huschke 1996, 13).

Modell	Lerngelegenheiten	Grad der Selbstverantwortung
Wochenplanarbeit	Der Wochenplan (vorher Tagesplan) gibt Aufgaben in einem Fach oder mehreren Fächern vor: Pflichtaufgaben, Wahlaufgaben; Selbst- oder Fremdkontrolle sind gesichert.	Die SchülerInnen können Reihenfolge, Zeitumfang, Bearbeitungsmodi und Kooperationsmodi selbst bestimmen.
Freie Arbeit	Es wird Raum für inhaltlich selbstbestimmtes Lernen gegeben: Übungen, Materialangebote, Lernspiel, kleine Projekte.	Die SchülerInnen können in einem gegebenen Zeitrahmen auch Anliegen, Inhalte, Anspruch selbst bestimmen.
Wahldiff. Unterricht	Nach einer Einführung in ein Thema aus Arbeitsangeboten wählen und diese einzeln oder in Gruppen bearbeiten, anschließend wird berichtet.	Die SchülerInnen können informiert Teilthemen wählen und bearbeiten; sie müssen ihre Ergebnisse vorstellen und verantworten.
Stationenlernen	Mehrere Lernstationen (Aufgaben, Materialien, Geräte) bieten Lernaufträge an.	Die SchülerInnen können die Stationen in freier oder gebundener Reihenfolge nach ihrer Arbeitsweise und eigenem Arbeitstempo „abarbeiten".
Lernwerkstätten	Eine Lernwerkstatt bietet mannigfaltige Lerngelegenheiten an (Druckerzeugnisse, Computer, Medien, Geräte, Lernspiele u.a.m.); sie steht ständig offen als Lernkabinett.	Die SchülerInnen können in dafür bestimmten Zeiten völlig frei wählen, sich einer Thematik, die vorbereitet ist, zuwenden (Büffetmodell), sie können Lernwege wählen (z.B. Computerprogramm).

Abb. 3: Modelle des selbstgesteuerten/selbstbestimmten Lernens (Bönsch 2000, 368)

Die Fremdsteuerung des Lernens verstärkt sich für bestimmte Schülergruppen dadurch, dass im frontalen Klassenunterricht an alle Schüler einer Klasse die gleichen Leistungsanforderungen gestellt werden und ihre Lernleistungen an einem einheitlichen Beurteilungsmaßstab, der Notenskala, gemessen werden. Bei der gegebenen Ungleichheit von Lernvoraussetzungen – darauf weist Huschke hin – kommt es so per definitionem zu Erfolgreichen und Versagern (Schüler mit schlechten Noten). Für die Schüler am unteren Ende der Leistungsrangreihe müsse es so zu einer Kumulation von Misserfolgserfahrungen kommen, die mit der Ausbildung eines eigenständigen Interesses am Lernen in besonderem Maße unverträglich ist und eine Reihe weiterer negativer Konsequenzen für ihre Persönlichkeitsentwicklung indiziert (vgl. Huschke 1996, 13 f.).

Unter beiden Bedingungen, sowohl der reinen Fremdsteuerung des Lernens in der Schule und einer unterrichtlichen Gleichbehandlung der heterogenen Lernvoraussetzungen der Schüler, wird – so lautet die These – eigenständiges Lernen sanktioniert. Das Konzept des Selbstgesteuerten Lernens versucht diesem entgegen zu wirken.

Lerntheoretische Argumente

Neuere Lerntheorien betonen die selbstmotivierende, aktive und konstruktive Rolle des Lernenden (vgl. Jürgens 2003, 23 f.). Gemäß diesem Verständnis wird Lernen als ein eigenverantwortlicher, selbstregulierter, erfahrungsoffener und entdeckend-problemlösender Prozess verstanden: „Obwohl passives, rezeptives Lernen keineswegs so unwirksam ist, wie zur Zeit oft behauptet wird, gibt es viele Unterrichtsziele, zu deren Erreichung ein aktives und konstruktives Lernen notwendig ist. Damit sind nicht äußere Aktivitäten gemeint; es geht vielmehr darum, dass sich Schülerinnen und Schüler mit den Lerninhalten und mit den Lernsituationen aktiv auseinander setzen und ihr eigenes Wissen konstruktiv aufbauen" (Weinert 1999, 100).

Die direkte Instruktion steht nach dem lernkonstruktivistischen Konzept nicht in hoher Übereinstimmung mit einem Zugang zum Wissen, das aktiv erworben und individuell konstruiert wird. Vielmehr liegt in der Selbststeuerung und Selbstplanung schulischer Lernprozesse durch die Lernenden eine nachhaltigere Auseinandersetzung mit dem Lerninhalt und eine in der Folge dauerhaftere Verfügbarkeit des Gelernten begründet. Durch die Erfahrung der Selbstwirksamkeit des Lernens für den Lernenden kann sich die Lernmotivation erhöhen, da Schüler in höherem Maße Subjekte ihrer Lernprozesse werden.

Die *subjektwissenschaftliche Lerntheorie* (Holzkamp 1995) sieht die Motivation des Lernenden darin gegeben, „eine als persönliche Herausforderung empfundene Mangelsituation überwinden zu wollen, um erfolgreicher, d.h. wissender als vormals auf vergleichbare Handlungsproblematiken reagieren zu können" (Jürgens 2003, 24). Die Aussicht, sachkundiger und somit kompetenter als vorher zu sein, erzeugt das Lernmotiv: „Der innere Zusammenhang zwischen lernendem Weltaufschluss, Verfügungserweiterung und erhöhter Lebensqualität [muss] unmittelbar zu erfahren bzw. zu antizipieren sein" (Holzkamp 1995, 190).

Merkmale und Modelle des selbstgesteuerten Lernens

Nach Konrad (2003) sucht das selbstgesteuerte Lernen „einen Mittelweg: es meint weder ein völlig autonomes Lernen noch eine bloße Einpassung in vorgegebene Lernarrangements" (15). Selbstgesteuertes Lernen kann auf einem Kontinuum angesiedelt werden, dessen Pole einerseits absolute Autonomie und andererseits vollkommene Fremdsteuerung bilden. Der Begriff Selbststeuerung markiert eine Lernform, bei der Lernende in verstärkter Weise Initiatoren und Verantwortliche ihrer Lerntätigkeit sind und Unterstützung und Hilfe erfahren und heranziehen können. Im Unterschied zur Außensteuerung des fremdgesteuerten Lernens zeichnet sich selbstgesteuertes Lernen stets durch einen hohen Selbstbestimmungs- und Selbststeuerungsanteil aus.

Die nebenstehenden Komponenten werden als Bestimmungsstücke des selbstgesteuerten Lernens angesehen (vgl. Konrad 2003, 14 f.):

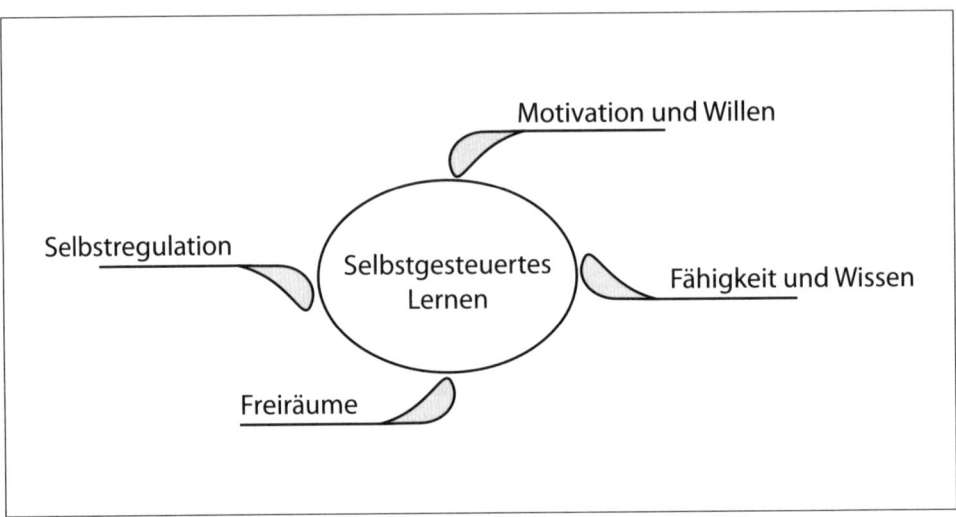

Abb. 4: Merkmale und Voraussetzungen des selbstgesteuerten Lernens (Konrad 2003, 14)

- *Motivation und Wille:* Um selbstgesteuert lernen zu können, muss der Lernende eine grundsätzliche Lernmotivation entwickeln, die auch einen intrinsischen Ursprung hat.
- *Fähigkeiten, Kompetenzen und Wissen*: Basale Strategien der Informationsverarbeitung und grundsätzliche Arbeitstechniken sind für selbstgesteuertes Lernen notwendig (bspw. Arbeit mit dem Wörterbuch, sinnentnehmendes Lesen etc.).
- *Freiräume der Lernumwelt:* Werden die Aktivitäten von außen stark reglementiert und vorstrukturiert, so haben Lernende wenig Gelegenheit, die Fähigkeit zu entwickeln, selbstständig zu lernen. Selbstgesteuertes Lernen setzt Autonomie im Sinne von Freiheitsgraden für selbstständige Zielstellungen und Entscheidungen für Tätigkeitsinhalte und -formen voraus.
- *Reflexion und Selbstregulation:* Zu jedem eigeninitiierten Lernprozess gehören kontinuierliche Anpassungen und Feinabstimmungen der Lernhandlungen durch Prozesse der Selbstregulation. An dieser Stelle sind Prozesse im Rahmen der Metakommunikation gemeint (siehe nächster Punkt).

Selbstgesteuertes Lernen entwickelt sich nicht sofort und nicht automatisch. Es bedarf gezielt aufeinander abgestimmter Phasen didaktisch-methodischer Unterstützung (Abb. 5). Die vier Stufen nach Grow (1991) verdeutlichen die zunehmende Selbststeuerung, die mit einer Veränderung der Lehrerrolle, zumindest in den geöffneten Phasen des Unterrichts, einhergeht. Diese Stufen implizieren die Aufgabe der Lehrenden, die Entwicklung der Selbststeuerung kontinuierlich aufzubauen, zum einen, indem sie grundlegendes Wissen vermitteln, zum anderen durch die Förderung von Meta-Fertigkeiten (z. B. Fähigkeit zur Kooperation) (vgl. Konrad 2003, 16 f.). Auch Konrad betont in diesem Zusammenhang: „Um Missverständnissen vorzubeugen: Auch in der letzten Phase ist die Lehrperson nicht völlig überflüssig. Bestimmte Fertigkeiten und Wissensbereiche werden nach wie vor sinnvoll und effektiv unter Anleitung eines Experten erworben" (2003, 16).

	Lernende	Lehrende	Beispiele
Stufe 1	fremdgesteuert	ist autoritär, coach	Klare Anweisungen und unmittelbares Feedback geben; Informationstexte; Defizite und Widerstände überwinden.
Stufe 2	interessiert	motiviert, leitet	Zur Textlektüre anregen; gelenkte Diskussionen durchführen; Ziele klären; Lernstrategien üben.
Stufe 3	integriert	unterstützt, hilft	Miteinander diskutieren; Lehrperson als gleichberechtigte TeilnehmerIn; Gruppenprojekte durchführen.
Stufe 4	selbstgesteuert	berät, delegiert	Individuelle Tätigkeiten oder selbstgesteuerte Lerngruppen.

Abb. 5: Unterstützung selbstgesteuerten Lernens nach Grow (in Anlehnung an Konrad 2003, 17; Abb. modifiziert)

Neben dem Stufenmodell von Grow lässt sich im Rahmen des selbstgesteuerten Lernens das Prozessmodell von Simons (1992) heranziehen: Wesentliches Merkmal des prozessorientierten Lernens (siehe für wesentliche Prinzipien Abb. 6) ist die schrittweise Verlagerung der Kontrolle vom Lehrenden zum Lernenden. Zunächst beginnt die Lehrperson mit einem stark strukturierten Unterricht; zugleich lehrt sie die Schüler, wie sie selber das Lernen steuern können und müssen. Mit zunehmender Fähigkeit der Steuerung des eigenen Lernens erfolgt eine kontinuierliche Steigerung des Übertrags der Verantwortung auf die Lernenden (vgl. auch Konrad 2003, 17).

- Der Unterricht wird so gestaltet, dass Lernende aktiv lernen und dass sie konstruktive Lernaktivitäten wählen können (Aktivitätsprinzip).
- Betonung von Lernaktiväten und Lernprozessen, anstatt ausschließlicher Betonung von Lernergebnissen (Prozessprinzip).
- Lernen wird zum Diskussions-/Unterrichtsthema gemacht, damit sich die Lernenden ihrer Lernstrategien und Selbstregulierungsfähigkeiten und der Relation zwischen diesen und den Lernzielen bewusst werden (Rückbesinnungsprinzip).
- Den Lernenden werden Relevanz und Nützlichkeit der Erkenntnisse und Fähigkeiten, die sie lernen sollen, bewusst gemacht (Nützlichkeitsprinzip).
- Transfer und Generalisierbarkeit des Gelernten werden explizit im Unterricht berücksichtigt und es wird erwartet, dass sie von selbst auftreten (Transferprinzip).
- Lernstrategien und Selbstregulierungsfähigkeit werden längerfristig und im Kontext von Unterrichtsfächern geübt (Kontextprinzip).
- Die Lernenden werden explizit darin unterwiesen, wie sie ihr eigenes Lernen überwachen, diagnostizieren und korrigieren können (Selbstdiagnoseprinzip).
- Die Verantwortung für das Lernern verlagert sich allmählich vom Lehrer zu den Lernenden (Prinzip des allmählichen Abbaus von Hilfen).

Abb. 6: Prinzipien des prozessorientierten Lernens (in Anlehnung an Konrad 2003, 17; Abb. modifiziert)

Die Art der Selbststeuerung, die eigene Regie, die das Organisationsmodell des Wochenplans von Schülern fordert, besteht nach Huschke (1996, 22 f.) vor allem in folgendem:
Der Auftrag/Plan, den die Schüler zur selbstständigen Bearbeitung erhalten, ist umfangreicher; sie müssen somit einen ausgedehnteren Arbeitsprozess selber „managen" können, wobei sie mit

Mitschülern kooperieren oder sich der Hilfe des Lehrers bedienen können. In der Bearbeitung der Reihenfolge einzelner Auftragsteile müssen die Schüler entscheiden, mit welcher Aufgabe begonnen werden soll und wie die Reihenfolge strukturiert wird. Die Schüler werden nicht durch eine Fülle von mündlichen Arbeitsanweisungen oder Anregungen von Aufgabe zu Aufgabe geführt, sondern sie müssen zunächst einen Komplex von schriftlichen Instruktionen lesen, gliedern und in Arbeitsimpulse für konkrete einzelne Aufgaben transformieren.

Auf der Ebene der Aufgabenbearbeitung erfordert der Wochenplanunterricht mehr eigene Organisationstätigkeit der Schüler: Das geforderte Arbeits- und Lernmaterial im Klassenzimmer holen, die richtigen Arbeitsblätter am Wochenplantisch heraussuchen, Arbeitsaufgaben lesen und umsetzen etc.

Die Kontrolle des Arbeitsprozesses erfolgt auf zwei Ebenen: Erledigte Aufgaben hakt der Schüler auf dem Plan ab, so dass der Überblick gefördert wird, was er geschafft und was zu tun bleibt. Bei impliziter Möglichkeit der Aufgabenkontrolle des Lernmaterials (bspw. Logico Maximo) kann der Schüler sein Arbeitsergebnis selbstständig kontrollieren und ggf. im Wochenplan festhalten.

Bei dieser Form des Unterrichts als Angebots- und Anforderungsstruktur und der Schülertätigkeit als Auftragsbearbeitung wird ein Spielraum der Selbststeuerung deutlich.

Metakommunikative Ebene

Entscheidend zur Förderung der Selbstständigkeit ist nach Müller (2004) auch, dass man nach der Einführung einer neuen Methode mit den Schülern in eine Metakommunikation eintritt. Nach einer erstmals eingeführten Arbeitstechnik kann über die Durchführung reflektiert werden. Die Schüler sollen erlernen, eine konstruktive Diskussion darüber zu führen, warum gerade diese Methode für sie sinnvoll war oder sein kann. Wenn Schüler von einer Arbeitstechnik überzeugt sind, werden sie selbst Argumente für diese Art des Unterrichtens liefern und beim nächsten Mal bei überzeugender Reflexion motivierter und engagierter arbeiten (vgl. 15).

2.5 Acht Schritte zum Aufbau eines Wochenplanunterrichts

In Kapitel 4 und 5 werden schulstufenspezifische Aspekte der Einführung und Durchführung des Wochenplanunterrichts vorgestellt, diese *acht Schritte* sollen ein allgemeines Verständnis darlegen.

Landwehr (1998) verwendet neben dem Begriff des „Wochenplanunterrichts" auch „Lernplanunterricht", den in der Schweiz annähernd parallel genutzten Terminus. Er sieht den Lernplanunterricht als „eine Form der Unterrichtsorganisation, die gewissermaßen inhaltsneutral ist und daher grundsätzlich in allen Fächern zur Anwendung gelangen kann" (17). Durch acht Schritte zum Aufbau des Lernplan- bzw. Wochenplanunterrichts benennt Landwehr (vgl. 1998, 15–44) die ersten Etappen:

1. Schritt: Im Stundenplan eine Anzahl Stunden für die Wochenplanarbeit vorsehen

- *Geeignete Lernplanfächer bestimmen*: Welche Fächer sind für mich sinnvoll in den Einbezug des Wochenplans?

Es empfiehlt sich, den Wochenplan nicht nur auf ein Fach zu beschränken, weil bei mehreren Fächern die Schüler ihre fachspezifischen Begabungen und Interessen ausgleichen können. Besonders geeignet für die Planarbeit sind Fächer mit vielen schriftlichen Übungsaufgaben, wie z. B. Deutsch und Mathematik.
- *Lernplanstunden im Wochenstundenplan platzieren:* Wie ist es sinnvoll, die Lernplanstunden zu platzieren?

  In der Regel ist es besser, Doppelstunden statt Einzelstunden zu platzieren, da es viele Schüler gibt, die jedes Mal eine größere Anlaufzeit brauchen, bis sie mit dem Arbeit beginnen können. Zudem ist eine zweistündige Sequenz besser geeignet, um die Schüler mehr Eigenverantwortlichkeit spüren zu lassen und um eine gewisse Rhythmisierung (planen, arbeiten, kontrollieren, Fehler korrigieren) zu ermöglichen.

2. Schritt: Einen Stoffplan über einen größeren Zeitraum erstellen

- *Eine fächerspezifische Übersicht über die Unterrichtsinhalte erarbeiten:* Wie kann ich die Inhalte sinnvoll zwischen wochenplanbezogenem und gebundenem Unterricht aufteilen?
  Im Hinblick auf drei Aspekte sollte diese Planung erfolgen:
  – Einführungen: Welche Einführungen sind für die einzelnen Themen notwendig?
  – Übungen: Welche Übungs-, Anwendungs- und Vertiefungsaufgaben sind für die einzelnen Themen vorzusehen?
  – Tests: An welchen Stellen sollen Lern- und Leistungsstandermittlungen erfolgen?
- *Den Zeitaufwand abschätzen:* Welches ist der voraussichtliche Zeitaufwand für die Aufgaben zu dem Unterrichtsinhalt?

  Die Abschätzung des Zeitaufwandes, damit die Schüler vom Aufwand nicht unter- bzw. überfordert sind, ist nicht einfach, ein Gefühl dafür bildet sich jedoch im Laufe der Zeit heraus.

3. Schritt: Lernmaterialien und Lernaufgaben für eine selbstständige Bearbeitung zusammenstellen

- *Verschiedene Aufgaben der Lernaufgaben unterscheiden:* Unterscheidbar sind:
  – Schlüsselaufgaben: Sie sollen zu einer so genannten „Basiserkenntnis" führen.
  – Anwendungs- und Vertiefungsaufgaben: Sie sollen die gewonnene „Basiserkenntnis" vertiefen und deren Anwendung trainieren.
  – Stützaufgaben: Sie sind für jene Schüler gedacht, die bei den Anwendungs- und Vertiefungsaufgaben noch viele Fehler machen.
  – Weiterführende Aufgaben: Sie sind für jene gedacht, die den „Basisstoff" zügig beherrschen und so darüber hinaus geführt werden können.
- *Hausaufgaben einbeziehen:* Der Wochenplan sollte jeweils auch die Hausaufgaben der betroffenen Fächer mit einbeziehen. Es dürfen dann allerdings keine zusätzlichen Hausaufgaben mehr gegeben werden!

4. Schritt: Zu Beginn einer Lernplansequenz: Eine Übersicht über die vorhergesehenen Lernplanstunden und -aufgaben geben

Dies ist ein spezieller Schritt des Lernplanunterrichts: Es wird den Schülern die komplette Lernplansequenz (inkl. Lernziele) eines Faches erläutert. Dies steht hier nicht im Vordergrund, ein Aspekt verdient jedoch für den Wochenplanunterricht besonderes Augenmerk:

- *Die Wochenplanvorgaben erläutern:* Wichtig ist es, sich genügend Zeit zu nehmen, den Schülern die Planvorgaben zu erläutern. Insbesondere auch, um die Lernabsichten zu erläutern, die hinter den Aufgaben stehen. Ein gutes Klima für Rückfragen ist wichtig.

5. Schritt: Die Schülerinnen und Schüler während der vorgesehenen Planstunden selbstständig arbeiten lassen

- *Hausaufgaben:* Keine über den Wochenplan hinausgehenden Hausaufgaben für die Lernplanfächer erteilen.
- *Vorteile der Selbstkontrolle nutzen:*
  - Die Schüler können sich nach jeder Aufgabe sofort die Rückmeldung holen und brauchen nicht zu warten, bis die Lehrperson die Hefte einsammelt und korrigiert zurückgibt.
  - Die Rückmeldesituation ist sachlich. Die Schüler brauchen nicht zu befürchten, von jemandem für einen Fehler getadelt zu werden. Aus den selbst festgestellten Fehlern können unmittelbare und eigenständige Konsequenzen gezogen werden.
  - Die Lehrperson wird davon entlastet, alle Schülerarbeiten selber durchsehen zu müssen. Da der Lernplanunterricht ein aufgabenorientierter Unterricht ist, bei dem viele Korrekturarbeiten anfallen, ist diese Entlastung unerlässlich.
- *Fehler als Lernchancen nutzen:* Achten Sie darauf, dass sich in der Klasse eine positive Haltung gegenüber dem Fehler-Machen ausbildet.

6. Schritt: Die Schülerinnen und Schüler während der Aufgabenbearbeitung beraten und begleiten

- *Pädagogische Hilfe als Hilfe zur Selbsthilfe:* Das Prinzip der minimalen Hilfe beinhaltet u. a. den Gedanken, dass die Hilfe zur Selbsthilfe in der Regel die beste Hilfeleistung ist.
- *Individuelle Lernschwierigkeiten dokumentieren:* Folgende Kategorien sind von Bedeutung: Sozialverhalten, Lern- und Arbeitstechniken, inhaltliche Defizite (z. B. typische Fehler, die immer wieder auftauchen)
- *Lob und Anerkennung nicht vergessen*

7. Schritt: Lernerfolg und Leistungsstand der Schülerinnen und Schüler kontrollieren und beurteilen

- *Das richtige Kontrollmaß suchen:* Das Finden des richtigen (d. h. lernfördernden und für beide Parteien erträglichen) Kontrollmaßes scheint ein Schlüssel für den Erfolg des Wochenplanunterrichts zu sein.
  Ein Zuwenig an Leistungskontrollen ist aus verschiedenen Gründen problematisch:
  - Die Schüler erhalten zu wenig Rückmeldung darüber, ob ihre Leistungen den gesetzten Anforderungen entspricht.
  - Ein Fluchtverhalten – oft Ausdruck einer lernhemmenden Einstellung der Schüler – wird begünstigt; eine Auseinandersetzung mit den entsprechenden Ursachen wird umgangen.
- *Reflexionen bei den Schülern über den Lern- und Arbeitsprozess anregen:* Was wurde gemacht? Wie viel Zeit wurde benötigt? Wer hat die Arbeiten kontrolliert (Selbstkontrolle, Kontrolle durch Lehrperson, Kontrolle durch andere Schüler)? Welche Schwierigkeiten sind aufgetreten?

8. Schritt: Am Ende einer Wochenplanphase/Lernplansequenz: Erfahrungen und Ergebnisse in der Klasse besprechen

- *Wochenplanbesprechungen als Fixpunkte einplanen*: Eine wöchentliche Austauschrunde eignet sich als Forum, um zum einen inhaltliche Erkenntnisse und persönliche Kreationen (freie Texte, Zeichnungen etc.) den anderen mitzuteilen, zum anderen können hier unterschiedliche Lösungswege und Arbeitsweisen besprochen werden.
- *Positive Gesprächskultur*: Achten Sie darauf, dass sich eine positive Gesprächskultur entwickeln kann, in der auch über Schwierigkeiten, Fehler und Schwächen gesprochen werden darf.

2.6 Zur Leistungsbeurteilung im Rahmen der Wochenplanarbeit

Eine häufig gestellte Frage im Zusammenhang mit der Arbeit mit Wochenplänen ist die nach der Möglichkeit und Unmöglichkeit einer Leistungsbeurteilung. Jedoch heißt die Wochenplanarbeit und ein geöffneter Unterricht nicht, dass keine schriftlichen Leistungserhebungen mehr geschrieben werden. Das gegenwärtige Verständnis des Einsatzes des Wochenplans liegt in einem methodischen Mix, somit besteht der Unterricht aus lehrerzentrierten Phasen, Partner- und Gruppenarbeit, Arbeit mit den individuellen Arbeitsplänen, Stationenarbeit, evtl. auch Projektarbeit. Gebundene und geöffnete Formen des Unterrichts ergänzen sich somit, je nach unterrichtlicher Intention. Somit erfolgen schriftliche Leistungsmessungen in den Fächern auch in bekannter Form.

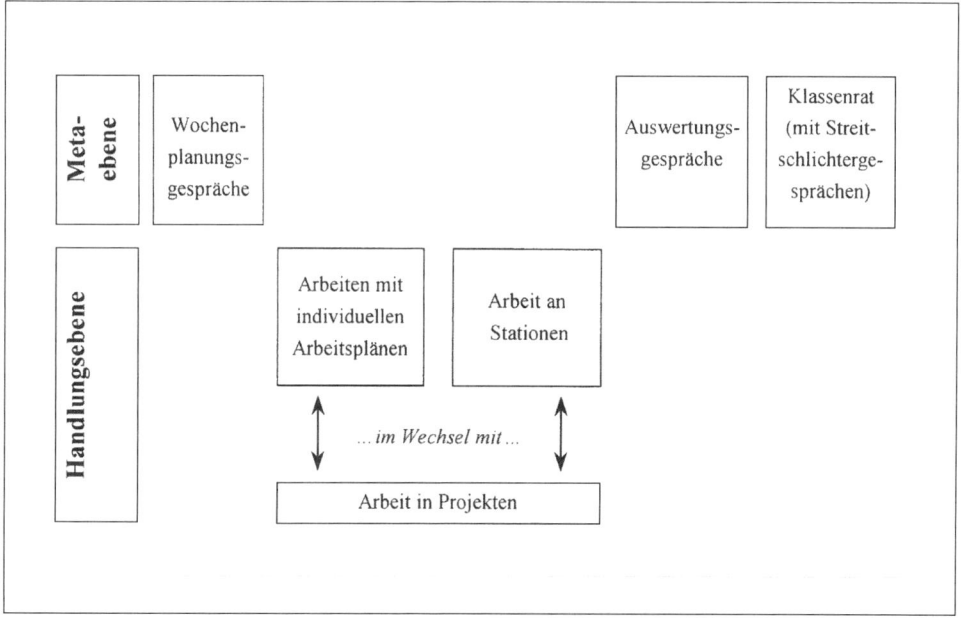

Abb. 7: Elemente einer erweiterten Wochenplanarbeit (Braun 2001, 86)

Grundlegendes

		++	+	o	-	Anmerkung
Beobachtungsbogen Wochenplanarbeit (WPA) für _____						
im Zeitraum von _____ **bis** _____						
Stuhl-kreis	Verhalten im Stuhlkreis					
	Mitarbeit im Stuhlkreis					
Stationenarbeit	Aufbau/Abbau der Station					
	Arbeitsanleitung verstehen und umsetzen					
	Hilfe holen					
	Erklärung geben					
	Zielgerichtetes Arbeiten (auch WPA)					
schriftl. Bereich	Führen des Ordners					
Gespräch mit dem Schüler am _____ Bemerkung:						

Abb. 8: Merkmalsbogen zur Beobachtung im Rahmen der Stationen- und Wochenplanarbeit (Braun 2001, 92)

Der Aspekt der Leistungsbeurteilung, speziell fokussiert auf den Wochenplanunterricht, soll jedoch an dieser Stelle aufgegriffen werden, kann er doch eine sinnvolle Ergänzung bieten und Basis einer Rückmeldung an den Schüler sein. Beispielsweise bezogen auf interdisziplinäre Fähigkeiten und Fertigkeiten, die beobachtbar und für selbstständiges Lernen unverzichtbar sind (wie z. B. Arbeitsanleitungen verstehen, und wenn dies nicht der Fall ist, sich Hilfe zu holen) (vgl. Braun 2001, 88).

Braun sieht die Elemente der Wochenplanarbeit – gerade bezogen auf eine Leistungsbeurteilung – wie folgt gegeben (86):

Die Zielrichtung ist darin gegeben: Unterricht – so formuliert Braun – ist „so zu gestalten, dass auch der Erwerb von interdisziplinären Kompetenzen, von Schlüsselqualifikationen, möglich ist" (89). Das ist „eine meiner Aufgaben als Lehrerin. Vor diesem Hintergrund möchte ich dann aber auch beobachten und prüfen, ob ein Erwerb stattfindet. Das ist meine Ausgangslage für die systematische Beobachtung im Rahmen der Wochenplanarbeit" (ebd.).

Grundsätzlich gilt: Die Beobachtungskriterien …

- … dürfen nicht überfordern, d. h. die Anzahl der Kriterien dürfen nicht überfordern, d. h. die Anzahl der Kriterien muss überschaubar und handhabbar bleiben.
- … müssen direkt auf den Prozess innerhalb der Lerngruppe, die Anforderungen, Strukturen und Rituale der jeweiligen Lerngruppe bezogen sein.

Braun (2001, 90) schlägt drei Bereiche vor, auf die sich die Beobachtung richtet:

- Stuhlkreis (Verhalten und Mitarbeit)
- Stationenarbeit (Aufbau und Abbau/Arbeitsanleitungen verstehen und umsetzen/Hilfe holen und Hilfen geben/zielgerichtetes Arbeiten)
- die Ordnung und Durchführung des schriftlichen Bereichs

Zu diesen Bereichen entwickelte sie einen Beobachtungsbogen (siehe Abb. 8).

Es ist sinnvoll, sich bei der Beobachtung auf vorher festgelegte Schüler zu konzentrieren. Braun berichtet, dass sie immer zwei Mädchen und zwei Jungen im Voraus bestimmt und diese dann während der Wochenplanarbeit beobachtet:

„Für die Klasse war diese Praxis kein Problem, da sie daran gewöhnt waren, dass ich bei *roter Ampel* nicht ansprechbar war. Zwar fragten am Anfang schon ein paar Schüler *Beobachten Sie heute wieder?* oder *Werde ich heute beobachtet?*, aber die Lerngruppe gewöhnte sich sehr schnell daran" (93).

Ihre Erfahrungen mit der systematischen Beobachtung waren die Folgenden:

- Eine einmalige Beobachtung reicht oft nicht aus. Sie kann eine Bestätigung eines Kenntnisstandes sein, aber auch Erstaunen, Unverständnis und Zweifel hervorrufen. Dann ist es sinnvoll weiter zu beobachten, nachzufragen oder andere aussagekräftige Informationsquellen aufzusuchen und Gespräche mit den Betreffenden zu führen.
- Die systematische Beobachtung zwingt dazu, auch die ruhigen und unauffälligen Schüler wahrzunehmen. So lässt sich ein wesentlich besserer Kenntnisstand hinsichtlich ihrer Stärken und Defizite im interdisziplinären Bereich gewinnen (vgl. 93).

Braun sieht – über schriftliche Leistungsmessungen hinaus – auch eine Leistungsbeurteilung in offenen Arbeitsformen „unabdingbar nötig" (97), diese ist durch eine systematische Beobachtung möglich. Ein anderes Beispiel für einen Beobachtungsbogen (Bereich Handlungsphase) stellt Morgenthau (2003) vor (siehe Abb. 9).

Dabei ist eine Rückmeldung an die Schüler über die Beobachtungsergebnisse wichtig. Besondere Bedeutung kommt, neben der externalen Beobachtung durch die Lehrkraft, besonders der Selbstbeobachtung des Schülers zu (Genaueres unter Kap. 3.8).

Beobachtungsbogen — **Handlungsphase**

Name: _____ Klasse: _____

	Datum						
Welche Sozialform wählt das Kind häufig?							
• Einzelarbeit							
• Partnerarbeit							
• Kleine Gruppe							
• Große Gruppe							
•							
Wie arbeitet es mit anderen zusammen?							
• solidarisch							
• rivalisierend							
• stört aktiv							
• nimmt reine Zuschauerrolle ein							
•							
Wie verhält sich das Kind, wenn es sachlich nicht weiterkommt?							
• holt Hilfe bei anderen Kindern							
• holt Hilfe bei der Lehrkraft							
• wartet, bis die Lehrkraft das Problem entdeckt							
• gibt das Vorhaben vorläufig auf							
•							
Wie arbeitet es an einer Aufgabe?							
• wählt angemessenes Arbeitsmaterial aus							
• arbeitet gewissenhaft, leserlich, übersichtlich							
• arbeitet selbsttätig und ohne Ablenkung am gewählten Thema							
• lässt sich leicht ablenken							
• braucht Bestätigung/Ermutigung							
• braucht Anstöße, um die Arbeit zu Ende zu bringen							
• bricht gewählte Arbeiten unvollendet ab							
• beurteilt seine Aktivitäten selbstständig							
•							

Abb. 9: Beobachtungsbogen (Morgenthau 2003, 119)

2.7 Neuere Sichtweise: Notwendigkeit einer Strukturierung des Offenen Unterrichts

Neuere Erkenntnisse – auch die Untersuchung von Hartinger/Hawelka (2005) – geben gesicherte Hinweise darauf, dass kein Widerspruch zwischen einer Öffnung und der Strukturierung des Unterrichts besteht. Durch die Studie konnte empirisch festgestellt werden, dass in der Unterrichtswirklichkeit die offenen Unterrichtsphasen weitgehend durch Strukturierungsmaßnahmen flankiert wurden (vgl. 338).

Die Ergebnisse zeigten, es gab „in den Klassen, in denen Schüler/innen mehr Entscheidungsmöglichkeiten bezüglich Lernwege und -inhalte hatten, nicht weniger Strukturierungselemente als in den Klassen, in denen der Unterricht diesbezüglich weniger offen waren" (338).

Folgende Variablen zur Strukturierung konnten im Rahmen der Untersuchung in den in die Untersuchung einbezogenen Klassen beobachtet werden:

Strukturierungsmaßnahmen bei Freiarbeits- und Wochenplanarbeitsphasen (Hartinger/Hawelka 2005, 337)
Rituale
Dokumentation verpflichtend
Gespräch vor/nach Frei- bzw. Wochenplanarbeit
Korrektur durch Material oder MitschülerInnen
Klassenzimmer ermöglicht Freiarbeit

Laut Hartinger/Hawelka (2005) ist eine strukturierte Öffnung des Unterrichts dabei von größter unterrichtlicher Relevanz: „Die Befürworter *offenen Unterrichts* kann es davor bewahren, vorschnell auf scheinbar überkommene Qualitätskriterien traditioneller Unterrichtskunst zu verzichten. Auf der anderen Seite kann den Personen, die offenen Unterrichtsphasen skeptisch gegenüber stehen, da sie befürchten, Schüler/innen würden bei dieser Form nichts lernen (da ja eine fehlende Strukturierung die systematische Beschäftigung mit Lehr-/Lerninhalten erschwere), entgegengehalten werden, dass eine fehlende lernförderliche Strukturierung kein Automatismus offenen Unterrichts ist" (338).

Die Wochenplanarbeit ist von der Intention her eine strukturierte Form der Öffnung des Unterrichts, wie unter Kap. 2.1 schon verdeutlicht.

Für den Appell nach einer ausreichenden Strukturierung offener Lernsituationen werden verschiedene Argumente angeführt. Ein Argument erwächst aus der Beobachtung, dass in sehr offenen und freien Lernsituationen die Gefahr besteht, dass einige Kinder wenig oder nichts lernen (vgl. Jaumann-Graumann 1997). Dies kann sich auf leistungsschwache Schüler beziehen, doch es ist auch möglich, dass leistungsstarke Schüler keine Lernangebote finden, die sie weiter bringen. Eine Ursache dafür kann sein, dass die Schüler aufgrund mangelnder Strukturierung nicht erkennen können, welche Aufgaben und Materialien für sie nun hilfreich wären. Im so genannten *Leerlauf* kann eine zweite Ursache liegen, wenn Schüler aufgrund organisatorischer Unklarheiten Probleme bei der Auswahl oder der Bearbeitung der Aufgaben haben.

2.8 Qualitätskriterien einer Wochenplanarbeit

Jürgens (2003) stellte eine Reflexionscharakteristik auf, mit der sich der eigene Wochenplanunterricht im Rahmen einzelner Qualitätskriterien beleuchten lässt (vgl. 49 ff.):

Wochenplanarbeitsmethodik

- In welcher Form werden die Wochenpläne ausgegeben? (Als Arbeitsblatt, als Plakat, als Tafeltext oder Folie, als Langzeitaufgabe)?
- Ist der Plan überschaubar und ansprechend gestaltet?
- Werden die Wochenpläne besprochen? Haben Schüler die Möglichkeit, einen Überblick zu gewinnen und Rückfragen vor Beginn der Arbeit zu stellen (z. B. im Morgenkreis)?
- Werden die zentralen Wochenplankriterien berücksichtigt (Differenzierung, Individualisierung, mehrkanaliges und mehrdimensionales Lernen, Interaktion, Überschaubarkeit)?

Organisationsstruktur

- Sind die Wochenpläne quantitativ überladen, erzeugen deshalb einen übermäßigen Zeitdruck und führen bei den langsameren Lernern zu demotivierenden Reaktionen?
- Ist das Verhältnis zwischen Pflicht- und Wahl(pflicht)pensum ausgewogen?
- Sollen Arbeitssequenzen zu Hause erledigt werden?
- Enthält der Wochenplan Hausaufgaben?
- Welche Ordnungsprinzipien sind einzuhalten, z. B. wie werden die fertigen Arbeiten/Produkte aufbewahrt?

Arbeitskultur

- Sind die Lernziele (klassen- bzw. gruppenübergreifend oder individuell) den Lernenden klar und die (subjektive) Bedeutsamkeit einsichtig?
- Verfügen die Schüler über die notwendigen Arbeits- und Lerntechniken und Lernstrategien sowie das gebotene metakognitive Wissen für den jeweils aktuellen Wochenplan?
- Folgen die bereitgestellten Materialien dem Ganzheitlichkeitsprinzip, d. h. sind sie beispielsweise entsprechend der Lernzielstufen reproduzierend, reorganisierend, problemlösend und transferierend strukturiert worden?
- Lassen die Aufgaben genügend Selbstkontrollmöglichkeiten zu, liegen die dafür erforderlichen Lösungsblätter in einer Qualität vor, die es den Schülern ermöglicht, tatsächlich ohne fremde Hilfe auszukommen?
- Wird auf der Metaebene die Anbahnung eigenverantwortlichen Lernens und Arbeitens durch geeignete Maßnahmen – z. B. Führen eines Lerntagebuches – unterstützt?

Differenzierung

- Auf welche Weise erfolgt Differenzierung innerhalb der Wochenpläne (Pflichtaufgaben, Wahlaufgaben, Zusatzaufgaben)?
- Welchen Anspruch (z. B. Differenzierung nach Fähigkeiten oder nach Interesse) zeigen Wochenplanaufgaben qualitativ und quantitativ?
- Werden Freiräume für Selbstdifferenzierungsmaßnahmen gewährt?

Emotional-soziales Lernen

- Sind individuelle und kooperative Sozialformen angemessen berücksichtigt worden?
- Werden die Regeln für die Wochenplanarbeit eigenverantwortlich mitgetragen?
- Zeichnet sich die Arbeitsatmosphäre durch Störungsarmut und gegenseitige Akzeptanz aus?
- Gibt es ein spontanes, situationsgebundenes Helfersystem?
- Ist die Zusammenarbeit auf gegenseitige Verantwortung für das Lernen bei gleichzeitiger Vermeidung des Konkurrenzprinzips ausgerichtet?

Lehreraktivität

- Sind die Aufgaben so gestellt, dass die Schüler selbstständig arbeiten können?
- Fördert die Lehrkraft durch lenkende Eingriffe die Selbstständigkeit?
- Werden die Lernaktivitäten individuell und systematisch beobachtet?
- Erfolgen prozessbegleitende Lernberatungen?
- Wird das Prinzip der minimalen, aber sachbezogenen Hilfe berücksichtigt?
- Werden Reflexionen über den Lern- und Arbeitsprozess angeregt?
- Werden Wochenplanbesprechungen zum festen Bestandteil der Pädagogischen Führung gemacht?

Kontrolle/Rückmeldung

- Wird jeder Wochenplan vollständig nachgesehen?
- Erfolgt die Rückmeldung auf dem Wochenplanblatt für jeden Schüler?
- Werden die Rückmeldungen sowohl emotional (Lob/Anerkennung) als auch informativ (fehleranalytisch/fallbezogen) gegeben?
- Haben Schüler Möglichkeit zur Selbst- und Partnerkontrolle?
- Werden die Wochenplanarbeiten in den darauf folgenden Unterricht einbezogen?
- Findet eine Wochenplanbesprechungsstunde statt?
- Wird die jeweilige mit dem Arbeitsplan repräsentierte Lernsequenz in einer gemeinsamen Reflexionsrunde abgeschlossen?

3 Besondere Aspekte des Übertrages auf den Unterricht der Förderschule

Das vorgestellte Verständnis der Wochenplanarbeit orientiert sich an einer Anbindung bzw. Verknüpfung dieser Form des offenen Unterrichts an den gebundenen Unterricht. Radikallösungen, wie eine totale Umstellung des Unterrichts auf Reinformen der „Freien Arbeit" oder Wochenplan ist aus unserer Sicht – gerade für die Förderschule – nicht geeignet. Vielmehr gilt es für jede Klassen- bzw. Förderstufe und abgestimmt auf die jeweilige Klassenzusammensetzung eine angepasste Struktur zu finden, die eine optimale „Kombination vermittelnden Unterrichts und selbstverantwortlichen Lernens" (Morgenthau 2003, 9) bildet.

Das von Morgenthau vorgeschlagene Gleichgewicht kann in diesem Zusammenhang leitend sein:

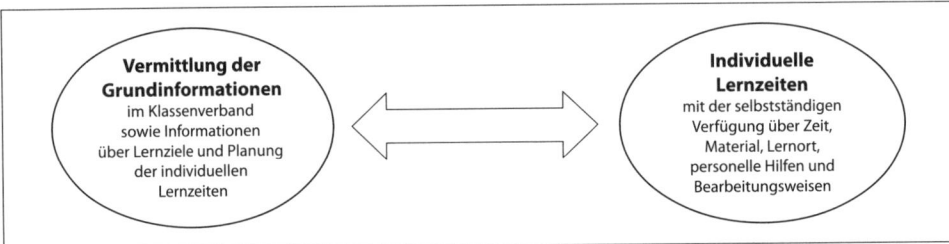

Abb. 10: Das Gleichgewicht im Offenen Unterricht (in Anlehnung an Morgenthau 2003, 9)

Die folgenden Aspekte bilden ein Grundgerüst von Faktoren, die sich bei einem Übertrag des Wochenplankonzeptes auf die Förderschule berücksichtigen lassen. Zu betonen ist, da eine Abstimmung immer auf die Klassenstufe und Klasse erfolgen muss, dass es sich um leitende Grundprinzipien handelt, die jedoch dem Leser und der Lehrkraft in der Arbeit mit dem Wochenplan eine Unterstützung bieten.

3.1 Zur Einführung: Überforderungsvermeidung, Regeln, Arbeitstechniken, Vertrauenskultur

> „Die Bereitschaft eines Menschen, sich auf Veränderungsprozesse einzulassen (die immer ein Element der Angst vor Neuem und Unvertrauten mitenthalten), setzt ein Gefühl der Sicherheit voraus." (Palmowski 1996, 60)

Kontinuierliche und kleinschrittige Einführung

Der Wochenplanunterricht übergibt Schülern mehr Verantwortung für die Gestaltung des Lernens. So wird größerer Wert gelegt auf die eigene Planung der Arbeit und Aktivitäten, das Treffen von Entscheidungen, sich selbst verschiedener Informationsquellen bedienen, erst mal auf eigene Faust Lösungen für Schwierigkeiten zu suchen und auch eigene Arbeitsergebnisse auszuwerten.

Aufgrund dieses erhöhten Übertrages von Verantwortung ist

- eine behutsame Einführung unerlässlich
- und eine Kleinschrittigkeit der Aufgabensteigerung unbedingt notwendig: „Daher sind kleine, übersichtliche Portionen ein absolutes Muss" (Hagmann 1997, 8).

Die Umstellung von Teilen des Unterrichts auf einen Wochenplanunterricht ist nach Landwehr (1998) nicht zuletzt deshalb so anspruchsvoll, weil sowohl auf der Schülerseite wie auch auf der Lehrerseite neue Fähigkeiten und Routinen notwendig werden, die sich unterscheiden von den klassischen Schülerroutinen wie stillsitzen, zuhören, warten, bis man aufgerufen wird usw.

Folgende Kompetenzen illustrieren die Anforderungen an die Schüler, diese müssen im Laufe der Zeit – gerade bei Schülern mit Förderschwerpunkt – erst langsam aufgebaut werden:

- *Die Zeit selber einteilen*: Wie schnell muss ich arbeiten, um im vorgegebenen Zeitrahmen mit allen Aufgaben fertig zu werden?
- *Die Reihenfolge der Lernaufgaben selber auswählen*: Mache ich zuerst das Schwierige oder das Einfache, das Lustvolle oder das Unangenehme?
- *Sich durch Aktivitäten anderer Schüler nicht ablenken lassen*: Die Schüler arbeiten an unterschiedlichen Aufgaben, da ist die Versuchung groß, sich in den Bann einer anderen Tätigkeit ziehen zu lassen.
- *Selber merken, wenn eine Hilfestellung wirklich nötig ist*: Kann ich die Schwierigkeiten selber lösen, soll ich einen Lernpartner oder die Lehrperson um Hilfe bitten? (vgl. 63)

Aufgrund dieser Anforderungen, die im lehrerzentrierten Unterricht geringfügiger abgerufen werden, ist es wichtig, dass die Schüler „langsam mit einer Ausweitung der Entscheidungsräume vertraut gemacht werden müssen" (Landwehr 1998, 10).

Gestufte Entwicklung des Wochenplanunterrichts

Vaupel (2000) empfiehlt zum Einstieg die überschaubarste Form, den Tagesplan, der sich nach und nach zum Wochenplan entwickeln kann. Dies hat den Vorteil, dass sich die Schüler zunächst an die neue Arbeitsform gewöhnen können. Die Aufgaben eines Tagesplans sind leichter überblickbar als der Zeitraum einer ganzen Woche. So stellen sich eher Erfolgserlebnisse ein. Tagesplanarbeit lässt sich mit einer Unterrichtsstunde beginnen und auf zwei oder drei Stunden oder einen ganzen Vormittag ausweiten. Hieronimus (1996) stellt beispielsweise einen Tagesplan einer 1. Klasse und deren Interpretation durch die Schüler vor:

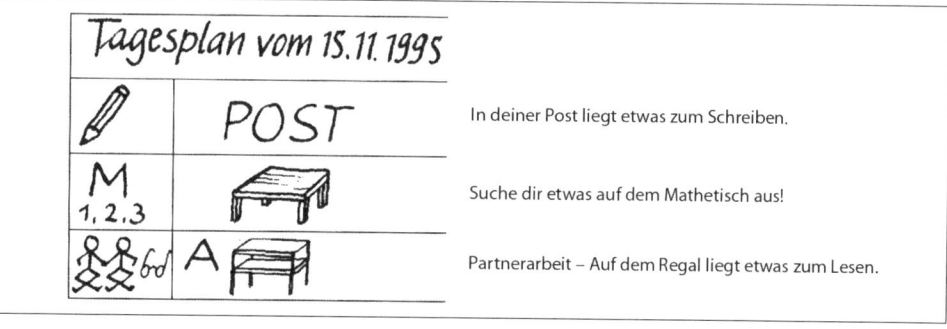

Abb. 11: Tagesplan als Wochenplanvorstufe (Hieronimus 1996, 16)

Besondere Aspekte des Übertrages auf den Unterricht der Förderschule

In der Regel wird sich der erste Tagesplan auf ein Bündel der ansonsten im Unterricht verstreut vorhandenen Stillarbeitsphasen beschränken (vgl. 74). Die Einengung und Lenkung über den Tagesplan ist groß, deshalb ist es wichtig, dass man von Anfang an auch offene Aufgabenstellungen formuliert und die Schüler frühzeitig in Planungsprozesse miteinbezieht.

Abb. 12: Gestufte Entwicklung des Wochenplanunterrichts

Auch nach dem Übergang zum Wochenplan sollte die Komplexität erst langsam gesteigert werden. Dies kann durch verschiedene gestufte Entwicklungen erfolgen:

- *Vom Einzelfach- zum Fächerpluralen Wochenplan*: Zunächst ist ein Start mit nur einem Fach empfehlenswert. Oft hat sich das differenzierungsintensive Fach Mathematik bewährt. Er kann dann zu Beginn *Rechenwochenplan* oder *Arbeitsplan Rechnen* heißen.
- *Von einfachen zu komplexen Aufgabenstellungen*: Zu Beginn sind für die Schüler zur Gewöhnung einfache Aufgabenstellungen unerlässlich. Sonst besteht die Gefahr, dass sie den Wochenplan mit dem Attribut „Schaff ich sowieso nicht!" belegen.
Die klassische Stufe der Aufgabenstellungen im Rahmen des Wochenplans sind Übungsaufgaben durch Materialien, Heftaufgaben und Arbeitsblätter. Nach einem längeren – oft mehrjährigen – Einsatz kann der Wochenplan auch Aufgabenstellungen der Fortgeschrittenenstufe enthalten; dies sind Anforderungen, die eine Phase der selbstständigen Erarbeitung neuer Inhalte impliziert oder eine höhere Transferleistung bekannter Inhalte auf neue Zusammenhänge erfordert.
- *Von lerngruppenbezogenen zu individualisierten Wochenplänen*: Die Aufteilung der Wochenplanaufgaben in die vorherrschenden Differenzierungsgruppen (bspw. in Mathematik und Deutsch) ist zu Beginn sinnvoll. Zum einen, um die Routine der Erstellung der Wochenpläne erst für sich selbst einzuschleifen, zum anderen, damit die Schüler auch noch erkennen, dass der in seiner Differenzierungsgruppe normalerweise befindliche Mitschüler auch die gleichen Aufgaben erhält. Das erzeugt bei den Schülern eine gewisse Sicherheit, sie erleben sich somit nicht durch gänzlich individualisierte Wochenpläne diffundiert.

Im erweiterten Stadium, nach langfristiger Etablierung der Wochenplanarbeit, ist es sinnvoll, entsprechend individueller Fördernotwendigkeiten, neben einem gemeinsamen klassen- und lerngruppenbezogenen Aufgabenfundamentum, individuelle Aufgaben einzubauen.

- *Fremd- und selbsterstellte Wochenpläne*: Grundsätzlich wird der Wochenplan durch die Lehrkraft erstellt und ist im Pflichtaufgabenbereich für die Schüler bindend. Bei Wahlaufgaben können die Schüler entscheiden. Bei erfolgreichem und langfristigem Lauf der Wochenplanarbeit lässt sich durch Stufung eine Mitentscheidungskomponente hinzufügen. Zunächst kann im Wochenreflexionsbogen eine Abfrage eingebaut werden, was der Schüler sich für die Klasse in einem der nächsten Wochenpläne für ein Thema oder Aufgabentyp wünscht. Im weiteren Verlauf erweitert ein Aufgabentyp auf dem Wochenplan den Schülermitentscheidungsspielraum: Die Rubrik „Meine Aufgabe" weist dem Schüler die Verantwortung zu, eine Aufgabe (bspw. aus dem Freiarbeitsregal) durchzuführen, die er sich selbst gesucht hat und für sinnvoll empfindet. Diese hat er auf dem Wochenplan zu dokumentieren.

  In vollem Umfang durch den Schüler selbsterstellte Wochenpläne sind aus unserer Sicht Utopievorstellungen, die weder von Schülerseite realistisch, noch aus didaktischer Sicht sinnvoll erscheinen.

- *Fachbezogene- und fächerübergreifende Aufgabenstellungen*: Die Aufgaben zu den jeweiligen Fächern geben die Struktur des Wochenplans vor. Eine später vollzogene Ergänzung kann in zweierlei Richtungen weitergeführt werden: Zum einen durch Aufgaben, die die Fächergrenzen überschreiten (bspw. durch die Bearbeitung eines Wochenthemas oder mit Hilfe der Methode des Jahresbuches), zum anderen eine Überschreitung der Fächer durch erweiterte Aufgabenbereiche (in den Abschlussjahrgangsklassen z. B. durch Verantwortlichkeiten im Rahmen einer Schülerfirma).

- *Fremd- und selbstkontrollierte Wochenpläne*: Die begleitende Erziehung der Wochenplanarbeit zielt beim Schüler darauf, ein höheres Maß an Eigenverantwortung für sein Lernen zu übernehmen (siehe u. a. als intentionale Basis das Konzept des „Selbstgesteuerten Lernens"). Nichts führt daran vorbei, dass die Lehrkraft in der Einführungs- und Etablierungsphase eine Kontrolle der Aufgaben der abgeschlossenen Wochenpläne vornimmt. Die Intensität, mit der diese Kontrolle später erfolgt, ist zum einen vom Grad der Verankerung einer vorhandenen Übernahme von Verantwortung der Schüler für den jeweilig eigenen Wochenplan abhängig. Zum anderen kennt jeder seine „Pappenheimer" in der Klasse, bei denen genauer hingeschaut werden muss.

  Das Ziel der Kontrolle ist, neben einem grundsätzlichen Vornehmen durch die Lehrkraft, dass sie – entsprechend ebengenannter Bedingungen – auch im Hinblick auf Selbstkontrolle auf die Schülerseite verschoben werden kann: Durchgehende Kontrolle bei den Schülern, die es „brauchen", Übergabe von Verantwortung bei den Schülern, die intrinsische Momente der Verantwortung für ihren Wochenplan aufbauen konnten.

Diese Komplexitätsstufen beanspruchen nicht ihre jeweilig maximale Realisierung, um von einem guten Wochenplanunterricht sprechen zu können. Vielmehr liegt das Geheimnis darin, um die Möglichkeiten zu wissen und die für die Klasse und Lerngruppe bestmögliche Ausprägung umzusetzen. Detaillierte und praktische Anregungen – gerade bezogen auf die Klassenstufen – illustrieren die beiden folgenden Kapitel.

Im Besonderen, das sei abschließend betont, sollte man viel Zeit für die Einführung, Etablierung und Weiterentwicklung des Wochenplanunterrichts mitbringen. Die Erfahrung zeigt: Die anschließende Arbeit mit dem Wochenplan „hängt wesentlich davon ab, wie die Einführung geglückt ist" (Hagmann 1997, 8).

Arbeitstechniken

Das Erlernen grundlegender Arbeitstechniken von Anfang an erleichtert die Wochenplanarbeit ungemein. Gerade in den unteren Jahrgangsstufen werden diese Basiswerkzeuge der Schüler grundgelegt für Verfügbarkeit und Weiterentwicklung der Techniken in höheren Klassen.

Zu diesen grundlegenden Arbeitstechniken gehören (Süselbeck 2007a, 24):

- Abschreiben
- Kontrollieren und Korrigieren eigener Texte
- Nachschlagen: Umgang mit Wörterbüchern und Lexika
- Lesetechniken: Genaues Lesen beim Abschreiben und Kontrollieren
- Sinnentnehmendes Lesen (Verstehen)
- Überfliegendes Lesen
- Lesen mit Stift und Markieren (objektiv oder subjektiv Wichtiges)
- Stichwörter machen

Arbeitstechniken müssen eingeführt werden. Auch scheinbar so etwas Leichtes wie Abschreiben ist für einen Lernenden ein komplexer Vorgang. Die Techniken müssen gelernt, geübt und durch regelmäßige Anwendung gefestigt werden, bis sie automatisiert sind (ebd.).

Anhand zweier Beispiele von Süselbeck (2007a) wird das kleinschrittige Einführen von Arbeitstechniken vorgestellt (vgl. 24 f.):

I. Richtig abschreiben

Ihre Schulneulinge bekommen zum Schulanfang eine Abdeckkarte (siehe Abb.). Die Schritte für den Abschreibevorgang sind als Piktogramme visualisiert (Einprägungshilfe zur Automatisierung):

1. Lesen des ganzen Textes, damit ich verstehe, was ich abschreibe.
2. Abschreibemenge (ein Wort oder eine Wortgruppe) genau in den Blick nehmen und ins Abschreibefenster der Abdeckkarte rücken.
3. Ein Wort auswendig abschreiben, dabei leise mitsprechen (Koartikulation als Konzentrationshilfe).
4. Aufdecken, Abgeschriebenes genau mit der Vorlage vergleichen, kontrollieren und ggf. korrigieren.

Die Abdeckkarte stellt eine Hilfe dar, die auch beim genauen Lesen und Kontrollieren eingesetzt wird. Und zwar in differenzierter Form, weil Merk- und Abschreibmengen unterschiedlich sind. Manche Kinder verwenden die Karte lange, andere brauchen sie bald gar nicht mehr oder nur sporadisch (24).

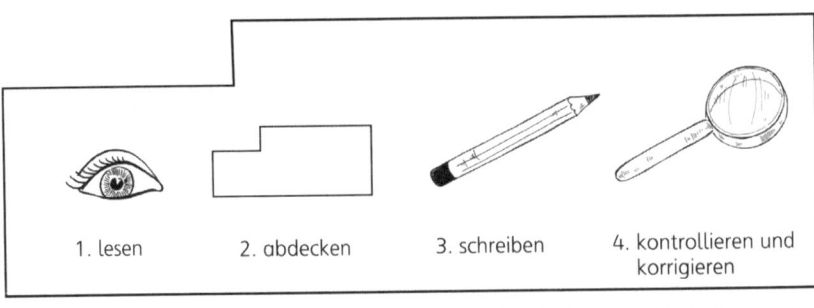

Abb. 13: Abdeckkarte zum Abschreiben (Süselbeck 2007a, 26)

II. Nachschlagen lernen

Nachschlagen und der Umgang mit Wörterbüchern sind keine spezifischen Aufgaben für den Deutschunterricht. Nicht nur innerschulisch wird diese Technik in breitem Einsatz gebraucht und angewendet, auch außerschulisch ist sie absolut notwendig: Inhalts-, Namens-, Themen-, Stichwortverzeichnisse sind in der Regel alphabetisch geordnet.

Übungen auf dem Weg zum „Nachschlagen lernen" sind:

- Reihenfolge des Alphabets (Vorgänger, Nachfolger, Anfang, Mitte, Ende: akustisch und visuell, hörend und lesend)
- Es kommt nicht nur auf den ersten Buchstaben an
- Funktion der Kopfzeile als Suchhilfe
- Leserichtung einüben (es geht beim Wörtersuchen nicht um genaues Lesen jeder Zeile von links nach rechts)
- Überfliegendes Lesen
- Stichwörter auffinden
- Zusatzinformationen, verwandte Wörter
- Zeichen, Verweise in meinem Wörterbuch (Klammer, Aussprache, Artikel, Plural, Bedeutung, Herkunft …)
- Hypothesenbildung: Pferd als Suchhilfe: f, v, ph, pf. Physik: y, ü, i; ch, c, k; (Eselsbrücke)
- Und vor allem: Grenzen des Nachschlagens thematisieren: essen, das Essen, die Stadt Essen. Für Groß- und Kleinschreibung reicht das Wörterverzeichnis nicht aus, Regelkenntnis, Regelwissen sind zusätzlich notwendig (25).

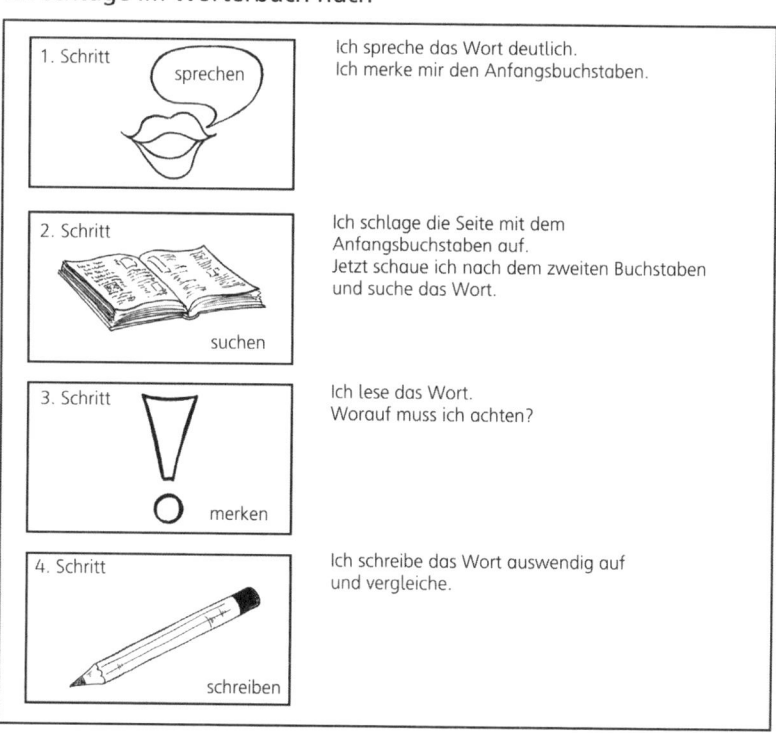

Abb. 14: „Ich schlage im Wörterbuch nach." (Süselbeck 2007a, 26)

Regeln und Strukturen

Zu den Hauptproblemen während der Arbeitsphase zählen Unruhe und Lärm, vor allem durch lautes Reden, „Schwatzen" und Herumlaufen (vgl. Morawietz 1997, 256). Aus diesem Grunde sind klare Arbeitsregeln wichtig. Die Einhaltung einer ruhigen Arbeitsatmosphäre ist oberster Grundsatz. Die Regel „Es wird geflüstert!" hat sich dabei bewährt; sowohl in der Schülerberatung und Erklärung durch die Lehrkraft als auch während Nachfragen zwischen Schülern muss das Flüstern eingehalten werden. Nach einer Weile – so unsere Erfahrung – genießen die Schüler sogar die gute und leise Arbeitsatmosphäre und unterstützen die Einhaltung.

Der ritualisierte und klare Beginn der Arbeitsphase (beispielsweise durch ein akustisches Signal) und gerade zu Beginn das konsequente Einhalten der Ruhe hilft den Schülern ungemein, nach einer Weile verselbstständigt sich tendenziell das ruhige Arbeiten und man muss es nicht gehäuft einfordern.

Folgende Fragen sollten für die Einhaltung der Struktur im Auge behalten werden:

- Wo setze ich Kontrollen an, damit ich in den entscheidenden Punkten den Überblick behalte?
- Wie dosiere ich den täglichen und wöchentlichen Kontrollaufwand, so dass die Arbeitsbelastung erträglich bleibt?
- Wo und wann muss ich eingreifen, um störendes und unproduktives Verhalten zu unterbinden, ohne die Eigenverantwortlichkeit der Schüler zu torpedieren? (Landwehr 1998, 64)

Im Besonderen für Partner- und Gruppenarbeiten ist das Ausweichen in Differenzierungs-, Gruppen-, Medien- und Abstellräume oder die Flure günstig. Auch hier sollte die Zeit des Einübens dieser Arbeitsform nicht unterschätzt werden. Jedoch, „wenn die Schüler die Vorteile der Wochenplan- und Freiarbeit eingesehen haben, werden sie sich nicht nur in diesen Funktionsräumen angemessener verhalten, sondern insgesamt weniger Lärm und geringere Disziplinprobleme als im lehrergelenkten Unterricht erzeugen" (Morawietz 1997, 256).

Persönlicher Lehrerkontakt zu den Schülern/Vertrauenskultur

Die Wochenplanarbeit bietet die Chance für eine direktere Ansprache des einzelnen Schülers. So kann „im Frontalunterricht der Lehrer die persönlichen Kontakte zu allen Schülern schon aus Zeitgründen nicht hinreichend pflegen" (257). Gerade Schüler mit Förderschwerpunkt suchen häufiger die direkte Rückmeldung „seiner" Lehrkraft. Die – zwar pauschale – Einschätzung Morawietz, wenn auch auf Regelschüler bezogen, kann nicht negiert werden: „Zum erfolgreichen Lernen benötigen sie [die Schüler] die Zuwendung des Lehrers auch als teilweisen Elternersatz" (256).

Im Besonderen tut es hyperaktiven Schülern gut, wenn die Ansprache der Lehrkraft auf einer dyadischen Ebene erfolgt und nicht durchgängig über die Frontalebene des Unterrichtsgespräches und der Instruktion.

Landwehr (1998) spricht für die Wochenplanarbeit von der Notwendigkeit einer Vertrauenskultur, die eine Misstrauenskultur in den Hintergrund treten lässt (vgl. 60–62). Er wendet sich gegen einen Unterricht, der geprägt ist durch einen hohen Grad an Fremdsteuerung, durch strenge Kontrollmaßnahmen und durch den Einsatz von extrinsischen Motivationsmitteln. Die Folge davon ist, dass die Schüler wenig Eigeninitiative entwickeln und versuchen, die Anordnungen und Kontrollen überall dort zu unterlaufen, wo keine Sanktionen drohen. Dieses Verhalten der Schüler wirkt wieder rückkoppelnd auf die Lehrperson: Diese fühlt sich in ihrer Misstrauenshaltung bestätigt und entsprechend verstärkt sie die reglementierenden, kontrollierenden und sanktionierenden Maßnahmen. „Die negative Erwartungshaltung hat sich damit – im Sinne einer Prophezeiung – selber erfüllt und wird sich in Zukunft weiter bestätigen!" (60).

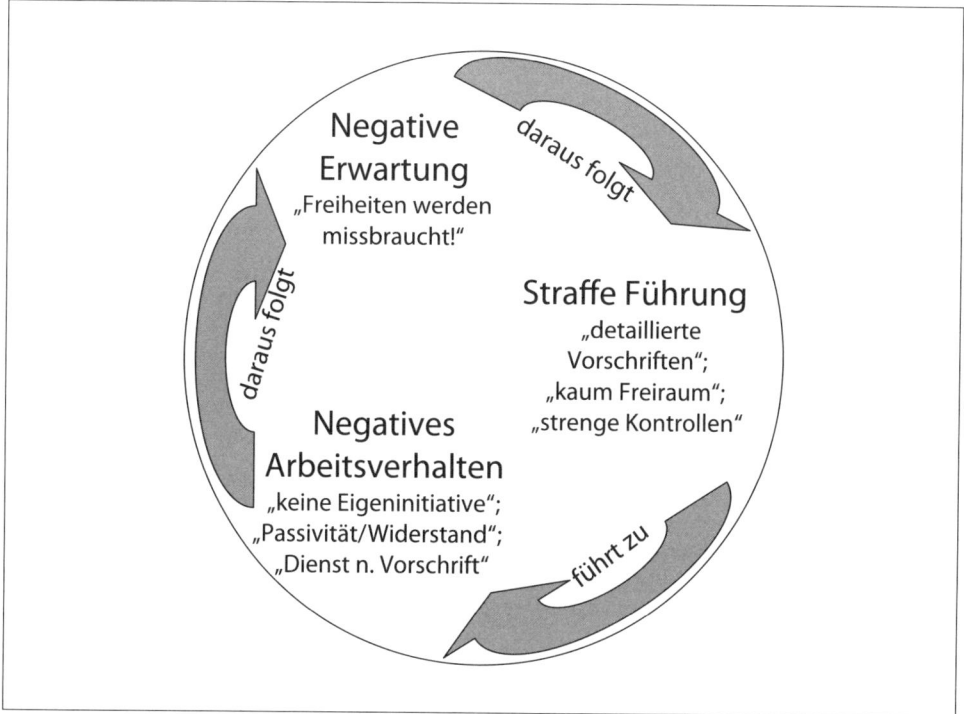

Abb. 15: Modell eines Misstrauenszirkels (modifiziert) (nach Landwehr 1998, 60–62)

Der Wochenplanunterricht, welcher der Selbststeuerung der Schüler einen höheren Stellenwert einräumt, ist mit dem Misstrauenszirkel nicht zu vereinbaren. Was es nach Landwehr hier braucht, ist eine realistische (nicht naive!) Vertrauenshaltung, aufbauend auf der Überzeugung, dass Schüler grundsätzlich „eine Lern- und Arbeitsbereitschaft zeigen, sofern sie den Sinn der entsprechenden Anforderungen einsehen und für sich eine realistische Erfolgsmöglichkeit sehen" (1998, 61).

Auch Landwehr räumt ein, dass der Wechsel von einer eher auf Misstrauen basierenden Kultur zu einer Vertrauenskultur außerordentlich anspruchsvoll ist. Für ihn hat sich die Frage „Was kann ich tun, um in meiner Klasse/in unserer Schule eine Vertrauenskultur aufzubauen?" zu einer Schlüsselfrage für das Gelingen des Wochenplanunterrichts erwiesen. Ein paar Hinweise stellt er vor (61–62):

- *Die Gesetzmäßigkeiten des Vertrauens- und Misstrauenszirkels in der Klasse besprechen:* Der Wechsel von einer misstrauensorientierten zu einer vertrauensorientierten Klassenführung ist als einseitige Veränderung nicht möglich. Die Schüler sind Teil eines „systemischen Gleichgewichtes". Sie müssen daher beim beabsichtigten Kulturwechsel mitspielen und in den Veränderungsprozess mit einbezogen werden.
- *Vertrauensfördernde Maßnahmen umsetzen:* Die Ausweitung des Entscheidungsrahmens muss nicht notwendigerweise der erste Schritt zum beabsichtigten Kulturwechsel sein. Unter Umständen kann ein solcher Schritt zu einer Überforderung der Beteiligten führen und die vorherrschende Misstrauenskultur letztlich noch verstärken. Die Erweiterung der Entscheidungskompetenz der Schüler sollte daher nicht isoliert erfolgen, sondern von weiteren vertrauensbildenden Maßnahmen flankiert sein, wie z. B.:

- *Verzicht von jeder Form von Abwertung und Missachtung:* Eine Vertrauenskultur hat viel mit dem Selbstvertrauen der beteiligten Personen zu tun, gegenseitige Akzeptanz und Wertschätzung sind dabei der unverzichtbare Nährboden.
- *Zulassen von unterschiedlichen Wahrnehmungen, Deutungen und Empfindungen:* Der Respekt gegenüber unterschiedlichen Sichtweisen fördert ein Klima gegenseitiger Akzeptanz und hilft Vertrauen ins eigene Selbst und in die eigene Entscheidungsfähigkeit zu entwickeln.
- *Transparenz von getroffenen Entscheidungen:* Indem die Entscheidungen und die zugrunde liegenden Überlegungen und Rahmenbedingungen der Lehrperson für die Schüler nachvollziehbar gemacht werden, erhöht sich die Akzeptanz der Entscheidungen.

• *Den Anteil der Selbststeuerung schrittweise erhöhen:* Für das Funktionieren des Wochenplanunterrichts braucht es neben den vertrauensbildenden Maßnahmen einen allmählichen Übergang zu vermehrt selbst gesteuertem Arbeiten. Dabei kann nicht jedem Schüler der gleiche Grad an Selbststeuerung zugemutet werden. Die Erfahrung zeigt, dass eine solche „Individualisierung der Freiräume" einen wichtigen Aspekt für das Funktionieren des Wochenplanunterrichts bildet.

Die von Landwehr vorgestellten Aspekte, um zu einer Vertrauenskultur zu kommen, stellen sicherlich einen idealisierten Weg dar. Doch die zugrunde liegende Intention bildet das Fundament eines guten Wochenplanunterrichts (letztlich jeden Unterrichts). Für Schüler mit einem Förderschwerpunkt ist eine besondere Gewichtung notwendig: Auf der einen Seite sind die Metakommunikativen Anteile (Punkt 1) nur bis zu dem Punkt sinnvoll, bis sie zu einer Überforderung der Schüler führen. Auf der anderen Seite sollte die Betonung auf der kleinschrittigen Erhöhung des Anteils der Selbststeuerung mit Erfolgserlebnissen für die Schüler liegen und langfristige vertrauensbildende Maßnahmen (bspw. Klassenzusammenhalt) besonders beachtet werden, die den außer- und innerschulischen destabilisierenden Faktoren der Schüler entgegenwirken.

Des Weiteren sind klare Strukturen und das konsequente Einhalten von Regeln kein Widerspruch zu einer grundsätzlichen Vertrauenskultur; der Einhalt dieser fördert den Wochenplanunterricht ungemein.

Vorgeschaltete Arbeitsregeln sind außerordentlich wichtig, da sonst andauernde Nachfragen der Schüler entstehen:

1. Stufe: *Die eigene Lösungsfindung:* Jeder soll es zunächst selbst probieren! Es bewährt sich, wenn bei einem Teil der Aufgaben eine Lösungsmöglichkeit impliziert ist. Entweder für den Schüler zugreifbar nach Abschluss der Aufgabe, oder auf dem Arbeitsblatt oder dem Material integriert.
2. Stufe: *Das wechselhafte (flüsternde!) Helfen der Schüler untereinander:* Bewährt hat sich der Hinweis, dass primär die Tisch- und Banknachbarn (oder Mitschüler am Gruppentisch) angesprochen werden sollen, um unnötiges Herumlaufen im Klassenzimmer zu verhindern. Bei begründeter Abweichung davon, sollen die Schüler vorher bei der Lehrkraft rückfragen. Sonst entwickelt sich im Laufe der Zeit automatisch nach der Etablierung des Wochenplanunterrichtes ein Gefühl dafür, ob der Schüler am schwätzen ist oder wegen einer Nachfrage Kontakt zu seinem Mitschüler sucht. Sollte ersteres der Fall sein, so muss dem Schüler klar werden, dass diese zweite Stufe für Nachfragen und Klärungen für ihn nicht mehr zur Verfügung steht.
3. Stufe: *Ratsuche bei der Lehrkraft:* Dabei ist es günstig, ein Meldesystem zu etablieren, dass es den Schülern erlaubt weiterzuarbeiten. Beim klassischen „Mit dem Finger aufzeigen" besteht der Nachteil in der Unmöglichkeit des Weiterarbeitens und der schnellen Ermüdung. Ein eingeführtes Meldesystem kann da für viel Entlastung sorgen und die Schüler nehmen es bei kon-

sequenter Beachtung gerne an (siehe Beispiele im Kapitel über den Primarschul- und Hauptstufenbereich).

Die Einhaltung der 2. Stufe ist nicht immer möglich, gerade wenn Schüler viele Fragen haben und ihre Mitschüler sonst einfach überfordert sind. Vom Grundsatz her müssen die Schüler jedoch das Gefühl haben, dass sie es erst selbst probieren müssen, dann einen Kollegen fragen sollen und abschließend erst auf die Lehrkraft zurückgreifen.

3.2 Zeitliche Klammer

Zeitliche Konstanz über die Woche

Die Wochenplanstunden sollten über einen längeren Zeitraum jeweils zum selben Zeitpunkt platziert werden. Es existieren verschiedene Möglichkeiten:

- Landwehr empfiehlt vor allem die letzten zwei Stunden des Morgens (1998, 18). Diese Fixierung der Wochenplanstunden ans Ende des Schultages ist hauptsächlich begründet durch die Abnahme der Konzentration bei den Schülern für gebundenen Unterricht im Verlauf des Unterrichtstages. Das Fach „Französisch" ist vor dem Hintergrund zu sehen, dass Landwehrs Vorschläge sich auf die Schweizerische Volksschule beziehen.
- Eine andere Lösung liegt in der ersten Stunde des Vormittags, die öfters in unteren Klassenstufen Anwendung findet. Die Schüler kommen morgens nicht immer zeitgleich, oft tröpfeln Einzelne sogar noch nach Stundenbeginn aufgrund Verspätungen der Busbeförderung ein. Mit der ersten Stunde zur Wochenplanarbeit bleiben die Störungen durch verspätete Schüler gering (bis auf Vorgänge des Eintreffens: Begrüßung der Mitschüler, Jacke ausziehen etc.), da diese dann ohne Schwierigkeit ihre Arbeit aufnehmen können und nicht in das Verpasste des laufenden, gebundenen Unterrichts eingeführt werden müssen. Auch für unruhige und schwierigere Schüler kann (nach der grundsätzlichen Einführung des Wochenplanunterrichts) das ritualisierte, auf sich bezogene Arbeiten günstig für den Tagesbeginn sein. Der gebundene Unterricht in intensiver Form impliziert immer auch eine soziale Anforderung, durch das Unterrichtsgespräch, kooperative Arbeitsformen der Partner- und Gruppenarbeit, „Schwätzen", Melden usw.

  Daher kann es zum Start in den Tag für diese Schüler von Vorteil sein, wenn Sie durch die soziale Dimension nicht überfordert sind und über die Brücke der individuellen Arbeit oder selbstgewählten Partnerarbeit in den Unterrichtstag kommen.

  Autoren des Staatsinstitutes für Schulqualität und Bildungsforschung (2007) empfehlen zum Einsatz des Wochenplans in der Grundschulstufe (in jahrgangsgemischten Klassen) diese Form der Platzierung der Wochenplanstunden: Grundsätzlich ist „die Arbeit mit dem Wochenplan […] zu jeder Unterrichtsstunde in der Woche möglich, eignet sich aber in besonderem Maße jeweils für die erste Unterrichtsstunde am Tag. Ist diese Arbeitsform eingeschult, so beginnen die Schüler gleich nach dem Betreten des Klassenzimmers mit der Erledigung der verschiedenen Aufgaben ihres Plans" (76).
- Kollegen schätzen die Wochenplanstunden auch zur Rhythmisierung: Zwischen einem gebundenen Unterrichtsblock können die Stunden für den Wochenplan als eine Art Pufferstunden im Unterrichtsvormittag eingebaut werden.
- Eine letzte Variante liegt – gerade für Schüler höherer Klassenstufen – in einer genau platzierten Passung der Wochenplanstunden über die Woche hinweg. Da kann bei Klassen, die schon

lange mit dem Wochenplan arbeiten, auch die Platzierung der Wochenplanstunden innerhalb des Tagesablaufes variieren. Sowohl Stunden zu Unterrichtsbeginn als auch die letzte Stunde des Unterrichtstages lassen sich in den Wochenverlauf einbauen, genauso wie ein- oder zweistündige Zeiträume.

Montag	Dienstag	Mittwoch	Donnerstag	Freitag
			Französisch	
Deutsch	Französisch	Geschichte	Geografie	Klassenrat*
Geschichte	Musik	Turnen	Lernplan	Geografie
Lernplan	Lernplan	Lernplan	Lernplan	Geografie
Lernplan	Lernplan	Lernplan		Französisch
Musik	Geografie		Werken	Geschichte
Mathematik	Religion		Werken	Turnen
	Turnen			

Abb. 16: Ein Vorschlag (für Fortgeschrittene) zur Platzierung der Wochenplanstunden (Fremdsprachen aufgrund Schweizer Schulstruktur) (Landwehr 1998, 19)

Zur Frage der Anzahl der Wochenplanstunden

Die Frage nach der Anzahl der Wochenplanstunden über die Woche hinweg ist schwierig zu beantworten. Weil der Wochenplan über eine so große Jahrgangsbandbreite eingesetzt werden kann und auch in unterschiedlichen Förderschwerpunkten, sind pauschale Aussagen in diesem Zusammenhang nicht hilfreich. Sie können sich bei einem fächerübergreifenden Wochenplan von minimal drei bis zu nach oben offener Stundenzahl bewegen (meines Erachtens sind mehr als 10–12 Stunden nicht sinnvoll). Für die Grundschulstufe empfehlen die Autoren des ISB (ebd.) fünf Unterrichtsstunden unter Beteiligung der Fächer Mathematik, Deutsch, Heimat- und Sachunterricht, Musik- und Kunsterziehung.

Die Stundenzahl ist grundsätzlich individuell von jeder Klassenlehrkraft an die Bedingungen der Klasse anzupassen. Einige bewährte Zusammenhänge lassen sich dazu erläutern:

- *Regelmäßige Begegnung mit dem Wochenplan:* Die Wochenplanstunden sollten so verteilt sein, dass die Schüler annähernd an jedem Schultag (mind. an vier Schultagen) im Rahmen ihres Wochenplans arbeiten, sei es nur eine Unterrichtsstunde. So identifizieren sie sich zum einen mehr mit „ihrem" Wochenplan und können zum anderen ein besseres Gefühl über die Arbeitsaufgaben entwickeln. Auch das ritualisierte Arbeiten innerhalb dieser Arbeitsform bildet sich so besser aus.
- *Ein- oder Zweistündige Arbeitszeit:* Die Bemessung der Wochenplanstunden hängt auch zusammen mit der Fähigkeit der Schüler ins konzentrierte Arbeiten zu kommen. Für Schüler mit Startschwierigkeiten ist das zweistündige Arbeiten am Wochenplan zu empfehlen: Bis die Schüler ihre Arbeitsmaterialien verfügbar haben und sich auf die Arbeitsaufgaben konzentrieren können, ist sonst die einzelne Stunde schon weit fortgeschritten. Wenn die Methode gut eingeführt ist und die Schüler „einen Zug" entwickeln, dann sind die Arbeitsergebnisse nach einer einzelnen Stunde überzeugend.
  Bei ausgeprägten Konzentrationsschwierigkeiten ist eine einstündige Arbeitszeit sinnvoll, da diese Schüler ein höheres Maß an Rhythmisierungsetappen benötigen.

Für Schüler oberer Klassenstufen bzw. Klassen mit hohem Leistungspotential ist das Arbeiten auch in einzelnen Stunden (beispielsweise im Mix aus ein- und zweistündiger Arbeitszeitblöcken im Stundenplan über die Woche hinweg) überaus erfolgreich. Die Jugendlichen werden dazu angehalten, so schnell wie möglich zu beginnen, um ein Maximum an Arbeitsergebnis am Ende der Stunde erreichen zu können. Das einstündige Arbeiten kann in höheren Klassenstufen die Erhöhung der Arbeitsintensität initiieren und fördern.

- *Steigerung der Wochenplanstunden*: Haas-Hausmann (2000, 32) schlagen im Laufe des Schuljahres (für die Grundschulstufe) zur Einführung eine progressive Steigerung der Wochenplanstunden vor:

Stufe I	Schulbeginn – Dezember	5–6 Unterrichtsstunden
Stufe II	Januar – April	6–8 Unterrichtsstunden
Stufe III	Mai bis Ferienbeginn	8–10 Unterrichtsstunden

Bei einem signifikanten Wechsel der Wochenplanstundenanzahl ist zu beachten, dass die Grundstruktur nicht zu stark belastet wird. Je nach Stabilität der Lerngruppe kann es nebensächlich oder vorteilhaft oder eben dringend notwendig sein, die Kernstruktur der über die Woche verteilten Wochenplanstunden nicht zu stark zu verändern.

- *Implizite Hausaufgaben*: In höheren Klassenstufen kann das außerunterrichtliche Pensum mit dem Wochenplan verknüpft werden, die Schüler können so in einem weiteren Schritt die selbstständige Verteilung ihrer Hausaufgaben über die Woche üben (für Genaueres siehe Kapitel 5 *Einsatz in der Hauptschulstufe*). Durch die Implementierung der Hausaufgaben in den Wochenplan reduziert sich die Notwendigkeit der unterrichtlichen Wochenplanstunden, da die Schüler zu Hause regelmäßig mit dem Wochenplan arbeiten.

Abb. 17: Stundenplan mit ausgewiesenen Wochenplanstunden (Räuber 1996, 6)

Eine ausschließliche und einförmige Ausrichtung des Unterrichts auf den Wochenplan halte ich nicht für sinnvoll. Der nebenstehende Vorschlag für die Förderschule (Räuber 1996, 6–7) richtet, bis auf Spezialfächer wie Sport, Schwimmen, Hauswirtschaft und Werken, den gesamten Kernunterricht auf Wochenplan aus (16 Stunden). Die Schüler können durch die Wochenplanarbeit enorm viel lernen, doch für manche Zielsetzungen ist der gebundene Unterricht für Schüler die Methode der Wahl. Gerade das Einführen neuer Unterrichtsinhalte verlangt – im Besonderen für Förderschüler – den gebundenen Unterricht, der durch Partner- und Gruppenarbeit eine rhythmisierende Komponente erhält. Auch die Sachfächer profitieren von einer anschauungsorientierten Erarbeitung im gebundenen Unterricht.

Start- und Endpunkt des Wochenplanzeitraumes

Die Laufzeit des klassischen Wochenplans wird durch die Bezeichnung unmittelbar klar: Eine Woche. Dabei ist der Zeitraum, bezogen auf Start- und Endpunkt, jedoch keineswegs festgelegt. Zunächst geht der Gedanke des Zeitraumes von einer Woche in Richtung der klassischen Schulwoche: Von Montag bis Freitag. Es bewährten sich – mit Vor- und Nachteilen – verschiedene Modelle:

- *Montag bis Freitag:* Die an der klassischen Schulwoche orientierte Variante unterstützt die zeitliche Struktur dieses Rhythmus: Der Start am Montag in der Früh in die neue Woche wird durch den neuen Wochenplan begleitet, am Freitag endet die Woche mit der Abrechnung der Arbeitsleistung. Meines Erachtens eignet sich diese Taktung ggf. für untere Klassen zur Betonung des Wochenrhythmus.

  Gerade älteren Schülern kommt es zugute, wenn die sowieso vorherrschende zeitliche Klammer Mo–Fr zugunsten einer weiteren Klammer ergänzt wird. Einen entscheidenden Nachteil sehe ich (bei Einbezug der Hausaufgaben in den Wochenplan) in der kompletten Nichtberücksichtigung des Wochenendes für Arbeitsaufgaben. Bei Einbezug der Hausaufgaben können die Schüler bei konzentriertem und eifrigem Arbeiten unter der Woche auch das Wochenende frei bekommen, wenn sie die Erledigung der notwendigen Arbeitsaufgaben am Anfang der Woche vorzeigen. Jedoch ist das Wochenende bei der Ergänzung der klassischen Schulwoche durch eine zweite zeitliche Klammer nicht institutionalisiert herausgenommen:

- *Freitag (Montag) bis Freitag (Montag):* Bei Berücksichtigung einer kompletten 7-Tage-Woche und Einschluss des Wochenendes ergibt sich die Möglichkeit des Freitag-Freitag- oder Montag-Montag-Zeitraumes.

  Erstere Variante birgt den Vorteil, dass damit auch eine Arbeitswoche rund abgeschlossen werden kann, jedoch die Arbeit am Wochenende de facto auch entfällt, da der Fertigstellungsdruck des Wochenplans für die Schüler noch nicht vorhanden ist. Mit zweiterer Variante kann das Wochenende mit eingeschlossen werden, so verbleibt für die Schüler ein Puffer, wenn sie ihre Aufgaben über die Woche nicht fertig stellen konnten oder wollten.

- *Dienstag bis Dienstag:* Die Bedeutung des Wochenendes wird durch die Dienstag–Dienstag-Taktung abgeschwächt. So verbleibt der Montag, an dem die Schüler in einer Wochenplanstunde und nachmittags ihren Wochenplan zu Ende bringen können. Ein nicht unerheblicher Vorteil für die Lehrkraft liegt auch darin, dass die neuen Wochenpläne nicht am Wochenende erstellt werden müssen, wie es die Variante Montag-Freitag und Montag-Montag nicht anders zulässt.

- *Mittwoch (Donnerstag) bis Mittwoch (Donnerstag):* Der Vorteil dieser Variante liegt in der Mittigkeit der Woche, die Schüler erleben zwei kleine Zäsuren im Laufe der Woche sowohl durch das Wochenende als auch in der Mitte der Woche.

  Je nachdem, wann der wöchentliche Nachmittagsunterricht liegt, kann ein Wechsel an diesem Tage auch sinnvoll sein, da die Wochenplanstunde für Reflexion und Abrechnung des Alten und Ausgabe des Neuen im Laufe des langen Tages (evtl. auch nachmittags) gut unterzubringen ist.

Grundsätzlich ist die Entscheidung für einen Zeitraum ein bedeutsamer Aspekt. Neben eben genannter Bedingungen sind auch spezielle Einschränkungen einzubeziehen: Lage des Fachunterrichts (Werken, Sport, Musik etc.), besondere Lehrplan-Bedingungen (z. B. der BLO-Tag im Fach „Berufs- und Lebensorientierung"), Verteilung des Nachmittagsunterrichts über die Woche etc. Es bedarf genauer Betrachtung und umsichtiger Entscheidung für einen Zeitraum, da die Schüler sich innerhalb kurzer Zeit stark auf diesen Zeitraum einlassen. Ein späteres Umsteuern ist nicht unmöglich, beschädigt in der Folge jedoch die Akzeptanz des Wochenplans unter den Schülern. In ein neues Schuljahr lässt sich sicher gut mit einer neuen Laufzeit des Plans starten, während des laufenden Jahres ist eine Vermeidung der Änderung dieser fundamentalen Komponente günstig.

Pädagogische und didaktische Intentionen der Zeitlichen Klammer

Wir Lehrpersonen haben uns der eigenen Disziplinierungsnotwendigkeit zu stellen, dass die vorgesehene Arbeitszeit als verbindlich vorzusehen ist. Jeder hat die Erfahrung in der Schule, dass immer etwas dazwischen kommt; einmal ist es ein Sachkundethema, das noch im gebundenen Unterricht fertig gestellt werden will, dann ist es eine Leistungsüberprüfung, die schon lange ansteht, oder eine Übungsstunde dazu. Mit Landwehr stimmen wir überein, „dass sich die Lernenden darauf verlassen können [müssen], dass sie über die versprochene Zeit im vollen Umfang verfügen" (1998, 18).

Name: Christian – das sind deine Arbeiten und Aufgaben			
Nr.	Fach	Aufgaben, Arbeiten	Wertung
51	Sozial	Zettel „Aggression" bearbeiten	
52	Deu	Nacherzählung „Wie die Kohle entdeckt wurde"	
53	Mathe	LÜK 8. Schj. S. 1–4. Beim Lesen Zahlen leise mitsprechen	
54	Tech	Pleuelmodell bauen	

Abb. 18: Der unbegrenzte Plan (Wertenbroch 2002, 44)

Gerade für den Unterricht der Förderschule ist eine verlässliche Begrenzung auf eine Woche von besonderer Bedeutung. Von Wertenbroich (2002) wird für die Förderschule als Fortentwicklung des Unterrichts durch Tages- und Wochenplan der unbegrenzte Plan vorgeschlagen (44). Er skizziert diesen:

„Für jedes Kind wird zunächst ein Blatt mit ca. 15 Aufgaben angelegt, das kurz vor der Fertigstellung fortgeschrieben wird (siehe Abb. 18). Die Blätter aller Schülerinnen und Schüler befinden sich mit einer Klarsichthülle in einer Mappe. Diese Mappe liegt bei den weiteren Arbeitsmitteln auf flachen Schränken und kann ständig eingesehen werden. Hier holen sich die Schülerinnen und Schüler ihre Aufgaben und Lernmittel ab oder nehmen auch ihre Klarsichthülle an den Platz. Nach dem Unterricht sind dann alle Blätter wieder in der Mappe" (44). Die methodischen Hinweise zur Organisation der Arbeitsmaterialien bergen gute Anregungen. Die zeitliche Dimension des unbegrenzten Plans ist – gerade für Förderschüler – nicht sinnvoll. Die kollektive Abrechnung des Wochenplans der ganzen Klasse zu einem Zeitpunkt setzt zwei pädagogisch-strukturelle Anker, die für den Einzelnen stabilisierende Wirkungen zeigen:

- **Verlässlichkeit**: *Bis zu einem Zeitpunkt habe ich meine Arbeitsaufgaben zu erledigen, dann muss ich sie fertig haben!* Wenn der Endpunkt des Wochenplans immer zur gleichen Zeit liegt, dann erzeugt das für die Schüler eine Struktur der Verlässlichkeit. Gesteigert wird sie dadurch, wenn nicht nur der Schüler Reflexion und Rechenschaft ablegen muss, sondern auch die Lehrkraft am gleichen Tag den neuen Wochenplan für jeden präsentiert.

- **Abgeschlossenheit**: *Jetzt habe ich diese Etappe geschafft!* Jeder Schüler braucht dringend auch seine Erfolgserlebnisse. Wenn er alle Aufgaben bis zum Wochenplanende geschafft hat, dann lässt sich der Wochenplan für den Schüler als erfüllte Einheit motivational positiv abspeichern und als abgeschlossen abhaken. Vor dem Hintergrund dieser Abgeschlossenheit lässt es sich dann leichter wieder neuen Aufgabe zuwenden.

Der Faktor der zeitlichen Klammer ist nicht zu unterschätzen, da mit dieser ein Rahmen für die Schulwoche gesetzt werden kann, der das eigene Unterrichten und Erziehen der Schüler erleichtert: Die Struktur, die über den einzelnen Schultag hinaus geht, setzt Maßstäbe, die nicht jeden Tag aufs Neue etabliert werden müssen.

3.3 Klassenbinnenbindung/Stärkung der subjektiven Bedeutsamkeit der Wochenplanarbeit

Klassenbinnenbindung: Die Mechanismen innerhalb der Schulklasse

Der schulische Alltag ist für Kinder und Jugendliche durch interaktionale Komplexität gekennzeichnet. Über die Lernanforderungen hinaus sind Schüler während des gesamten Schulalltags in Interaktion involviert. Sowohl müssen sie mit ihren „peers" ihre Felder abstecken als auch mit der Lehrperson zurechtkommen. Dies zusätzlich vor dem Hintergrund der Bedingungen des häuslichen sozialen Umfelds (Steins 2005, 27). Abb. 19 verdeutlicht die interaktionale Komplexität der sozialen Umwelt, die Kinder und Jugendliche ausbalancieren müssen.

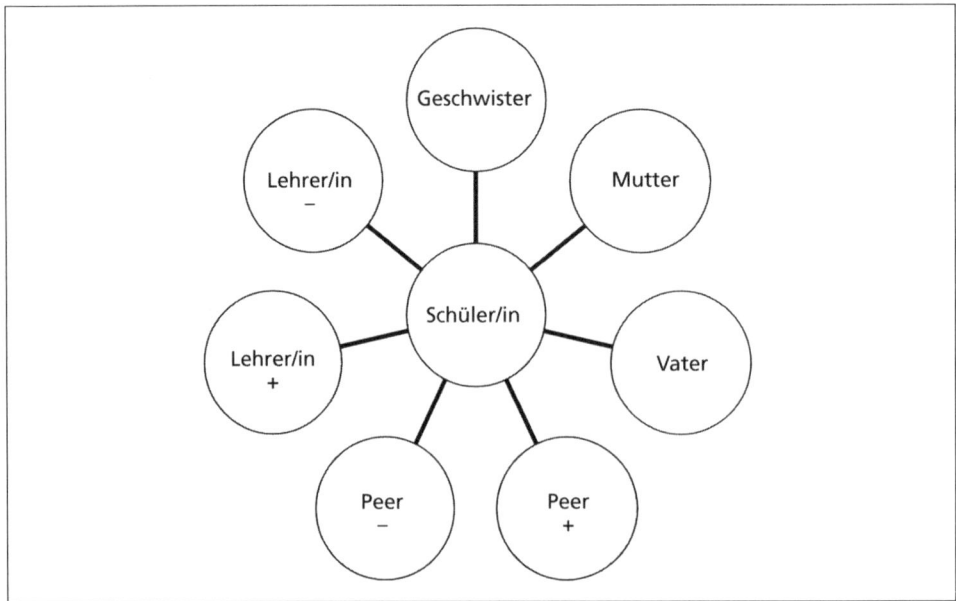

Abb. 19: Die Komplexität des schulischen Alltags aus der Perspektive des Schülers und der Schülerin (Steins 2005, 28)

Diese interaktionale Komplexität überfordert viele Schüler, ein permanentes Eingebundensein in soziale Interaktion mit ihren Erwartungshaltungen und Behauptungsnotwendigkeiten kann auch zu psychischem Stress führen. Ist eine innerpsychische Ausbalancierung über längere Zeit nicht möglich, droht sich dies in internaler oder externaler Verhaltensauffälligkeit zu äußern. Erwachsene verfügen über eine „Metaebene, die es ihnen viel leichter macht als Kindern und Jugendlichen, mit diesem Beziehungsgeflecht umzugehen" (28).

Die primäre soziale Bezugs- und Vergleichsgruppe im schulischen Umfeld, die eine Referenzinstanz gerade für Jugendliche darstellt, ist die Peergruppe. Dabei stellen peers die Bezugsgruppe dar, welche dem Schüler in vielen Dimensionen, beispielsweise Alter, Anforderungen und gleiches räumliches Schicksal, eine vergleichende Referenz bietet. Nach Festingers Theorie der sozialen Vergleichsprozesse (1954) bilden damit peers diejenige Gruppe, auf die sich SchülerInnen am ehesten beziehen werden, wenn sie die Richtigkeit ihrer Meinungen überprüfen möchten (vgl. Steins 2005, 34).

Festzuhalten gilt, dass der Alltag des Schülers „in einem hohen Ausmaß durch die nicht selbst gewählte Zugehörigkeit zu verschiedenen Gruppen" (ebd.) – im Speziellen der Schulklasse – gekennzeichnet ist.

Die zwei Seiten der sozialpsychologischen Kräfte innerhalb der Schulklasse (Jerusalem 1997, 258):

- Eine Bezugsgruppe bildet stets eine Vergleichsgruppe. Sie liefert Maßstäbe für die Einschätzung der eigenen Situation, des eigenen Verhaltens, der Leistung und äußerer Attribute wie Aussehen, Kleidung etc.
- Bezugsgruppen nehmen auch eine normative Funktion ein. Sie setzen spezifische Werte und Normen für das eigene Verhalten, an denen sich die Gruppenmitglieder orientieren. Beispielsweise führt das Vorherrschen der Norm, dass Hausaufgaben nicht oder nur flüchtig gemacht werden, zu einem Druck und Anpassungszwängen auf Schüler, die ihre Hausaufgaben regelmäßig erledigen. Die Missachtung der Normen kann zum Außenseiterdasein führen.

Peers nehmen auf der einen Seite eine äußerst positive, unterstützende Funktion ein. Auf der anderen Seite können Beziehungen zu ihnen als sehr belastend erlebt werden, wie die Studie von Kupersmidt et al. (1996) herausstellt, mindestens so belastend wie die Erkrankung eines Elternteils mit Krankenhausaufenthalt. Diese Untersuchung zeigte auch, dass die Gefährdungen bei Kindern, die von ihren peers zurückgewiesen werden, neben einem sozialen Rückzug und der Ausbildung sozialer Ängste, in negativen Auswirkungen auf Schulleistungen liegen (ebd.).

Eine neue qualitative Studie zur Ausgrenzung in Schulklassen von Markert (2007) zeigt u. a., dass Schüler die ausgrenzenden Handlungen als Ritual nutzen, über das sie ihre eigene Zugehörigkeit zur Gemeinschaft der akzeptierten Jugendlichen in der Klasse herstellen und fortwährend erneuern. Über die Ausgrenzungen gestalten sie zudem „ihre Klasse" und handeln aus, was in dieser anerkannt ist. Ausgegrenzte bilden dabei die Projektionsfläche für abgelehnte Orientierungspunkte und sind in dieser wichtigen Funktion als „anerkannte Missachtete" in das Ritual integriert.

Untersuchungen zur Bedeutung der affektiven Komponente

Schüler entwickeln zu ihrer Schule und Klasse spezifische Einstellungen, die sich zu einer affektiven Komponente kristallisieren: Sie beinhaltet das Wohl- und Gesamtbefinden, bezogen auf die Klasse und Schule.

Exemplarisch sollen zwei Untersuchungen an dieser Stelle herangezogen werden, die auf der einen Seite die Bedeutung der affektiven Komponente, auf der anderen Seite die unterschiedliche graduelle Bewertungen aus Lehrkraft- und Schülerperspektive zum Ergebnis haben:

- Für die Grundschule ermittelten Eder/Felhofer (1994, 234), von welchen Faktoren das Wohlbefinden der Kinder in der Schule abhängt. Folgende Ergebnisse ergab u. a. ihre Untersuchung (vgl. Ulich 2001, 23):
  - Das *Gesamtbefinden* ist vor allem von den Erfahrungen mit den Lehrkräften abhängig: Je besser die Qualität der LehrerInnen-SchülerInnen-Beziehung und je weniger Strafen ein Kind erhält, desto wohler fühlt es sich.
  - Die *Schulangst* fällt umso niedriger aus, je besser ein Kind in die Klasse integriert ist.

  Ulich (2001) kommt zu dem klaren Ergebnis: „Jedenfalls belegen die Detailresultate eindeutig, dass für das schulische Befinden der SchülerInnen nicht in erster Linie das Elternhaus oder Persönlichkeitsmerkmale der Kinder verantwortlich sind, sondern ihre Erfahrungen *in der Schule selbst*, so eben vor allem die Beziehungen zu Lehrkräften und Mitschülern" (25).
- Die zweite Untersuchung von Saldern (1991, 190) stützt neben anderen Studien die These, dass Lehrkräfte und SchülerInnen die soziale Situation in der Schule in qualitativer Hinsicht unterschiedlich einschätzen. Durchgeführt wurde diese Untersuchung in Hauptschulen.

Die affektive Komponente des Schulklimas aus der Sicht von Lehrern und Schülern		
Dimensionen des Klimas	Einschätzung Lehrer/innen	Einschätzung Schüler/innen
Lehrer/innen-Schüler/innen-Beziehung	positiver	negativer
Schüler/innen-Schüler/innen-Beziehung	etwas positiver	etwas negativer
Unterricht	viel positiver	viel negativer

Abb. 20: Ergebnisse der Studie von Saldern (1991, 190) zur affektiven Komponente der Einschätzung des Klassenklimas (modifizierte Abb. nach Ulich 2001, 22)

Die Analyse der Studie durch Ulich (2001) lässt den Schluss zu, dass Lehrkräfte das Sozialklima durchweg günstiger bewerten als die Schüler (vgl. 22–23). Im Rahmen der LehrerInnen-SchülerInnen-Beziehung erleben die Schüler stärker als die Schüler Bevorzugungen und Benachteiligungen einzelner Schüler durch die Lehrkraft; letztlich halten sich somit die Lehrer für gerechter als die Wahrnehmung der Schüler es bestätigt.

Die Einschätzung der SchülerInnen-SchülerInnen-Beziehung wird durch Lehrer auch überschätzt: Die Zufriedenheit ist geringer, Lehrkräfte unterschätzen das Konkurrenzverhalten untereinander. Am deutlichsten laufen die Bewertungen über das Unterrichtsklima auseinander, das Lehrer für deutlich besser halten. So sind Unterrichtsbeteiligung und Anstrengungsbereitschaft aus der Lehrersicht größer als in der Schülerwahrnehmung. „Viel häufiger, als die Lehrer annehmen, resignieren die Schüler, weil ihre Anstrengungen vom Lehrer nicht anerkannt werden" (ebd.).

Eine interessante und tragische Nuance, gerade auch für Förderschüler, liegt in dem Teilergebnis der Studie, dass eher ängstliche und wenig selbstbewusste Schüler in ihren Einschätzungen am weitesten vom Lehrerurteil weg liegen. Oft sehen Lehrkräfte die Schwierigkeiten dieser Schüler zu unscharf.

Die Intention und der vorgeschlagene Begriff der Bedeutung der Klassenbinnenbindung versucht – neben etablierten und überaus notwendigen individualisierten Interventionsansatzpunkten bei Kindern und Jugendlichen mit Schwierigkeiten im Verhalten und Lernen – den weiteren Ansatzpunkt in der Gruppe der Schulklasse zu nehmen und positive sozialpsychologische Prozesse nutzbar zu machen. Aus eigener Erfahrung liegen darin enorme Potentiale.

Die Intention liegt nicht nur in der Momentaufnahme einer Stärkung des Zusammengehörigkeitsgefühl, sondern einer langfristigen Förderung der Binnenbindungen innerhalb der Klasse und der Lehrkraft-SchülerInnen-Beziehung.

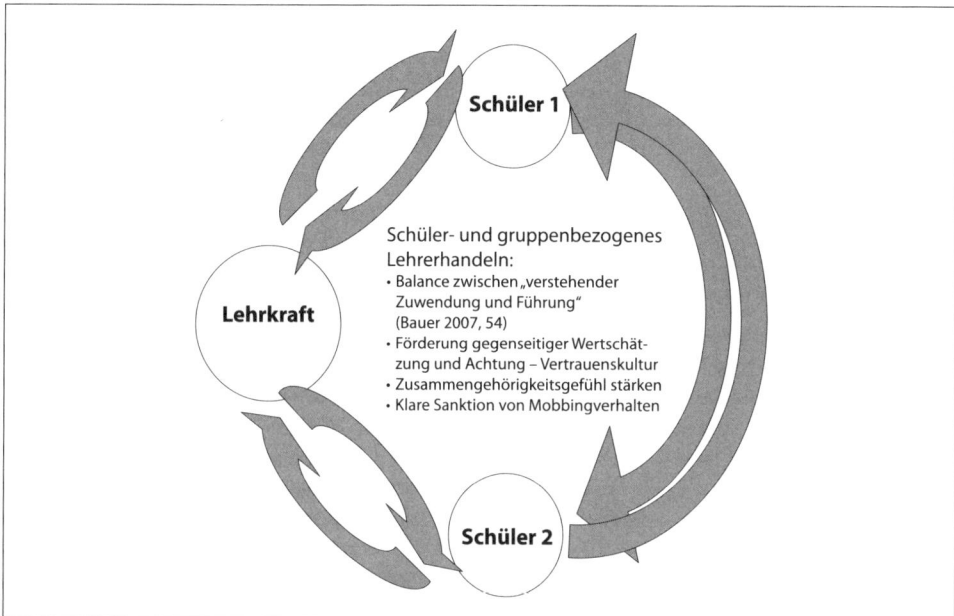

Abb. 21: Facetten der Klassenbinnenbindung

Möglichkeiten des Wochenplans zur Förderung der Klassenbinnenbindung:

- *Reduktion des Konkurrenzdrucks:* Ulich (2001) weist darauf hin, dass die Ziele in einem leistungsanforderungshomogenen Unterricht in der Regel „nicht kooperativ, sondern in einem Konkurrenzverhältnis erreicht werden (müssen)" (51). Aus diesem Grunde kann in einem individualisiert angelegten Unterricht das intersubjektive Konkurrenzprinzip reduziert werden. Im Besonderen bietet sich der Wochenplanunterricht an, da hier jeder Schüler für eine Woche ein festgelegtes Anforderungsniveau bekommt. Eine partielle Übereinstimmung der Aufgaben bei allen Klassenmitgliedern sichert eine Förderung des Zusammengehörigkeitsgefühls in der Klasse, eine Differenzierung (gerade in den Kernfächern) nimmt den SchülerInnen den Konkurrenzdruck.
- *Geteilte, gemeinsame Kernsubstanz des Wochenplans:* Grundlegende Aufgabenstellungen und Themen teilen die Schüler mit ihrem jeweiligen Wochenplan. Es ist nicht sinnvoll (sowohl aus arbeitsökonomischen als auch sozialen Gründen), für jeden Schüler einen in allen Aufgabenstellungen eigenen Wochenplan zu erstellen (siehe nachfolgende Punkte *Themenzentriertheit des Wochenplans* und *Differenzierung*).

Durch die Methode des Wochenplanunterrichts – dies erschließt sich nicht auf den ersten Blick – lässt sich nicht nur didaktisches Potential heben, sondern es sind auch wertvolle pädagogische Komponenten damit verbunden.

Stärkung der subjektiven Bedeutsamkeit

Bönsch (2002) formuliert vier Grundmöglichkeiten zur Konstituierung von Lern-Sinn:

1. „Sinn ist gegeben, wenn ich subjektiv etwas für wichtig halte, weil es für mich existenznotwendig ist (subjektive Sinnvergewisserung).
2. Sinn ist gegeben, wenn ich mich mit etwas befassen muss, was andere betrifft oder allgemeiner ein gesellschaftliches Problem ist (soziale/gesellschaftliche Sinnkonstituierung).
3. Sinn ist gegeben, wenn mir etwas wichtig gemacht wird (kommunikative Sinnvermittlung).
4. Sinn konstituiere ich selbst (individuelle Sinnkonstituierung)" (9).

Es ist nach Bönsch (2002) – und davon sind auch wir überzeugt – für den Schüler und dessen Persönlichkeitsentwicklung unverzichtbar, „für das Lernen und die damit verbundenen Anstrengungen hier und heute Sinn zu sehen, Sinn zu konstituieren, Sinn vermittelt zu bekommen" (12).

Im Wochenplan können viele Schüler eine Form subjektiven Sinns finden. Dieser kann sich aus verschiedenen Ebenen speisen:

- *Mein Wochenplan:* „Jetzt kommt mein neuer Wochenplan!": Manche Schüler, gerade Schüler unterer Jahrgangsstufen, sind voller Erwartung auf ihren neuen Wochenplan. Sie sehen diesen als eine Art persönliches Dokument, das (besonders bei differenzierten Wochenplänen) für sie gemacht ist. Darin liegt für manche Schüler ein Motivationselement begründet.
- *Meine Freiheit:* „Mit dem Wochenplan kann ich mehr entscheiden!" Gerade Schüler höherer Klassen fühlen sich (auch im Rahmen des pubertierenden Prozesses) zunehmend durch die Schule gegängelt, weil der Lehrer alles vorschreibt. Im Wochenplanunterricht findet mancher Schüler mehr Entscheidungsspielraum. Auf einer unterrichtlichen Metaebene diesen Freiheitsaspekt für die Schüler zu thematisieren, verbunden mit den unumstößlichen Leitplanken und Regeln (Freiheit und klare Bedingungen), schließt vielen Schülern diesen Sinnzusammenhang erst auf.
- *Umrissenes Arbeitspensum:* Manch ein Schüler fühlt sich im subjektiven Empfinden von Lehrkräften hintergangen: Wenn ich das Arbeitsblatt schnell fertig mache, dann erhalte ich gleich das nächste. Arbeite ich in der Unterrichtsstunde schnell, werde ich mit mehr Arbeit bestraft.

    Der Wochenplan gibt dem Schüler für die Wochenplanstunden ein klares Ziel, dieses und jenes ist in diesem Zeitraum zu tun. Jedoch: „Wenn ich das fertig habe, dann habe ich es geschafft!" Gerade für Schüler oberer Jahrgangsstufen und schon gelittener Arbeitsmotivation kann darin auch subjektiver Sinn liegen: „Wenn ich das schaffe, dann habe ich es geschafft!" Aus der Erfahrung der Fertigstellung des Wochenplans, einer rituellen Abrechnung dieser Arbeitsleistung, baut sich bei manch einem wieder mehr Lern- und Arbeitsmotivation auf.

Das Ziel in diesem Zusammenhang ist von Peter Petersen formuliert: „... den Willen der Schüler einzuspannen. Sie sollen beileibe nicht tun, was sie wollen, aber wir möchten, dass sie wollen, was sie tun!" (1934, 80 f.).

Ein bedeutender Aspekt des Unterrichts liegt in der Verhinderung der „Vernachlässigung der *emotionalen* Seite, d. h. der wirklichen Interessen, Wünsche, Erwartungen, Ängste" (Rosenthal/Dahlke 2002, 73) der Schüler. „Fragen nach *Sinn und Bedeutung* werden zunehmend deutlicher" (ebd.). Eine praktische Idee zum partiellen Einbezug der Schüler in die Erstellung der Wochenpläne schlagen Rosenthal/Dahlkes (76) vor: Sie fügen die Spalte *Wünsche für deinen nächsten Wochenplan* am Ende ihres Wochenplans ein.

Themenzentriertheit des Wochenplans

Die Akzeptanz des Wochenplans steigert sich, wenn dieser neben den einzelnen Aufgaben zu den Fächern einen thematischen Grobrahmen (quasi ein Motto) vorgibt. Nicht nur Schüler der unteren Jahrgangsstufen sind darauf angewiesen, auch Schüler der oberen Klassen suchen (hinter der coolen Fassade) nach einem Rahmen. Dieser kann dreifach sein: der *thematische, (jahres)zeitliche und sozial-emotionale Rahmen*. Grundsätzlich kann dieser dreifache Rahmen sich im Wochenplan durch ein Thema der Woche ausdrücken, besondere pädagogische Rahmenbedingungen (Schulfest, Praktikum, besonderes Augenmerk auf die Ausführung der Ämter etc.) oder Ereignisse des Jahres (Weihnachten, Frühling etc.) berücksichtigen. Im Folgenden werden einige Vorschläge hierzu verdeutlicht:

Thematisches Motto	• Neue Einführung eines Sachthemas • Spezielles Thema in Deutsch, Mathematik • Besonderes methodisches Arbeiten: z. B. eine Lern-Werkstatt
(Jahres)zeitliches Motto	• *Jahreszeiten*: Frühling-Sommer-Herbst-Winter • *Feste des Jahreslaufes*: Weihnachten, Ostern • *Klassen- bzw. schulbezogene Veranstaltungen*: Adventsbasar, Sport-, Spielfest, Theater, Projekt, Elternsprechtag
Sozial-emotionales Motto	• Vorbereitung des Schullandheimes • Erarbeitung und Einstimmung auf das Thema eines Ausfluges • Ausdruck durch Kunstprojekt • Selbstbeobachtung und Selbsteinschätzung zur Ämterausführung, Teamarbeit, Zuverlässigkeit, Pünktlichkeit etc. (einzelne Punkte reichen, da es sonst eine Überforderung der Selbstbeobachtung ist) • Erarbeitung einer neuen Sitzordnung • Praktikumsbeginn, Rückkehr aus dem Praktikum • Verabschiedung oder Aufnahme eines Schülers in die Klassengemeinschaft

Eine Variation des Wochenplanmottos innerhalb dieser unterschiedlichen Richtungen bietet zum einen eine reiche Auswahl, zum anderen Abwechslung für die Schüler. Angesprochen werden kann der Rahmen der Woche in einem kurzen Einleitungstext auf dem Wochenplan, durch Bild-, Foto- oder Clipartverdeutlichung oder im Rahmen einer besonderen Markierung einer Aufgabe im Kontext des herausgehobenen Themas.

3.4 Ritualisierung und Strukturelle Konstanz

Regeln

Der Wochenplanunterricht „braucht konsequente Regeln" (Landwehr 1998, 52). Für das Gelingen des Wochenplanunterrichts ist ein geregeltes und diszipliniertes Geschehen nicht weniger wichtig als im herkömmlichen Unterricht. Allerdings verändert sich der Rahmen: An die Stelle der direktiven Verhaltenssteuerung durch die Lehrperson tritt ein Führungsstil, welcher der Selbststeuerung der Schüler einen größeren Raum lässt. Die Schüler wissen jedoch ihre „Leitplanken":

- Ich darf die Reihenfolge frei wählen.
- Meine Zeit teile ich mir selbst ein.
- Alle (Pflicht)aufgaben müssen vollständig sein.
- Die Arbeiten müssen ordentlich aussehen (vgl. Kratzsch 1996, 6).

Neben den organisatorischen Regeln („Einzelregeln") müssen die Regeln des gemeinschaftlichen Arbeitens („Gemeinschaftsregeln") festgelegt sein. Damit die notwendigen Regeln auf größere Akzeptanz stoßen, hat es sich bewährt, diese mit den Schülern zu Beginn zu erarbeiten. Beispielhaft legte Kratzsch (1996, 6) gleich zu Beginn zusammen mit den Schülern (Grundschulstufe) fest:

- Ich gehe langsam, renne nicht!
- Ich störe niemand beim Arbeiten!
- Ich spreche nur so laut wie nötig mit meinem Partner! *(Flüstern zu vereinbaren ist auch empfehlenswert)*
- Ich halte Ordnung am Arbeitsplatz!

Gerade bei der Einführung der Wochenplanmethodik muss auf die Einhaltung der Regeln geachtet werden, damit die Schüler das passende Arbeitsklima internalisieren können. Auch Hieronimus betont dies, sie unterrichtet in der Grundschulstufe: „Es ist wichtig, dass die Kinder gelernt haben, *Regeln* einzuhalten, so muss z. B. Ruhe herrschen. Ich habe auch schon Tagespläne abgebrochen und die Aufgaben im Klassenverband bearbeiten lassen, wenn die vereinbarten Regeln nicht eingehalten wurden. Keiner bekommt Schuld zugewiesen, sondern ich stelle nur fest: ‚Kinder, das klappt heute nicht'" (1996, 16).

Ritualisierung und Strukturelle Konstanz

Die ehemalige Schulleiterin E. Riegel (2004) der Helene-Lange-Schule sieht in der Nachhaltigkeit und Belastbarkeit der Rituale ihren Wert: „Auch viele Erwachsene sind geneigt, die Rituale, auf die sie sich verständigt hatten, im Alltag dann doch für nebensächlich, für eine Verzierung zu halten, nachlässig mit ihnen umzugehen, oder, insbesondere in den Pubertätsjahren, zu schnell auf die Wünsche von Schülern einzugehen und vor ihrem Widerstand zu kapitulieren" (158).

Der Erhalt des Rahmens des Wochenplanunterrichts kann durch Rituale wirkungsvoll unterstützt werden. Rituale sind letztlich eine Entlastungsfunktion für den Schüler und die Lehrkraft: Der Schüler weiß durch das ihm bekannte Ritual, welche Erwartung an ihn gestellt wird und er muss nicht – wie bei unbekannten Anforderungen – eine destabilisierende Abschätzung vornehmen, ob er den Ansprüchen gewachsen ist. Für die Lehrkraft sind Rituale eine in hohem Maße entlastende Erfindung. Sowohl die Einhaltung von Regeln als auch die jeden Schultag notwendige Strukturierung eines Schulvormittages (auch wenn die Fächer & Co feststehen) müssen nicht immer wieder von neuem vorgenommen werden.

Sinnvolle und akzeptierte Rituale erleichtern das Unterrichten, ebenso beim Wochenplanunterricht. Präziser (mit mehr Beispielen) gehen wir im Kapitel zur Umsetzung in Primar- und Hauptschulstufe auf die spezielle Rituale ein, an dieser Stelle seien grundsätzliche Bereiche vorgestellt:

Beginn der Wochenplanstunde	• Gerade bei unteren Jahrgangsstufen kann eine kurze Vorbesprechung der Wochenplanstunde sinnvoll sein (z. B. zur Erklärung eines Lernmaterials oder einer Aufgabe des Wochenplans): *Visuelles Symbol für die Besprechungsphase an der Tafel.* Morgenthau (2003) nennt die Vorbesprechung für ihre Grundschulstufenklasse „Planungstreffen" (33): Ritualisiert treffen sich die Schüler am Besprechungstisch, an dem alle Kinder der Klasse Platz haben (wenn dafür der Platz nicht reicht, kann auch ein Gesprächskreis an der Tafel gebildet werden). Die Schüler erhalten Gelegenheit, Arbeitsabsprachen mit möglichen Partnern zu treffen (soziales, partnerschaftliches Lernen). Danach gibt jeder Schüler sein Arbeitsvorhaben für die Stunde bekannt (wer es nicht kann, dem unterbreitet die Lehrkraft einen begründeten Vorschlag). Ggf. erbittet der Schüler sich Hilfe von einem Mitschüler. • Der Beginn der Arbeitsphase muss für die Schüler deutlich werden, damit punktgenau die Arbeitsphase eingeläutet werden kann („Flüsterzeit"): *Akustisches Signal (beispielsweise durch Klangwunder oder Klangschale) und/oder visuelles Signal (Symbolkarte) für die Arbeitsphase.*
Verlauf der Wochenplanstunde	• Aufgrund verschiedener Bedingungen kann es sein, dass eine Partner- oder Gruppenarbeit – gerade bei Einführung der Wochenplanarbeit – in einzelnen Wochenplanstunden nicht möglich ist. Beispielsweise, wenn stundenweise ein zusätzlicher Differenzierungsraum zur Verfügung steht, der Gang mit einem Tisch störungsfreier genutzt werden kann, ein Helfer an bestimmten Tagen zur Verfügung steht, usw. *Eine Symbolkarte an der Tafel kann diese Einschränkung für die Schüler strukturieren.* • Das Melden bei Fragen an die Lehrkraft, die der Nachbar nicht klären kann, bedarf einer genauen Ritualisierung: Das Heben der Hand lässt die Schüler schnell ermüden und frustrieren, wenn die Lehrkraft gerade eine andere Frage beantwortet oder Hilfestellung leistet.
Ende der Wochenplanstunde	• Ein akustisches Signal *Beispiel*: „Eine gute Hilfe waren uns Signale, auf die wir uns einigten. Es kann der Ton eines Glöckchens oder einer Triangel sein. […] Etwa drei Minuten vor dem Stundenende spielte ich leise Musik ein, unsere ‚Aufhörmusik'. Die Kinder wussten, dass es Zeit ist, die Arbeit zu beenden oder an geeigneter Stelle zu unterbrechen und aufzuräumen. Kurz vor dem Klingelzeichen wurde die Musik etwas lauter und das erinnerte dann auch den Langsamsten nochmals an seine Pflichten" (Kratzsch 1996, 6).

Besprechung des abgearbeiteten Wochenplans	• *Grundsatz 1*: Jeder Schüler sollte mind. 1 min mit der Lehrkraft über seinen Wochenplan reden können. • *Grundsatz 2*: Jeder Schüler sollte eine Form der Rückmeldung und Reflexion über seinen Wochenplan vornehmen (siehe Punkt *Besprechungen und Wochenplanreflexion*). Während der Phase, in der sich die Lehrkraft den Wochenplan eines jeden einzelnen Schülers anschaut (und evtl. ausgewählte, noch nicht korrigierte, Arbeitsleistungen, die die Schüler auch mit auf ihre Schulbank legen müssen), sollten die Schüler sinnvoll beschäftigt werden. Zunächst erfolgt eine kurze schriftliche Wochenplanreflexion eines jeden Schülers. Im Anschluss daran können sie entweder einer ritualisierten Arbeitsform nachgehen (Freiarbeit, Fertigstellen von Arbeiten aus den Sachfächern, Kunst oder Musik etc.) oder mit dem neuen Wochenplan beginnen.
Ausgabe des neuen Wochenplans	• Wenn in der Wochenplanstruktur vorhanden, werden die einleitenden Worte auf dem neuen Wochenplan durch einen Schüler vorgelesen. • Auch die gemeinsam geteilten Aufgaben können durch einen Schüler vorgelesen werden. • Der neue Wochenplan wird gemeinsam besprochen und Fragen beantwortet.

Ein besonderes Augenmerk liegt auf einem ritualisierten Ende einer Wochenplaneinheit. Jeder Schüler braucht nach der schülerperspektivisch oft langen Woche für seine geleistete Arbeit Aufmerksamkeit durch die Lehrkraft und auch eine Anerkennung. Im Besonderen die Schüler der Förderschule.

Deshalb bewährte sich am Ende des Wochenplanzeitraums eine Stunde zur Besprechung und zum Abschluss des Wochenplans. In dieser Stunde sollten die Schüler ruhig arbeiten, damit die Lehrkraft jeden Wochenplan nachsehen und auch bewerten kann und mit jedem Schüler in eine eigene Interaktion treten kann. Diese – wenn auch kurze – dyadische Interaktion in diesem Zusammenhang schätzen die Schüler.

Landwehr (1998) zieht diese Stunde primär zur Besprechung „aufgetretener Schwierigkeiten sowie zur Planung der neuen Lernplansequenz" (18) heran. Auch Menzel betont (für den Grundschulstufenbereich): „Ein Abschlussgespräch über die Planarbeit ist unbedingt notwendig. Sprachlich formulierte Arbeitsergebnisse, Ängste und Freuden sind für Kinder wichtige Äußerungen, in denen nicht selten neue Ziele formuliert werden, z.B.: … ‚Das Rätsel konnte ich nur mit Maik lösen. Es war noch schwer für mich! Beim nächsten Mal kann ich es aber allein!' Diese und andere Aussagen zeigen mir immer wieder, dass Wochenplanarbeit Mitdenken und Auswerten erfordert" (Menzel 1996, 11).

Darüber hinaus ist aus sonderpädagogischer Sicht dieser Zeitraum notwendig, um mit jedem Schüler seinen Wochenplan kurz durchzugehen, Fehlendes zu besprechen und ggf. einzufordern, Geleistetes zu würdigen.

Grundsätzlich stimme ich mit Landwehr überein, dass diese „Besprechungsstunde […] nicht auf Kosten der mit den Schülerinnen und Schülern vereinbarten Planstunden gehen [sollte]; sie sollte als solche im Stundenplan definiert sein" (ebd.).

3.5 Differenzierung und „frustärmerer" Einbezug schwächerer Schüler

> „Die Wochenplanarbeit kann dagegen bei der Lösung
> des Differenzierungsproblems an unseren Schulen wichtige
> Hilfestellungen leisten." (Vaupel 2000, 77)

Das implizite Prinzip der Differenzierung

Die Wochenplanarbeit ist eine Form der Unterrichtsorganisation, die sich am Prinzip der individuellen Passung bzw. am Prinzip der inneren Differenzierung orientiert. Sie hat das Potential, die unterschiedlichen Lernvoraussetzungen der Lernenden im Unterricht besser zu berücksichtigen, da auf neue organisatorische Weise der Umgang mit Heterogenität angegangen wird.

Ein Leitprinzip der Wochenplanarbeit ist die innere Differenzierung. Konkret findet sich dieses Prinzip in einem ausgewogenen System lerngruppengemeinsamer und individueller Wahl- und Pflichtaufgaben sowie die Möglichkeit zur Arbeit an Zusatzaufgaben und freien Tätigkeiten.

Die Ziele einer didaktischen Differenzierung lassen sich folgendermaßen umreißen (vgl. Meister 2000, 17):

1. Vermeiden bzw. Vermindern sozialer Selektivität und Hilfe zum Abbau sozialer Benachteiligung
2. Förderung aller und zusätzliche Förderung der Schüler mit Schwierigkeiten
3. Gemeinsame Grundbildung für alle und individuelle Schwerpunktbildung
4. Förderung der Wahlfähigkeit und der Mitbestimmung von Schülern
5. Vermeidung von Leistungskonkurrenz und Hierarchisierung unter den Schülern
6. Förderung sozialer Sensibilität und kooperativen Verhaltens

Das Ausmaß der individuellen Differenzierung in der Arbeit mit dem Wochenplan kann zwei grundlegende Facetten umfassen:

- *Quantitative Differenzierung:* Die erste Differenzierungsmöglichkeit lässt sich über den Umfang steuern. Entweder durch zusätzliche Pflichtaufgaben, Wahlpflicht- oder Wahlaufgaben.
  - Schnellere und leistungsstärkere Schüler erhalten weitere Aufgabenstellungen. Von besonderer Bedeutung ist, dass diese Aufgaben nicht nur reine schematische Übungsaufgaben sein dürfen („Damit er beschäftigt ist."), sondern variationsreich, spielorientiert und motivationsreich sein sollten, damit die Lernmotivation nicht leidet. Gerade leistungsstärkere Schüler zeigen eine ausgeprägte Sensorik dafür, wenn sie nur mit Zusatzarbeit „geparkt" werden, deshalb sollte die quantitative Differenzierung nur dosiert eingesetzt werden. Dieser Effekt wird durch Betonung eines Wahlpflichtbereiches abgeschwächt.
  - Für langsamere und leistungsschwächere Schüler kann die Auswahl von Aufgabenstellungen der Klasse – und quantitative Differenzierung – eine Hilfe darstellen. Die ausgewählten Aufgaben stehen in der Folge jedoch unter der unabdingbaren Bedingung, dass durch diese passgenauen Aufgaben der Lernerfolg herbeiführbar werden kann. Sonst ist eine Qualitative Differenzierung sinnvoller.
- *Qualitative Differenzierung:* Diese „Lernstrategische/Inhaltliche Differenzierung" (vgl. Landwehr 1998, 11) birgt das ganze didaktische Potential leistungsheterogener Lerngruppen.

- Leistungsstärkere Schüler können durch erweiterte, komplexere Aufgabenstellungen ein über dem Klassendurchschnitt liegendes Lernniveau erreichen. Diese Schüler können auch differenzierte Aufgaben erhalten, die einen Lerntransfer zulassen.
- Als zentrale Funktionen des Lerntransfers können charakterisiert werden (vgl. Seel 2003, 263):
  - Die Suche nach Informationen
  - Das (Wieder-)Erkennen von Informationen
  - Die Bildung von Interferenzen (i. S. schlussfolgernden Denkens)

  Nach Ausubel/Robinson (1969) sind drei Grundformen des Lerntransfers unterscheidbar (311–312):
- Im Rahmen des *lateralen Transfers* kommt der Lernende in die Lage, verschiedene, aber ähnliche Aufgaben derselben Komplexität zu lösen, sobald er eine davon zu lösen gelernt hat. Der laterale Lerntransfer beinhaltet eine Lernleistung auf demselben Niveau des anfänglichen Lernens, jedoch in einem anderen Kontext.
- Durch den *sequentiellen Transfer* sollte ein Inhalt, der heute gelernt wird, eine Beziehung haben zu einem Inhalt, der in der Zukunft daran anschließt. Wie der laterale erfolgt auch der sequentielle in ein und demselben Kontext, d. h. beide sind horizontal organisiert.
- Auf der anderen Seite erfordert der *vertikale Lerntransfer* eine Übertragung des Lernens von einer unteren auf eine höhere Ebene. Damit wird somit die Fähigkeit bezeichnet, ähnliche und zugleich komplexere Aufgaben zu lösen, indem zuvor erworbenes deklaratives und prozedurales Wissen auf die neue, komplexere Aufgabenstellung in vertikalem Transfer übertragen wurde.

Sicherlich ist der Transferzusammenhang für viele Schüler eine unerreichbare didaktische Idealvorstellung, doch sollte sie nicht aus dem Horizont verschwinden.
- Leistungsschwächere Schüler profitieren letztlich überaus von qualitativ differenzierten Aufgabenstellungen, wenn sie durch die Aufgaben für den Klassendurchschnitt überfordert sind und somit weder auf der Ebene des Lernzuwachses, noch auf der motivationalen Ebene einen Schritt vorwärts gelangen. Gerade Aufgaben zur spezifischen Förderung können durch die Qualitative Differenzierung in den Wochenplan integriert werden (bspw. Aufgaben zur Legasthenie-Förderung oder Förderung einer Lese-Rechtschreibschwäche).

Diese Differenzierung lässt sich durch verschiedene Aufgabenformen verwirklichen. Morgenthau (2003) schlägt für den Grundschulstufenbereich folgende vor (vgl. 21–25):

- *Pflichtaufgaben:* Das sind Aufgaben, die ausnahmslos von allen Schülern innerhalb des vorgegebenen Zeitraums bearbeitet werden müssen.
- *Sonderaufgaben:* Nicht immer erreichen alle Schüler die angestrebten Ziele zu einem vorher festgelegten Zeitpunkt bspw. Lernrückstände in Teilbereichen oder der Bedarf an zusätzlichen Lese-, Rechen- oder Rechtschreibübungen. Für diese Zwecke ist ein freies Feld auf dem Wochenplan. Wird dort eine Sonderaufgabe eingetragen, dann ist diese für den Schüler in dieser Woche eine Pflichtaufgabe.
- *Entscheidungsaufgaben (sog. „Fragezeichenaufgaben"):* Die Schüler nennen diese Form „Fragezeichenaufgaben". Es gibt Inhalte, die sollten zu einem gewissen Zeitpunkt eigentlich bei allen Schülern präsent und gefestigt sein. Dies ist jedoch nicht immer sicher, die Entscheidung darüber wird bei diesen Aufgaben den Schülern übertragen. Jeder Einzelne muss genau überlegen und ehrlich entscheiden, wie er diese Aufgabe für sich einordnen muss: Wenn er den Inhalt noch nicht sicher beherrscht, dann muss er die dazu ausgewiesene Aufgabe bearbeiten.

- *Wahlpflichtaufgaben (sog. „Oderaufgaben"):* Die „Oderaufgaben" bieten Inhalte in differenzierter Form an (verschiedene Lernwege). Die Aufgaben können sich im Schwierigkeitsgrad und der Arbeitsmethode unterscheiden.
- *Kurzfristige Wahlaufgaben (sog. „Sternchenaufgaben"):* Die „Sternchenaufgaben" können auch Schüler vorschlagen (haben oft Ursprung im Freizeit- und Interessensbereich). Die Bearbeitung einer Wahlaufgabe ist ausnahmslos freiwillig.
- *Langfristige Wahlaufgaben (sog. „freie Aufgaben"):* Diese Aufgaben sind freie Aufgaben, die den Schülern ein Schulhalbjahr zur Verfügung stehen. Dazu kann bspw. die Arbeit mit einer Übungskartei gehören oder anderes Freiarbeitsmaterial: „Ich habe diese langfristigen Aufgaben auf Wunsch der Kinder in den Wochenplan aufgenommen. Da sie den Wochenplan immer mehr als eine Art Arbeits-Tagebuch ansahen, wollten sie gerne auch Aufgaben aus dem Bereich der Freien Arbeit darin festhalten" (25).

Die Verwirklichung aller dieser Aufgabenformate birgt die Überforderungsgefahr der Schüler (oder Stigmagefahr durch explizite Sonderaufgabe), doch bieten diese Vorschläge Anregungen.

Ein häufig von Regelschullehrkräften beklagter Umstand ist, dass sich bei der Wochenplanarbeit die Leistungsunterschiede unter den Schülern tendenziell vergrößert. So sind leistungsstarke Schüler schon am 2. Tag mit allen Pflicht- und Wahlaufgaben fertig und fordern immer neue Zusatzaufgaben. Die schwächeren Schüler haben mit vielen Aufgaben große Probleme und können sich schlecht die Zeit einteilen (vgl. Moarwietz 1997, 259).

Grundsätzlich ist dazu anzumerken, dass ein Hervortreten interindividueller Unterschiede in den Möglichkeiten des Lernfortschritts unter den Schülern die Realität stärker hervortreten lässt, als es der Frontalunterricht zulässt: Der Frontalunterricht egalisiert in der Tendenz diese Differenz des Lernpotentials.

Da im Regelschulbereich eine hohe Erwartung der Lehrkräfte an eine homogene Schülerschaft vorliegt, sind diese Anmerkungen nachzuvollziehen. Jedoch ist es eine kurzsichtige Betrachtung der Bedenken, da diese letztlich bedeutet, dass der reine Frontalunterricht künstlich eine Leistungshomogenität erhält aufgrund gleicher Arbeitsanforderungen. In Wirklichkeit ist wohl die reine Leistungshomogenität eine Illusion und leistungsschwache und leistungsstarke Schüler fallen durch das Raster der fehlenden Differenzierung.

Im Hinblick auf den Unterricht der Förderschule – hier findet sich sowieso keine leistungshomogene Schülerschaft – lässt sich Folgendes anmerken:

- Es ist sinnvoll, von Anfang an in der Klasse individuelle Wochenpläne einzuführen. Damit stellt es Normalität dar, dass jeder Schüler einen Rumpf von Aufgaben mit seinen Mitschülern gemeinsam teilt, jedoch immer auch individuelle erhält, die sich in differenzierter Form auf den Lernstand beziehen. Das durch Lehrer des Regelschulbereiches beklagte „frühzeitige Fertigstellen Einzelner" liegt auch darin begründet, dass meistens homogene, für jeden gleiche Wochenpläne ausgegeben werden.
- Zur Entlastung der Lehrkraft können leistungsstärkere Schüler als Helfer eingesetzt werden. Sie können dabei im kognitiven Bereich viel dazu lernen, da sie beim Erklären viel tiefer in den Stoff eindringen. Erfahrungen einzelner Schulen zeigen, dass die leistungsstärkeren Schüler durch ihre Helferfunktion (nach der Devise „Lernen durch Helfen!") mehr gefördert wurden als durch die Bearbeitung weiterer Zusatzstoffe (vgl. Morawietz 1997, 259).
- Als Zielrichtung der Wochenplanarbeit „sollte sowohl ein Mindest-All-Niveau als auch ein Höchst-Einzel-Niveau angestrebt werden. Das Mindestniveau für alle ist das für alle verbindliche Fundamentum, das die Grundlage für weitere Lernstoffe darstellt" (ebd.).

Beispiel:

Luft (2004) zeigt aus dem Regelgrundschulbereich die Praxis, dass es auch anders geht. Sie setzt den Wochenplan zur Differenzierung ein, da sie diese für „unbedingt erforderlich" (34) hält: Jeder Wochenplan ist für drei Leistungsgruppen vorbereitet. Dabei gibt es Pflicht-, Wahl-, persönliche und eine Reihe von Zusatzaufgaben. Die Schüler wählen sich ihre Gruppe selbst aus und tragen sich in den Plan ein.

„Anfängliche Bedenken, dass einige Kinder nur die leichten Aufgaben wählen würden, haben sich als unnötig erwiesen. Alle Kinder sind erstaunlich gut in der Lage, den eigenen Stand richtig einzuschätzen" (34).

Wochenplan	Klasse 3	24.11. – 1.12. 03	
D	Gruppe 2	Ablage	Chef
Pflicht 1.	Lies im Sprafu. S.54 Nr. 1 und 2! Löse Nr. 2! Schreibe nun den Text „Früher – Vergangenheit – Präteritum" ab!	D 1	
persönl. Aufg. 2.	für Annekathrin: Übe lesen ! Suche im Leseschatz eine interessante Novembergeschichte. Schreibe ein Drehdiktat !	AB	
Wahl 3.	Sprafu S. 22 Nr. 2 oder Sprafu S. 22 Nr. 3 - Finde zu jeder Geschichte eine passende Überschrift!	Freiarbeitsheft	
Pflicht Sk	Überlege und begründe deine Meinung! Wie sollten Haustiere richtig gehalten werden? (Freilandhaltung – Massenhaltung, saubere Ställe – Käfighaltung ?)	Hk - Hefter	
Zusatz	AB „Zeitformen" Lernkartei „Ein Kalb wird geboren" PC – Pusteblume 3 Memory – Verben im Präsens und Präteritum	AB Lernkartei und D1	

Abb. 22: Einer der drei leistungsdifferenzierten Wochenpläne (Luft 2004, 34)

Claussen (1997) betont aufgrund Erfahrungen einer Evaluationsstudie an Regelschulen, dass Lehrkräfte häufig zu schnell und zu hastig auf Lernschwierigkeiten von Kindern beim Bewältigen von Aufgaben des Wochenplans reagieren. Er fordert ein höheres Maß an diagnostischen und interpretativen Umgang mit Lernschwierigkeiten, „die Anwendung dosierter, nach dem Prinzip minimaler Hilfe gegebener Zuwendung" (164). Die Möglichkeiten zu differenzierter und individueller Zuwendung, die der Wochenplanunterricht eröffnet, könnten viel besser genutzt werden.

Gerade im Förderschulbereich bietet sich durch geringere Klassenstärken auf dem Gebiet individueller Erklärung und Zuwendung eine größere Chance als im Regelschulbereich.

Der frustärmere Einbezug schwächerer Schüler

Aus unserer Sicht hat Marxen (1987) einen wichtigen Aspekt der Wochenplanarbeit betont, der gerade auch bei unseren leistungsheterogenen Schülern eine frustglättende Funktion ausüben kann: „Jede Stillarbeit in dieser Klasse führte nach wenigen Minuten zu dem Ruf: ‚Ich bin schon fertig! Was kann ich tun?' Andere Kinder fühlten sich bei derselben Aufgabenstellung überfordert. Ich habe daher von Anfang an Zusatzaufgaben, die späteren Wahlaufgaben, gestellt. Der Vorteil des WPs ist nun, dass den Kindern die Reihenfolge der zu bearbeitenden Aufgaben freigestellt ist. Verschiedene Aktivitäten der Kinder laufen gleichzeitig nebenher. So können Frustrationserlebnisse schwächerer Schüler (Die anderen sind schon fertig!) gar nicht erst aufkommen" (50).

Im guten Sinne etabliert, bietet der Wochenplan stabilisierende Elemente, die einen frustärmeren Einbezug von leistungsschwächeren Schülern ermöglicht:

- Durch die Gelegenheit zur freieren Zeiteinteilung finden die Schüler leichter ihren individuellen Arbeitsrhythmus. Sie können sich genau die Lernzeit nehmen, die sie für die Aufgabenbewältigung benötigen, und lernen so, ihren Arbeitsprozess selbstständiger zu organisieren.

- Dank der erhöhten Transparenz der Unterrichtsplanung können sich die Schüler besser auf Ziele und Anforderungen des Unterrichts einstellen. Die frühzeitige Offenlegung des Plans ermöglicht ihnen, die Unterrichtsvorbereitung inhaltlich ein Stück weit mitzutragen.
- Durch das Delegieren von Verantwortung kann das Vertrauensverhältnis zwischen den Schülern und der Lehrkraft gestärkt werden. Durch den Wochenplan entsteht eine vertragsähnliche Situation, in der die Lernenden von den Lehrenden herausgefordert werden, die zugestandenen Freiräume sinnvoll und verantwortungsbewusst zu nutzen (in Anlehnung an Landwehr 1998, 11).

Die zweifache Zielrichtung didaktischer Differenzierung kann im Rahmen des Wochenplanunterrichts verfolgt werden: Auf der einen Seite die vielfältige Differenzierung innerhalb von Lehr- und Lernprozessen „mit dem Ziel der individuellen Förderung" (Meister 2000, 18), auf der anderen Seite „die soziale Integration aller Schülerinnen und Schüler" (ebd.) einer Klasse.

Gegenseitiges Helfen/Helfersysteme

Gegenseitiges Helfen und Helfersysteme können den Wochenplanunterricht und das soziale Miteinander bereichern.

Helfersysteme gewinnen gegenwärtig auch im Regelschulbereich im Zuge der Etablierung auch altersgemischter Unterrichtung – im Besonderen an der Grundschule – an Bedeutung. Leitend für den Aufbau eines Helfersystems ist die Maxime: „Leistungsstarke Schüler durch Expertenaufgaben fordern, Außenseiter integrieren" (Stolper 2000, 61). Für die Einrichtung des Helfersystems ist eine klare Strukturierung durch die Lehrkraft notwendig. „Zum Aufbau eines stabilen Helfersystems bedurfte es, obwohl die Stammgruppe auf reiche Vorerfahrungen in schülerzentrierten Arbeitsformen zurückgreifen konnte, der Unterstützung von mir als Lehrerin. Mit meiner Hilfe war es den Schülern dann sehr schnell möglich, ein Helfersystem zu installieren. Im Helfersystem der Schüler kam es zu einem Transfer von Wissen und Kompetenz. Es zeigte sich, dass eine geschlechtergemischte Lerngruppe für eine Kooperation im Helfersystem günstigere Voraussetzung bietet, als eine geschlechtergetrennte Unterrichtung, vor allem im Fall der Jungen" (62).

Helfersysteme als didaktisch-methodische Hilfe fordern – das sollte nicht übersehen werden – einen starken pädagogischen Part: Beim Helfen ist das Intervenieren der Lehrkraft bei *asymmetrischen Beziehungen* wichtig. Bei näherem Hinsehen können mit der Hilfeleistung abwehrende Verhaltensweisen verbunden sein, indem Helfer „den anderen herabsetzen, Lösungen ‚besserwisserisch' geben oder ihn ‚lange zappeln' lassen" (Petillon 2005, 172). Auch ist eine Hilfeverweigerung mit Kränkungen verbunden, „z. B. wird die Hilfe verweigert und gleichzeitig einem anderen Mitschüler demonstrativ zugestanden" (ebd).

3.6 Das Prinzip Wiederaufnehmende Lernschleifen

Die Wochenplanarbeit eignet sich auch zum Einbezug des didaktischen Prinzips Wiederaufnehmende Lernschleifen zur Reaktivierung von Gelerntem für langfristig verbesserte Lernleistungen der Schüler.

Zum Begründungszusammenhang

Lefrançois (2006) legt die offensichtliche Zielrichtung dar: „Ein wesentliches Ziel des Unterrichts ist es, Langzeiterinnerungen zu schaffen" (278). Zunächst hört sich das Ziel leicht erreichbar an, umso schwerer ist nicht selten die Umsetzung: Immer dann verdeutlicht sich das, wenn die Schüler einen Lernstoff nach kurzer Zeit vergessen haben oder einen vermeintlich längst bekannten Zusammenhang nicht mehr reproduzieren können. Gerade bei Schülern mit Lernschwierigkeiten (im Kontext als dominierender Förderschwerpunkt oder in Folge bzw. begleitend zu anderen Förderschwerpunkten) zeichnet sich diese Überführung von Gelerntem in einen Zustand langfristiger Verfügbarkeit durch das Auftreten erheblicher Hindernisse aus. Im Besonderen dann, wenn man über den Leistungstest (klassisch: die Probe) hinaus nach einiger Zeit bei den Schülern genauer hinschaut und das Gelernte nochmals abrufen möchte. Da kann Ernüchterung auftreten.

Es liegen jedoch in der psychologischen Forschung auch überzeugende Belege für signifikante Langzeiterinnerungen – allerdings in diesem Falle bezogen auf Schüler der Regelschule – vor (Lefrancois 2006, 278), beispielsweise belegt durch das Ergebnis der Überblicksstudie von 62 Untersuchungen zum langfristigen Erhalt schulischer Lernleistungen durch Semb und Ellis (1994).

Erkenntnisse der Lernpsychologie lassen sich immer wieder in didaktische Schlussfolgerungen einbeziehen. Ein großer Schwerpunkt didaktischer Überlegungen liegt auf den wichtigen Prozessen der Informationsaufnahme und den Vorgängen der Informationsverarbeitung. Dieser Beitrag versucht einen Schwerpunkt auf den vernachlässigten Aspekt des (längerfristigen) Informationsabrufes zu legen. Schülern fällt die Reproduktion von Gelerntem nach langer Zeit ohne Nutzung des betreffenden Lernbereiches schon immer schwer, Sanktionen unserer heutigen Welt können dieses – im Besonderen bei Schülern mit Förderschwerpunkt(en) – noch verstärken.

Diese sanktionierenden Faktoren können u. a. sein:

- Die segensreiche Möglichkeit, auf *unzählige Informationen* in Internet und Fernsehen zurückgreifen zu können, impliziert auch die Kehrseite der Informationsüberflutung. Durch exzessive und additive Nutzung von Videospielen, Serien und Filmen über mehrere Stunden täglich setzt die Kognition einen Abwehrmechanismus in Gang: Andauernden Informationsreizen lässt sich mit einem erhöhten Grad der Informationsaussortierung begegnen. So erscheint mediales Konsumverhalten der Kinder und Jugendliche mit der üppigen Reiz- und Informationskonfrontation einen Prozess der Informationsaussortierung und des Vergessens zu befördern, der schulisches Lernen nicht unterstützt.
- *Stressfaktoren* erschweren das Lernen und die langfristige Informationsaufnahme. Ihren Ursprung können diese in unzureichenden familiären Zuständen, Vernachlässigung, sozialem Druck durch Gleichaltrige, Orientierungslosigkeit u. a. nehmen.
- *Fehlende Perspektive* durch mangelnde nachschulische Aussichten unterhöhlen das motivationale Fundament vieler Förderschüler. Die geringe gesellschaftliche Akzeptanz ihrer schulischen Laufbahn entwerten den schulischen Lernstoff. Die motivationale Delle in den oberen Jahrgangsstufen betreffen in unterschiedlichem Umfang annähernd alle Förderschwerpunkte (vgl. u. a. Hiller 1997, Lelgemann 2002, Moosecker/Pfriem 2005).
- *Körperliche und/oder geistige Einschränkungen:* Beispielsweise zeigen Schüler mit einer Infantilen Zerebralparese (ICP) nach der Studie von Leyendecker (1982; 2003) einen unregelmäßigen, diskontinuierlichen Verlauf des Lernprozesses. Sie lernen nicht generell weniger, jedoch ist ihre Lernzuwachsrate häufig verlangsamt. Herauszustellen ist an dieser Stelle auch das Lernbasisdefizit, eine eingeschränkte Rückgriffsmöglichkeit auf Bekanntes.

Umso bedeutsamer erscheint die Perspektive einer Unterstützung der langfristigen Sicherung des Gelernten, sowohl eben genannten sanktionierenden Faktoren entgegenwirkend als auch Bedingungen der Lernpsychologie berücksichtigend und hervorstellend. Eine Möglichkeit, die Reaktivierung durch *wiederaufnehmende Lernschleifen*, soll hier vorgestellt werden. Grundlagen dieser liegen im Verständnis der psychologischen Prozesse der Informationsverarbeitung und Informationserhaltung des Lernvorgangs.

Das Mehr-Speicher-Modell im Rahmen der menschlichen Informationsverarbeitung

Das Grundmodell menschlicher Informationsverarbeitung baut sich wie folgt auf: Im Mehr-Speicher-Modell werden drei Abschnitte unterschieden, die eng miteinander zusammenhängen, sich gegenseitig beeinflussen und nur analytisch voneinander getrennt werden können (vgl. Edelmann 2000, 164):

- Aneignung
- Speicherung
- Abruf

Die Phase der Aneignung, in der Informationsaufnahme und -verarbeitung stattfinden, wird als *Lernen* i. e. S., die Phase der Speicherung als *Gedächtnis* i. e. S. und die abgerufene Information als *Leistung* (Performanz) bezeichnet (164).

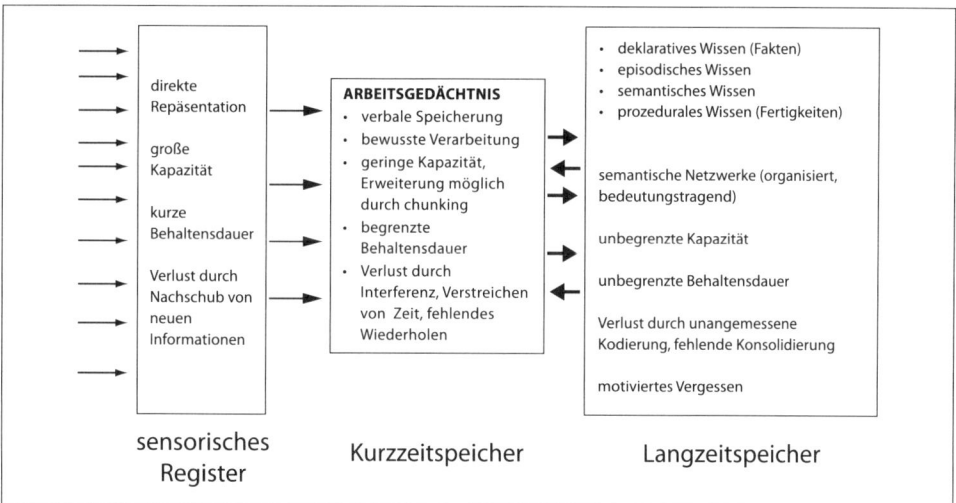

Abb. 23: Mehr-Speicher-Modell (Mielke 2001, 113)

Über die Sinnesorgane aufgenommene Reize gelangen zunächst in das sensorische Register. In Rohform, d. h. in ihrer den jeweiligen Sinnesorganen entsprechenden Modalität, stehen sie eine halbe bis vier Sekunden – je nach Modalität – zur Verfügung. Visuelle Eindrücke werden ikonisch repräsentiert und stehen etwa eine halbe Sekunde „wie ein Bild" zur Verfügung, auditive Reize klingen durch die echoische Repräsentationsform noch über einen Zeitraum von drei bis vier Sekunden nach (vgl. Mielke 2001, 114–115).

Aus dem sensorischen Register und dem Langzeitgedächtnis treffen Informationen im Kurzzeitspeicher ein. Bei gerichteter Aufmerksamkeit können in diesem Arbeitsgedächtnis die Informationen lange festgehalten werden, ohne Aufmerksamkeitslenkung bleiben sie nur 20 Sekunden erhalten.

Pintrich (1988) stellt eine Unterteilung der Informationsverarbeitung im Arbeitsgedächtnis in vier Teilprozesse vor (vgl. 65–79):

- *Selektion*: Steuerung der Aufmerksamkeit auf selektierte Informationen
- *Konstruktion*: Herstellen von Verbindungen zwischen identifizierten Informationseinheiten
- *Integration*: Verknüpfung der aufgenommenen Informationen mit dem Vorwissen
- *Erwerb*: Übertrag relevanter Informationen ins Langzeitgedächtnis zur längerfristigen Repräsentation.

Jede bewusste Verarbeitung muss im Arbeitsspeicher stattfinden, dauerhafte Repräsentanz von Informationen erlaubt nur die Codierung im Langzeitgedächtnis.

Das Mehr-Speicher-Modell (Abb. 23) konnte nach Mielke (2001, 116) lange die empirischen Ergebnisse zum Behalten und Erinnern erklären, gegenwärtig können weitergehende Modelle die Ergebnislage noch besser berücksichtigen.

Von deklarativem zu prozeduralem Lernen

Das ACT*-Modell von Anderson (1983) bildet ein weiterführendes Theoriemodell. Unter strukturellen Gesichtspunkten ist es zwar auch noch ein Mehr-Speicher-Modell, jedoch geht es als „umfassendes Modell zur Repräsentation kognitiver Prozesse" (Mielke 2001, 117) darüber hinaus.

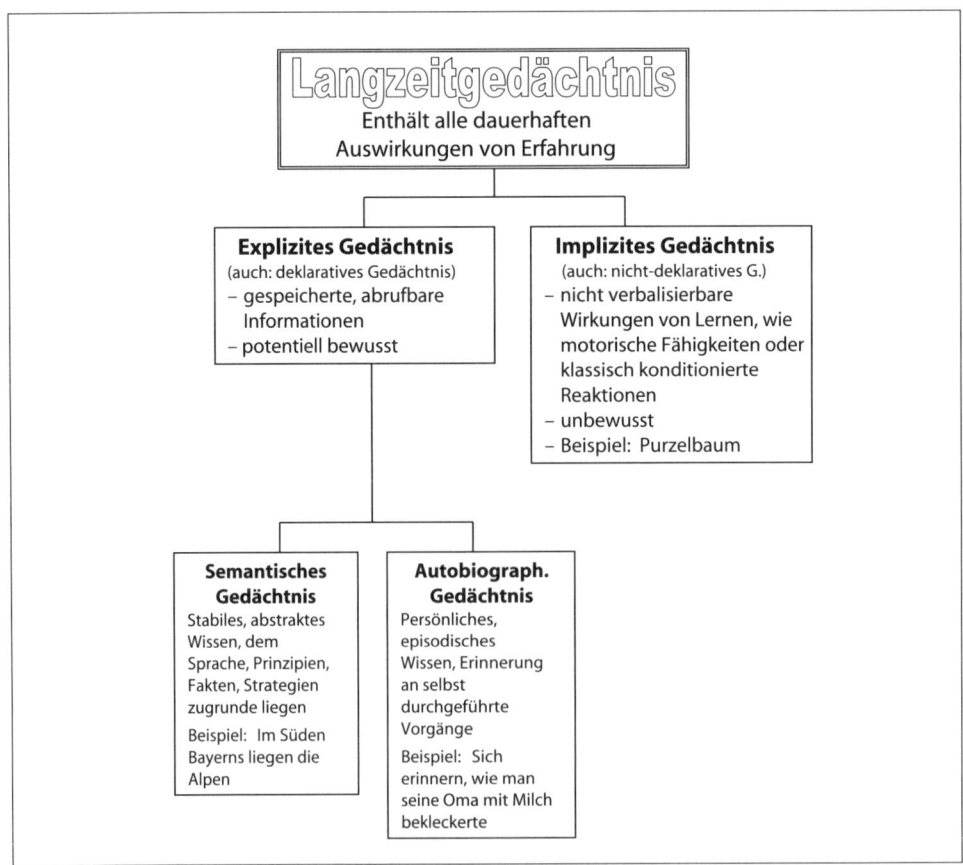

Abb. 24: Abbildung in Anlehnung an Lefrançois (2006, 270): Ein Modell des Langzeitgedächtnisses

Anderson geht in seinem ACT*-Modell (adaptive control of thought) neben einem Arbeitsgedächtnis von zwei Arten von Langzeitgedächtnis aus: Ein *Deklaratives Langzeitgedächtnis*, in dem Faktenwissen gespeichert wird, und ein *Prozedurales Langzeitgedächtnis*, in dem Wissen über kognitive Operationen und Umgangsweisen mit deklarativem Wissen („Wissen, wie …" oder „Wenn … dann-Wissen") verfügbar gehalten wird (vgl. Mielke 2001, 117–118).

Unter deklarativem Wissen wird das dem Bewusstsein zugängliche Wissen verstanden, welches Fakten über die Umwelt beinhaltet. Es besteht aus miteinander verbundenen Wissenseinheiten, die sich in Form eines semantischen Netzes organisieren. Das prozedurale Wissen umfasst Handlungswissen, das dem Bewusstsein nicht unbedingt zugänglich ist. Gut geübte Fertigkeiten und Routinen wie das Ausführen einer motorischen Handlung gehören zum Handlungswissen. In Form von Regeln (Wenn-Dann-Beziehungen und Produktionen) wird das Handlungswissen im Gedächtnis repräsentiert (vgl. Winkel/Petermann/Petermann 2006, 225).

Verbreitet ist auch die Unterteilung in das *Explizite* und *Implizite Gedächtnis* (siehe Abb. 24).

Dem Aufbau von deklarativem und prozeduralem Wissen liegen unterschiedliche Lernmechanismen zugrunde. Deklaratives Wissen baut sich durch Prozesse der verbalen Enkodierung auf, prozedurales Wissen hingegen wird auf der Basis von viel Übung und korrigierenden Rückmeldungen erworben.

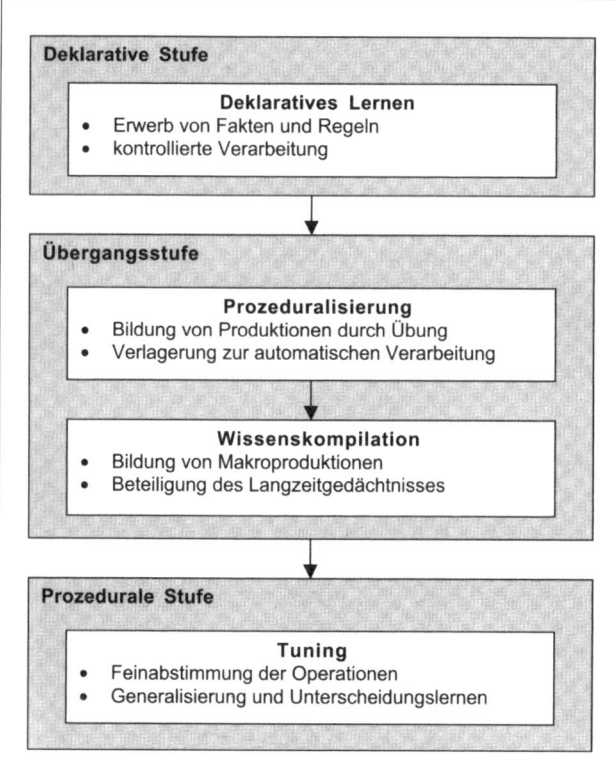

Abb. 25: Übergang vom deklarativen zum prozeduralen Lernen nach dem ACT*-Modell von Anderson (Winkel/Petermann/Petermann 2006, 227)

Im Alltag lassen sich die beiden Lernformen jedoch nicht scharf trennen, bei annähernd allen komplexen Lernprozessen vermischen sich Vorgänge des deklarativen und prozeduralen Lernens (vgl. Winkel/Petermann/Petermann 2006, 225).

Das ACT*-Modell beschreibt auch den Übergang von deklarativem zu prozedurealem Lernen (Winkel/Petermann/Petermann 2006, 226–227). Auf der ersten Stufe wird deklaratives Wissen (Faktenwissen) aufgebaut. Diese Phase erfordert Aufmerksamkeit und bewusste kognitive Verarbeitung für den Wissenserwerb und die Problemlöseaktivitäten. Diese Prozesse laufen primär im Arbeitsgedächtnis ab. Durch wiederholtes Üben kann das deklarative Wissen in Handlungen (Produktionen) umgesetzt werden. Dabei verlagert sich die Aufmerksamkeit fordernde, kontrollierte Verarbeitung auf der Basis des deklarativen Wissens hin zu automatischen Vorgängen auf der Stufe des prozeduralen Wissens. So genannte *Makroproduktionen* bilden sich dann, wenn es zur Kombination von Regeln und Handlungen kommt, die häufiger gemeinsam angewendet oder durchgeführt werden.

Zunehmend erfolgt bei diesem Vorgang die Beteiligung des Langzeitgedächtnisses mit der Folge der Entlastung des Arbeitsgedächtnisses und der Steigerung der längerfristigen Speicherung.

Im Schritt der Feinanpassung (Tuning) kann das Gelernte übertragen werden. Sowohl die Generalisierung (erworbene Fähigkeiten auf andere Bereiche umsetzen) als auch das Unterscheidungslernen (Differenzen zum bereits Bekannten) setzen Ankerpunkte für eine erfolgreiche Verfestigung des erworbenen Wissens und der Fertigkeiten.

Vom Arbeitsgedächtnis ins Langzeitgedächtnis

Eine vielbeachtete Weiterentwicklung und Ergänzung des traditionellen Kurzzeitgedächtnismodells legt Baddeley (1986) vor, der den Kurzzeitspeicher als Arbeitsgedächtnis mit zwei Hilfssystemen versteht. Dieser differenziert sich in drei Teilbereiche: Eine *Leitzentrale* („central processor") und zwei ihr zugeordnete Hilfessysteme, die *phonologische Schleife* („phonological loop") und ein *bildlich-räumlicher Notizblock* („visio-spatial scrath pad") (vgl. Schermer 2002, 124–127):

- Die vorrangige Aufgabe der *Leitzentrale* liegt in der Lenkung von Aufmerksamkeit sowie der Kontrolle, Koordination und Integration der Informationen aus den zwei Hilfssystemen.
- Die *phonologische Schleife* besteht aus einem phonologischen Speicher, der sprachbezogene Informationen aufnimmt und einem artikulatorischen Kontrollprozess unterzieht, durch subvokale Wiederholung kann der Verbleib der Informationen vollzogen werden.
- Dem *bildlich-räumlichen Notizblock* kommt die Aufgabe zu, räumliche und visuelle Informationen, die über Wahrnehmungsprozesse eintreffen, zu verarbeiten und festzuhalten. Im Gegensatz zur phonologischen Schleife bedarf die Bereithaltung von Informationen im Notizblock keiner kontinuierlichen Wiederholung.

Zur Verbesserung längerfristiger Lernleistungen, die eine tiefere Verankerung im Langzeitgedächtnis unterstützen, gehören nach Erkenntnissen der Psychologie die folgende Prozesse (vgl. Lefrancois 2006, 278–280; Schermer 2002, 179–182):

- *Rehearsal*: Dies bedeutet die klassische Wiederholung. Noch immer ist „Rehearsal die wichtigste Methode, um Informationen im Kurzzeitgedächtnis zu erhalten. Es ist auch eine Methode, durch die Information ins Langzeitgedächtnis überführt wird" (Lefrançois 2006, 278).
- *Elaboration*: Verknüpft mit Elaboration ist etwas zu erweitern, etwas hinzuzufügen. Es kann beinhalten, dass das zu lernende Material mit geistigen Bildern assoziiert oder in Beziehung zu bereits Gelerntem gesetzt wird.
- *Organisation*: Hierunter versteht man, Lernmaterial in einem System anzuordnen. Beispielsweise erreicht das „Chunking" – das zu lernende Material wird in verwandte Gruppen angeordnet – ihre Effektivität durch die Suche der Kognition nach Beziehungen, um Ähnlichkeiten und Unterschiede zu ermitteln.
- *Gedächtnisstrategien*:
  – Reime und kleine Merksätze (bspw. durch ein Akrostichon wie „Mein Vater Erklärt Mir Jeden Sonntag Unsere Neun Planeten" oder Akronyme wie NATO, d. h. Hinweisreize, die aus Buchstaben bestehen)

– Das Loci-System (Mnemonische Systeme wie das Loci-System, die auf visueller Vorstellung basieren, bieten spezielle Methoden, mittels derer mentale Bilder visuell mit anderen, leicht zu erinnernden Bildern verbunden werden. Bspw. das geistige Duchwandern eines Hauses und das visuelle Abstellen von Informationen in verschiedenen Räumen)

Bulgren, Schumaker und Deshler (1994) betonen, dass diese Gedächtnis- und Erinnerungshilfen bei Schülern mit Lernschwierigkeiten nutzbringend einzusetzen sind.

Wiederaufnehmende Lernschleifen mit dem Ziel der Reaktivierung des Gelernten, Einbettung in Bestehendes und Vernetzung mit Neuem

Es „scheint einer der wichtigsten Implikationen von Gedächtnisforschung und -theorie für den Unterricht die augenfällige Erkenntnis zu sein, dass Wiederholungen über die Zeit, mit einer Vielzahl von Präsentations- und Lernmethoden, weitaus effektiver sein könnte als die einmaligen Prozeduren" (Lefrançois 2006, 278).

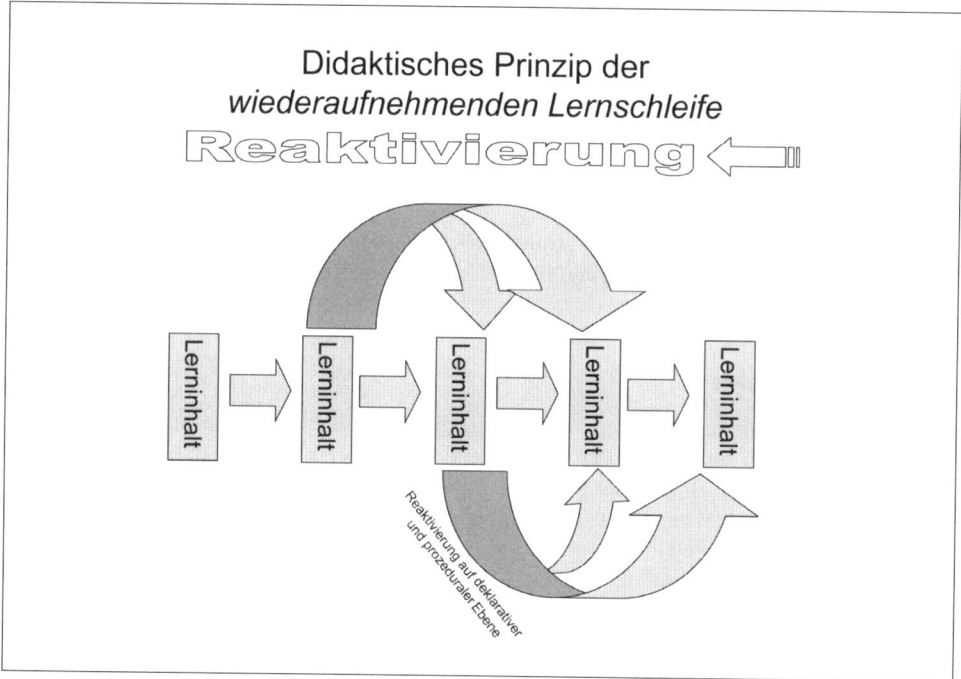

Abb. 26: Das didaktische Prinzip Wiederaufnehmende Lernschleifen

Im Rahmen dieses Zusammenhangs setzt die Betonung des didaktischen Prinzips der Reaktivierung an. In der allgemeinen Didaktik findet das Thema einer Reaktivierung, der (kurzzeitigen) Wiederaufnahme eines Lerninhaltes im Unterricht zur Festigung und Neueinbindung in das Lernnetz des Schülers, kaum Beachtung. Allerhöchstens findet es in der allgemeinen Didaktik in der didaktischen Form des *Übens* Niederschlag, u. a. im Klassiker von Aebli (1989) in der 11. Grundform „Üben und Wiederholen" (326–348). Bspw. in einem der neuesten Werke der Allgemeinen Didaktik von Bönsch (2006) wiederum findet man in diesem Zusammenhang kaum einen Ansatzpunkt. In der Grundschuldidaktik jedoch zeigen sich in aktuellen Veröffentlichungen einige Verweise auf Bedingungen und Formen des Übens (bspw. Knauf 2001, 174–178). Zu diesem Thema existiert – in der Einschätzung der allgemeinen Didaktiker Arnold/Schreiner (2006) – kein Interesse und keine Fortentwicklung: „Die didaktische Theoriebildung und Forschung scheint sich seit zwanzig Jahren kaum mehr für das Üben als zentrales Element von Unterricht zu interessieren und konzentriert sich auf anspruchsvolle Lernformen und Konzepte (z. B. Projektunterricht oder konstruktivistisch inspirierte Lernformen)" (330).

Tendenziell wird die Verantwortung des Übens in allgemeinpädagogischer Sichtweise auf den Schüler übertragen. Je höher der angestrebte Schulabschluss, desto eher und umfänglicher erwächst die Anforderung an den Schüler durch Hausaufgabe und eigenmotivierter, außerunterrichtlicher Befassung mit dem Lernstoff eine Übertragung vom Arbeits- in das Langzeitgedächtnis zu initiieren. Die nicht seltene Überforderung der Schüler lässt sich zum Teil am boomenden Markt der Nachhilfeinstitute ablesen.

Im Unterricht für Schüler mit Förderschwerpunkten ist die Steigerung der Verantwortung für ihr Lernen und ihr Gelerntes auch das leitende Ziel. Jedoch erscheint für die sonderpädagogische Didaktik die exakte Dosierung der Übertragung einer eigenverantwortlichen, reaktivierenden Befassung des Schülers von Lerninhalten entscheidend. In unteren Jahrgangsstufen fast ausschließlich, in oberen in weitreichendem Umfang, liegt die Initiierung der erneuten Befassung im Unterricht, somit zunächst nicht im außerunterrichtlichen Bereich, der jedoch durch Hausaufgabe oder Wochenplan mit einbezogen werden kann. Besonderes Augenmerk liegt durch die Initiierung im Unterricht (in gebundener Unterrichtsform oder durch kreative Aufgabenstellungen im Wochenplanunterricht) auf einem neuen Zugang und Blickwinkel oder einer motivierenden Methodik.

Zunächst ist die Darstellung einiger grundsätzlicher Zusammenhänge im Hinblick auf die didaktische Perspektive der Lernschleifen bedeutsam, bevor einige praktische Ideen verdeutlicht werden.

Theoretische Aspekte

Vergessen bedeutet in einer üblichen Verwendung die Unfähigkeit, etwas Bestimmtes ins unmittelbare Gedächtnis zu rufen. Oft ist es so, dass es nicht verloren gegangen ist, sondern nur nicht abgerufen werden kann. Es wird bei gelernten Inhalten vom Hinterlassen einer „*Gedächtnisspur* (Synonym: Engramm)" (Schermer 2002, 167) gesprochen. Dies meint die durch den Lernvorgang hervorgerufene Veränderung im anatomisch-physiologischen Substrat des Organismus. Zu betonen ist jedoch, dass diese Veränderungen des Vergessens im Detail noch nicht bekannt sind, die Gedächtnisspur ist somit ein erklärendes Konstrukt (167).

Schon im Arbeitsgedächtnis gilt als Quelle für den Verlust von Information, neben der Interferenz durch ähnliches Material und das Verstreichen von Zeit, das fehlende Wiederholen (Mielke 2001, 116). Leider ist das *Wiederholen* im unterrichtlichen Kontext mit den Attributen der Eintönigkeit, Langeweile und manchmal sogar Stupidität belegt. Aus diesem Grunde ist ein neues Verständnis dafür notwendig: Häufig erfolgt die Wiederholung allzu passiv, das Paradebeispiel ist das altgymnasiale, einsame Abfragen eines Schülers an der Tafel, während der Rest der Klasse schläft und froh ist, „aus dem Schneider" zu sein. Sonst ist das Wiederholen oft an einen unmittelbar bevorstehenden Leistungstest gebunden und somit auch negativ durch Bewertungsdruck besetzt.

Zum einen müsste eine Überwindung der passiven Wiederholung im Hinblick auf eine interessante und schüleraktive Reaktivierung des Gelernten an Bedeutung gewinnen, zum anderen bräuchte es den Einbau eines wiederaufnehmenden, völlig normalen Wiedererscheinens von vergangenen Lerninhalten, auch ohne kurz bevorstehende Leistungsmessung, im Unterricht.

Das Ziel liegt im „Prinzip der Festigung" (Pitsch 2002, 217): „Neues wird erst dann fruchtbar, wenn es mit dem bereits vorhandenen Lernbestand sinnvoll verbunden, in diesen integriert und das bisher Gelernte zum sicheren, gesicherten Bestand geworden ist. Diese Bestandssicherung, diese Festigung, wird durch Übung erreicht" (217).

Das Bild der didaktischen Intention der *Wiederaufnehmenden Schleife* setzt sich aus zwei Teilen zusammen: Auf der einen Seite ist der Begriff der „Schleife" in der Psychologie des Lernens durch Baddeley (1986) in Erscheinung getreten. Er verwendet ihn im Sinne der „phonologischen Schleife" des Arbeitsgedächtnisses, in der sprachbezogene Informationen durch (subvokale) Wiederholung eine Repräsentierung erfahren. Die menschliche Informationsverarbeitung kann – so erscheint es – durch Wiederaufnehmende Schleifen besser Informationsreize selektieren und speichern.

Auf der anderen Seite verdeutlicht „wiederaufnehmend" eine dem aktuellen Lernstoff hinterherlaufende, kurzzeitige Wiederaufnahme vergangener Lerninhalte zur Festigung.

Die wichtigsten Quellen für den Verlust von Informationen im Langzeitspeicher können sein (vgl. Mielke 2001, 116):

- Unangemessene Kodierung
- Interferenz
- Ungenügende Konsolidierung
- Misslingen des Abrufes
- Motiviertes Vergessen

Die Aspekte der „Unangemessenen Kodierung" und „Interferenz" sind primär der Informationsaufnahme und -verarbeitung zuzuordnen. Das „Motivierte Vergessen" berührt wiederum die motivationalen und emotionalen Grundbedingungen des Lernens.

Hingegen lassen sich die „Ungenügende Konsolidierung" und das „Misslingen des Abrufes" Hindernissen des längerfristigen Abrufes im Langzeitgedächtnis zuordnen.

Das Wiederaufgreifen eines Lerninhaltes in modifizierter Form im Sinne einer Reaktivierung greift an diesen beiden Aspekten an: Gerade das Aufgreifen in einem veränderten Kontext erhöht die Möglichkeit einer „Konsolidierung", die Verfügbarkeit des zukünftigen „Abrufes" verbessert sich durch die erneute, wiederaufgreifende Nutzung des selbigen.

Ein wichtiger Aspekt ist der zeitliche Abstand der Reaktivierung: Weder sollte die Wiederaufnahme unmittelbar nach Abschluss der unterrichtlichen Behandlung des Lernkapitels stattfinden, noch der thematische Erinnerungshorizont für die Schüler verschwunden und die Spuren des Gelernten verwischt sein. So kann sich der Abstand zwischen Erlernung und Reaktivierung zwischen einer Woche und ein bis zwei Monaten bewegen, auch hier kommt es auf die Bedingungen – Jahrgangsstufe, Lernstoff und die Schüler – an.

Die Reaktivierung kann sich auf Lernleistungen der deklarativen und prozeduralen Ebene beziehen. Für beide gilt, dass eine wiederaufnehmende Stimulierung des Gespeicherten und Gelernten zur längerfristigen Verfügbarkeit beiträgt: „Ähnlich wie die Stärke der Wissenseinheiten mit jeder Aktivierung wächst, werden Produktionen mit jeder erfolgreichen Anwendung gestärkt" (Mielke 2000, 118).

Der dreistufige Lernprozess lässt sich in Wiederaufnehmende Lernschleifen integrieren:

Lösungsstrategien werden in theoretischer Hinsicht zunächst deklarativ gelernt (kognitives Stadium) und dann durch Wiederholungen proceduralisiert (assoziatives Stadium). In der letzten Stufe, dem autonomen Stadium, erfolgen die Prozesse schließlich automatisch (vgl. Winkel/Petermann/Petermann 2006, 230–231).

Praktische Aspekte

Die wichtigste Vorbedingung erfolgreicher Formen der Reaktivierung liegt in der unterrichtlichen Metakommunikation: Zunächst liegt die (unausgesprochene) Frage der Schüler im Raum: Was sollen wir denn jetzt noch mal damit? Das hatten wir doch schon. Da ist die Lehrkraft gefragt: Schüler suchen den Warum-Konnex, die Beantwortung der Frage: Warum soll ich mich damit befassen? Warum soll ich das jetzt lernen? Durch überzeugende Darstellung der Bedeutung, Effekte und Zusammenhänge von Lernen und Langzeiterinnerung – abgestuft auf Jahrgangsstufe und Bedingungen der Lerngruppe – kann dieser Bedarf an *Warum-Konnex* erfüllt werden.

Manchmal ist es auch ein Schwimmen gegen den Strom. Werden bspw. Lesetexte bei Schülern während des Leselernprozesses mehrmalig herangezogen, dann kann von Schülern (und auch Eltern) die Aussage kommen: „Kennen wir schon!" „Warum muss er das noch mal machen?" Da aber das Arbeitsgedächtnis zunächst durch die Graphem-Phonem-Zuordnung so gefordert war, dass das Inhaltsverständnis litt oder nicht vollzogen werden konnte, bewirkt eine mehrmalige, zeitverzögerte Befassung mit dem Text einen vertiefenden Lerneffekt, indem u. a. das begleitende Textverständnis gefördert wird.

Grundsätzlich können drei Stufen der Reaktivierung unterschieden werden:

1. Wiedererkennung
2. Reproduktion
3. Anwendung auf neuen Sachzusammenhang

Schon mit der Wiedererkennung haben Schüler immer wieder Schwierigkeiten, wie bspw. der Leselernprozess zeigt. Die Stufe der Reproduktion impliziert schon über das Wiedererkennen hinaus einen produzierenden Umgang mit dem Gelernten. Es ist die Stufe einer produktiven Anwendung innerhalb des gelernten Sachzusammenhangs, erst auf der dritten Stufe, der Anwendung auf einen neuen Sachzusammenhang, kommt der Transfer bzw. die Verknüpfung mit neuen Lernzusammenhängen.

Dabei sind alle drei Stufen gleichermaßen von Bedeutung: Einerseits erfordert jeder Lernzusammenhang alle drei Stufen in unterschiedlichen Intensitäten; andererseits kann die Lernbasis der Wiedererkennung nicht übergangen werden zugunsten einer anderen Komplexitätsstufe, wenn schon während der Wiedererkennung Schwierigkeiten oder Einschränkungen auftreten.

Prämissen und Beispiele

Im Sinne einer Vorbemerkung sei angefügt, dass die Lernschleife nicht eine nochmalige, umfängliche Wiederholung einer Unterrichtssequenz oder eines Unterrichtsinhaltes bedeutet. Es heißt nicht, dass man lerninhaltlich auf der Stelle tritt; sondern es steht die kurzzeitige, in motivierender Weise erfolgende Reaktivierung wesentlicher Inhalte und Zusammenhänge im Vordergrund, die im Sinne einer Rhythmisierung auch für Abwechslung sorgen kann.

Die Lernschleifen könnten somit als allgemeines Unterrichtsprinzip verstanden werden, das bei der Unterrichtsplanung, abgestimmt auf den Förderbedarf der Schüler, die Lerngruppe und Klassenstufe, miteinbezogen werden kann.

Trotz der Schwierigkeit der großen Bandbreite der Förderschwerpunkte und Bedingungen verschiedener Jahrgangsstufen seien an dieser Stelle einige grundlegende Prämissen und Beispiele angeführt, deren Intention sich sowohl im gebundenen Unterricht als auch in den Aufgaben für den Wochenplan ausdrücken können:

Prämissen	Beispiele
Eigenständige Wiederholung mit Lösungen	Empirische Untersuchungen zeigen, dass das Üben mit Lösungsbeispielen sehr erfolgversprechend ist (Arnold/Schreiner 2006, 329). *Bsp.:* Die Lösungen können dabei – je nach Lerngruppe und Klassenstufe – nach Beendigung der Arbeit oder als implizite Lösungskontrolle (vorgefertigte Lernmaterialien, Arbeitsblätter mit Kontrolle) zur Verfügung gestellt werden.
Variation	In der Variation des Zugangs liegen motivationale Potenziale: • *Bsp.:* „Forscherreise": Gerade in unteren Klassenstufen lassen sich einzeln, partner- oder gruppenbezogen mit dem Laufzettel spannende Forscherreisen inszenieren, bei der auf wiederaufnehmende Lerninhalte abzielende Aufgaben zu lösen sind, deren Ergebnisse (z. B. Beiträge zu Lösungswörtern) für die Lösung des Rätsels entscheidend sind.
Spielerische Formen	• *Bsp.:* Quiz: Zu Beginn der Sachkundestunde erfolgt ein Quiz, das weder eingesammelt noch bewertet wird. Dazu bekommt jeder Schüler einen kleinen Blockzettel. Die Fragen können sich auf unterrichtlich schon abgeschlossene Lerninhalte rückbeziehen, aber auch einen Brückenschlag zum aktuellen Thema setzen. Die genaue Erklärung der richtigen Antworten und die Vernetzung mit dem Lernkontext ist wichtig. • *Bsp.:* Das Aufdeckspiel via Beamer: Dieses erstellte Programm (kostenloser download auf der Seite der Bay. Landesschule www.baylfk.de) erlaubt das Aufdecken einzelner Ausschnitte eines jeden Fotos oder Schaubildes, das im *jpg*- oder *gif*-Format vorliegt. Die Schüler können den Inhalt und Kontext des Bildes erraten (jüngere Jahrgangsstufen) oder ein Schaubild, eine Karikatur etc. erklären (ältere Jahrgangsstufen).
Eigenaktive Formen	Eigenaktive Formen fordern die selbstständige Bearbeitung: • *Bsp.:* Für eine unterrichtliche Phase kann die eigenständige Arbeitsaufgabe (mittels Arbeitsblatt oder auch Material) geeignet sein, auch mit anschließender (eigenständiger oder partnerarbeitlicher) Lösungskontrolle. • *Bsp:* Die Wochenplanarbeit bietet optimale Möglichkeiten für die Arbeitsform über die einzelne Unterrichtsstunde hinaus. Im Wochenplan tauchen rekapitulierende Aufgaben zu vergangenen Lerninhalten auf, die durch die Schüler selbstständig bearbeitet werden können.
Mehr Aktivität als Passivität	Eine Verknüpfung von kognitiven und motorischen Handlungen kann die Aktivierung der kognitiven Funktionen unterstützen: • *Bsp.:* Durch eine Stationenarbeit im Klassenzimmer, Gang, Schulhaus • *Bsp.:* Durch handlungsorientierte Reaktivierung des Lerninhaltes
Jeder braucht Erfolge	Für den motivationalen Hintergrund des Lernens sind Erfolgserlebnisse wichtig, gerade bezogen auf eine Wiederaufnahme eines schon gelernten Themas. Wenn der Schüler gleich zu Beginn überfordert ist, dann kann die Gefühlslage leicht umschlagen in „Ich kann nix …", „Bin zu dumm dafür …"
Mehrkanaligkeit	Es gibt verschiedene Lerntypen: In der Aufstellung von Vester (2006, 127): den auditiven Hörtyp, den visuellen Sehtyp, den haptischen Fühltyp, den verbalen Typ. Eine Prämisse im Rahmen wiederaufnehmender Lernschleifen wäre, nicht nur den visuellen Kanal, sondern auch die anderen Kanäle anzusprechen.

Arbeitsblätter-reflexion	Gerade in höheren Klassenstufen kann das Lernen aus korrigierten Arbeitsblättern für eine Reaktivierung genutzt werden. Die Schüler müssen bei Rückgabe eines Quantums von Arbeitsheften und -blättern (von 2–3 Wochen) ein Arbeitsblatt zur Arbeitsblattreflexion ausfüllen. (u. a.: Erstens habe ich aus den Arbeitsblättern gelernt, dass …; Zweitens …; Diese Worte will ich richtig schreiben: …)
Positive Erlebnisse	Nicht immer lassen sich positive Erlebnisse im Unterricht erzeugen, doch gerade die Reaktivierung durch Spiel, mit Humor und einer positiven Lernumgebung intensiviert die Verankerung: Es werden diejenigen Ereignisse „viel besser im Langzeit-Gedächtnis behalten […], die mit positiven Erlebnissen verbunden werden" (Vester 2006, 163).

Die Wochenplanarbeit bietet eine gute Möglichkeit, um Wiederaufnehmende Lernschleifen in einer eigenaktiven Form umzusetzen. Mit Hilfe der grundsätzlichen Vertrautheit der Schüler mit der Intention und den Methoden der Reaktivierung von Gelerntem können Aufgabenstellungen in diesem Sinne in den Wochenplanunterricht eingebaut werden und der gebundene Unterricht lässt sich in erhöhtem Maße für neue Lerninhalte nutzen. Die kurzzeitige Aufnahme auch im Unterricht – gerade vor dem motivationalen Hintergrund – halte ich jedoch für ebenso wichtig.

3.7 Förderung der Selbstständigkeit

„Schon die relativ geringen Mitbestimmungsmöglichkeiten, die sich vor allem auf die Reihenfolge, Dauer und Bearbeitungsform der Aufgaben beziehen, erhöhen meistens die Lernmotivation beträchtlich!" (Morawietz 1997, 254)

Die Grundfrage der Schule wird immer wieder gestellt: Was muss Schule in der heutigen Zeit leisten?

Ein Indikator einer Änderung im Laufe der Zeit ist die seit annähernd 40 Jahren durch das EMNID-Institut durchgeführte Umfrage: „Auf welche Eigenschaften sollte die Erziehung vor allem hinzielen?" Bis 1978 führten Charakteristika wie Ordnungsliebe und Fleiß die Prioritätenliste an. In den letzten 20 Jahren treten zunehmend die Eigenschaften *Selbstständigkeit* und freier Wille als entscheidende Kriterien zur Persönlichkeitsbildung in den Vordergrund (vgl. Müller 2004, 10).

Wenn Schüler in der Schule auch in ihrer Selbstständigkeit gefördert werden sollen, dann sind immer wieder Möglichkeiten des Unterrichtens zu suchen, die dieses Ziel fördern. Müller (2004) begegnet folgendem, immer wieder geäußerten Argument: „Ich würde ja gerne mehr Eigenständigkeit meiner Schüler bei der Arbeit zulassen, aber wenn mir das Kultusministerium nicht mehr Zeit gibt, muss ich den bewährten/schnelleren Weg gehen. Ich muss schließlich den Lehrplan erfüllen. Also lenke ich mein Unterrichtsgespräch und steuere meinen Unterricht im vorgegebenen 45-Minuten-Takt" (12). Er antwortet darauf, dass bei rein lehrerzentrierten Verfahren den Lerngruppen kaum Möglichkeiten gegeben werden, eigenständig Themen zu bearbeiten und selbstständig zu arbeiten. Er wünscht sich manchmal einen Anflug von Selbstzweifel: Was, wenn mein Denkweg und meine Arbeitsform nicht der einzige und beste Weg ist? (vgl. 12 f.)

Sein Appell: „Trauen wir unseren Schülerinnen und Schülern mehr zu, nehmen wir sie in Unterrichtsphasen öfter in die Pflicht, es selbst zu tun" (12).

Menzel gibt das Ziel vor, dass wir den Schüler auch „durch Wochenplanarbeit zum selbstständigen Lernen führen [können]. Es sind viele wichtige Lernschritte, die bei dieser Arbeitsweise gegangen werden" (1996, 9):

> Entwicklung von Selbstorganisation der Kinder bei der Wochenplanarbeit in der Grundschule (Staatsinstitut für Schulqualität und Bildungsforschung 2007, 83).
> - Ich beginne mit der Arbeit, wenn ich in die Schule komme.
> - Ich entscheide oft selbst, was ich arbeite.
> - Ich plane meine Arbeit und kontrolliere sie alleine.
> - Ich muss nachsehen, wo die „Sachen" sind, die ich brauche.
> - Ich kann wählen, mit wem ich arbeite.
> - Ich kann wählen, was ich zuerst mache und was später.
> - Ich muss mir meine Zeit gut einteilen.
> - Ich muss mich selbst um meine Arbeit kümmern.
> - Ich muss dabei nicht nur auf meinem Platz sitzen bleiben.
> - Ich kann auch schwierigere Aufgaben erledigen.

Den Schülern ihre Möglichkeiten aus ihrer eigenen Sicht, wie durch eben genannte Punkte formuliert, darzulegen und vor Augen zu führen, kann Motivation und Leistungsbereitschaft fördern. In generalisierter Sicht lassen sich einige der selbstständigkeitsfördernden Prozesse folgendermaßen subsummieren (primär für den Grundschulstufenbereich):

- Erlesen und Verstehen von Plänen
- Entscheiden und Auswählen von Arbeitsaufgaben
- Raumorientierung und Partnerfindung
- Beachten des Zeitfaktors und Einteilen der Arbeit
- Hilfe in Anspruch nehmen und Nachschlagewerke benutzen
- Kontrolle der beendeten Arbeit
- Abheften, Ordnen, Aufbewahren und Weiterarbeiten von Material
- Wahl für sinnvolle Arbeit nach dem Wochenplan

Nicht zu unterschätzen ist der Umstand, dass sich die Schüler auch erst an ihre neue Rolle gewöhnen müssen. Wenn Schüler nicht schon im Grundschulbereich mit freieren Arbeitsformen in Berührung kamen und diese üben konnten, dann fehlt ihnen zunächst das notwendige Maß an Selbstständigkeit für die Wochenplanarbeit.

Morawietz (1997) machte die Beobachtung, dass Schüler „ihr Konsumverhalten meistens in die Wochenplan- und Freiarbeit hinein[tragen], wollen sich bedienen lassen und betrachten den Lehrer als Organisator und Materiallieferanten. Weil die Selbstständigkeit der Schüler das Hauptziel des Schulunterrichts ist und zu den Schlüsselqualifikationen gehört, müssen die Schüler umdenken und Mitverantwortung für die Lernmethoden und Lernerfolge tragen" (256).

Die Erhöhung des Grades der Selbstständigkeit ist kein einfaches Unterfangen. Auf der einen Seite ist sie so diffus und übergreifend, dass sie nicht wie ein fachliches Lernziel operationalisierbar ist und einfach nur vermittelt werden kann. Zum anderen hängt der Grad der Selbstständigkeit eng mit dem Selbstwert des Schülers zusammen: „Ich hab doch schon so viel gemacht, der Markus macht viel weniger! Immer muss ich soviel tun! Mir hat keiner gesagt, dass wir das machen müssen."

Wer kennt diese Aussagen nicht. Dahinter steckt sicherlich eine Grundbequemlichkeit, wie sie mehr oder weniger jeder in sich trägt, jedoch gerade die Vergleiche von Schülern mit dem Tun der Mitschüler offenbart oft Aspekte angekrazten Selbstwertes. Gerade bei Förderschülern ist der Selbstwert aufgrund vermehrter selbstwertsanktionierender Faktoren, wie einer instabilen familiären Lage, fehlender gesellschaftlicher Anerkennung und Ressourcenmangel, gefährdeter als bei Regelschülern. Eine Aufgabe ohne direkte Aufforderung selbstständig zu erledigen erfordert einen inneren Antrieb. Dieser innere Antrieb wiederum speist sich zu einem Teil aus dem Verständnis einer Sinnhaftigkeit der Aufgabe, Umgebungsvariablen wie genügend Zeit für die Ausführung zu haben und eben auch dem eigenen Selbstwert: „Werde ich die Aufgabe schaffen? Bin ich nicht eh zu dumm? Was bringt mir das überhaupt, wenn es mir sowieso nichts bringt?"

Da die Selbstständigkeit m. E. eng an den Selbstwert angekoppelt ist und auch nicht unmittelbar, sondern nur indirekt vermittelt werden kann, ergeben sich innerhalb des Wochenplanunterrichts in folgendem, aufeinander bezogenen Zusammenhang dreierlei eng verknüpfte Zielrichtungen:

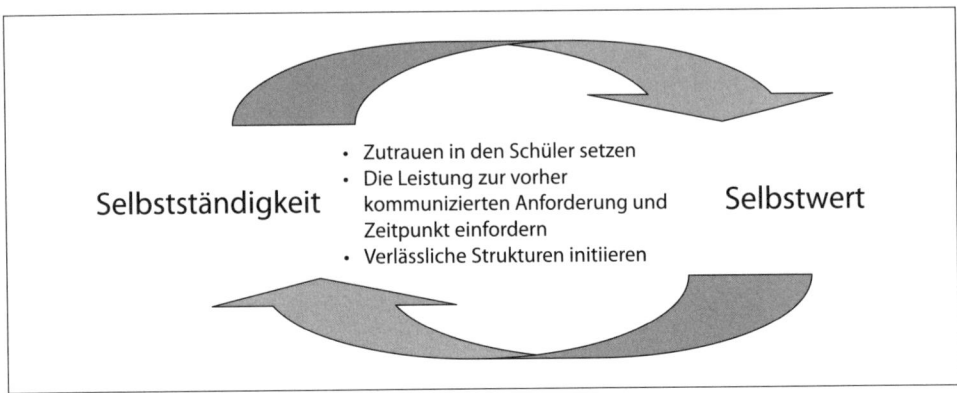

Abb. 27: Bedingungsvariablen einer Steigerung der Selbstständigkeit

- *Wochenplan als Medium zur Förderung der Selbstständigkeit:* Der Wochenplanunterricht bietet die Möglichkeit einer fein justierbaren Steigerung der Selbstständigkeitsanforderung. Ein diagnostischer Blick, welcher Grad von Selbstständigkeit von einem Schüler in seiner jeweiligen Entwicklungsstufe geleistet werden kann, ist dabei leitend. Der Einschätzung Morawietz (1997) kann somit zugestimmt werden, dass Mitverantwortung und Selbstständigkeit „nicht durch bloßes Reden, sondern nur durch Praktizieren, also durch eigenverantwortliches Ausfüllen von schrittweise eröffneten Freiräumen, vor allem in der Wochenplanarbeit, erreicht werden" (256).
- *Selbstständigkeit kann eine motivationale Dynamik erzeugen:* Braun, die in der Hauptschule seit mehr als einem Jahrzehnt mit offenen Unterrichtsformen und Wochenplänen arbeitet, kommt zu dem Fazit: „Das selbsttätige Lernen der Kinder wurde [...] stets als Gewinn erlebt und die Selbstwirksamkeit, die der oder die frei Arbeitende erfuhr, erzeugte oft hohe Motivation für schulisches Lernen generell" (2001, 84). Ein durch Ritualisierung und Strukturelle Konstanz geprägter Wochenplanunterricht, der sinnvoll in den gebundenen Unterricht eingewebt ist, kann eine nicht zu unterschätzende Dynamik auslösen: „Ein stark von Planarbeit geprägter Unterricht erfährt eine ganz andere *Dynamik* als traditionelle Schulstunden. Im Klassenzimmer herrscht geschäftiges Treiben, von Stillarbeit bis zu Gruppengesprächen" (Zeindler 2000, 26).

- *Selbstwertstärkung:* Der Wochenplanunterricht erlaubt durch individuellere Normen eine modifizierte Bemessung des Schülers bezogen auf seinen Selbstwert: Nicht mehr nur die Norm der Gesamtklasse kommt zum Tragen, sie wird ergänzt durch eine Individualnorm, die sich u. a. im individuellen Wochenplan ausdrückt.

  Eine stärkere Betonung der Individualnorm reduziert das Konkurrenzprinzip innerhalb einer Klasse und die Lernatmosphäre verbessert sich. Dann sind auch solche selbstbewussten Aussagen von Schülern möglich: „Der Wochenplan ist eine gute Idee, weil wir lernen selbstständig zu arbeiten und dabei auch Verantwortung zeigen müssen" (Schülerin, zit. n. Vaupel 2001, 31).

Die Qualität der Wochenplanarbeit verdeutlicht sich gerade auch unter dem Aspekt des Grades der Steigerung der Selbstständigkeit der Schüler. Die These besteht darin, dass die Akzeptanz der Wochenplanarbeit bei den Schülern sich durch ein Verblassen des folgenden voreiligen Vorurteils unter Lehrkräften ausdrückt: *Bei der Wochenplanarbeit lernen die Schüler nicht so viel, weil sie sich immer die leichtesten Sachen aussuchen. Sie versuchen immer, so wenig wie möglich zu machen* (vgl. Rosenthal/Dahlkes 2002, 80).

3.8 Kontrolle und Korrektur von Lernergebnissen/ Selbstkontrolle

Kontrolle und Korrektur im Rahmen des Wochenplanunterrichts

Einige Gedanken zur Organisation der Kontrolle der Wochenplanergebnisse zu widmen, erleichtert den Schülern und der Lehrkraft die Arbeit. Oft wird im Vorspann der Einführung des Wochenplans die Reflexion über die Planung der Kontrolle übersehen.

Grundsätzlich besteht die Notwendigkeit, so formuliert es auch Vaupel (2001), „dass die Aufgaben auf Vollständigkeit und ordnungsgemäße Ausführung hin überprüft werden müssen. Selbst der motivierteste Schüler braucht Rückmeldung" (27).

Er empfiehlt (ebd.), dass sich stichprobenartig überprüfen lässt, ob alle Aufgaben bearbeitet worden sind. Völlig überfordern würde man sich, wenn man – gerade in der Hauptschulstufe – versuchte, alle von den Schülern angefertigten Arbeiten selbst zu korrigieren. In der Grundschulstufe ist dies sehr sinnvoll und noch möglich, je umfangreicher die Arbeiten jedoch werden, desto arbeitsaufwendiger wird die Vorgehensweise der Komplettkorrektur.

Wer nach Vaupel einige Erfahrung mit Wochenplanarbeit hat, kann seine entlastende Funktion feststellen. Viele Lehrkräfte bestätigen, dass der Unterrichtsvormittag weniger anstrengend geworden ist und somit eine echte Entschädigung für den zeitlichen Mehraufwand bei der Planung bietet. Eine Lehrerin stellt fest: „Anfangs hatte ich große Probleme mit meiner veränderten Lehrerrolle, war ich doch gewohnt überall einzugreifen, aufzupassen … Heute bin ich froh, dass ich das nicht in dem Maße zu tun muss. Der Vormittag kostet mich nicht mehr so viel Kraft wie früher" (zit. n. Vaupel 2001, 27).

Viele Lehrkräfte, die mit Wochenplänen arbeiten, merkten im Laufe der Zeit, dass die neue Lehrerrolle dabei hilft, schon während der Wochenplanstunden einen guten Überblick über Arbeitsweise und Leistungsentwicklung zu bekommen. Es braucht einige Zeit, bis man als Lehrkraft den „Durchblick" hat und die ersten Unsicherheiten, die mit der neuen Rolle verbunden sind, abgelegt hat. Mit ein wenig Erfahrung lässt sich nach Vaupel im Wochenplanunterricht vieles ohne großen Organisationsaufwand nebenbei erledigen. Es bieten sich viele Möglichkeiten, dem Bedürfnis der Schüler nach gezielter Rückmeldung, Bestätigung und Kritik nachzukommen. Die Sicherung von Lernergebnissen bei der Wochenplanarbeit, die Kontrolle, Korrektur und letztlich auch Bewertung einschließt, können auf unterschiedliche Weise geschehen (vgl. 27).

Einige Möglichkeiten listet Vaupel (2001, 27–28) auf:

- *Selbst- und Partnerkontrolle mit Kontrollblättern:* Jedes Kind, jeder Jugendliche, soll und muss lernen, seine Arbeit selbst zu kontrollieren. Zu vielen Aufgaben lassen sich Kontrollblätter entwickeln, so dass die Schüler eigenständig überprüfen können, ob sie richtig gearbeitet haben. Es kann auch der Lernpartner zur Kontrolle mit dem Kontrollblatt herangezogen werden, seine Aufgabe ist es die Aufgaben zu überprüfen und auf dem Wochenplan des Schülers abzuhaken und zu unterschreiben.
- *Kontrolle durch die Lehrkraft* – auch schon während der Wochenplanstunden –, ob die Aufgaben vollständig erledigt worden sind. Eine im Klassenraum aushängende Liste, in der die Schüler die Erledigung der Aufgaben eintragen, verschafft einen ersten Überblick.
- *Genaue Kontrolle und Bewertung der Qualität* – auch stichprobenartig – durch die Lehrkraft, indem er komplette Wochenplanergebnisse mehrerer Schüler oder die Bearbeitung bestimmter Aufgaben der Lerngruppen/Differenzierungsstufen speziell einsammelt.
- *Ergebnisse* können in einer oder mehrerer Auswertungsstunden *miteinander verglichen, weiterverarbeitet und korrigiert* werden. Dabei ist es wichtig, von Beginn an auf eine Vielzahl von Präsentationsmöglichkeiten zu achten, da es sonst zu einer Monotonie kommen kann, durch die die Ergebnisse der Schüler entwertet werden können.
- *Wochenplanergebnisse* können im Klassenplenum oder darüber hinaus *veröffentlicht* werden (z. B. Wandzeitungen, Modelle, Bilder …). Solche Ergebnisse, die vorgestellt und diskutiert werden, bekommen dadurch einen völlig neuen Stellenwert.

Zum Einsatz zusätzlicher Korrekturformen (Lernpartner, Selbstkontrolle etc.) über die isolierte Lehrkraftkorrektur hinaus, ist die Vermittlung eines *positiven Fehlerverständnisses* notwendig: Ein Fehler hilft zum Lernen, er zeigt einem, was man noch mal anschauen muss. Fehler sind nicht schlecht, sondern sie haben eine wichtige Aufgabe für uns. Jeder kann aus seinen Fehlern einiges lernen!

Zur Selbst- und Mitschülerkontrolle

Vorurteile existieren viele. Rosenthal/Dahlke (2002, 80) benennen diese: *Wochenplanarbeit ist schlecht, weil sich die Schüler selbst kontrollieren. Dabei schummeln die meisten sowieso immer!*

Wenn jedoch – so die Gegenthese – die Schüler ein *positives Fehlerverständnis* vermittelt bekamen, ihren Wochenplan akzeptieren und die Arbeitsaufgaben eine Variationsbreite zwischen fremd- und selbstkontrollierten Anteilen bietet, dann werden Schüler nicht schummeln.

Ein hohes Arbeitspensum bereitet die vollständige Kontrolle der Schülerarbeiten. Vor allem in höheren Jahrgangsstufen führt die Kontrolle des umfangreicheren Pensums der Schüler selbst für engagierte Lehrkräfte zu Zeitproblemen. Die zunächst zeitaufwendigere Materialbeschaffung, intensive Hilfestellungen während der Wochenplanstunden können den zeitlichen Aufwand in unendliche Höhen steigern.

Als hilfreich und praktikabel erwies sich der Einbezug der Schüler in die Kontrolle. Nicht nur die Zeitersparnis steht dabei im Vordergrund, sie ist quasi Nebeneffekt, sondern die Vertiefung des Erarbeiteten und die eigenständige und zeitnahe Fehlerkorrektur (vgl. Morawietz 1997, 258).

Zwei Vorgehensweisen, abhängig von der Klasse, primär jedoch für die Hauptschulstufe, können sich anbieten (ebd.):

- *Selbstkontrolle:* Die Lehrkraft gibt die Lösungsblätter erst dann heraus, wenn die Schüler vollständig erledigte Arbeiten vorzeigen können. In der Regel schummeln die Schüler weniger, wenn sie erfahren, dass sie dann weniger lernen.
- *Mitschülerkontrolle:* Die Erfahrung zeigt, dass bei der eigenen Kontrolle unbeabsichtigt einige Fehler übersehen werden. Daher kann es sich auch als günstig erweisen, wenn Schüler sich wechselseitig in Partnerarbeit kontrollieren. Mit dem Lösungsblatt finden diese in der Regel alle Fehler.

Die Lehrkraft kann dieses System durch Kontrolle von Stichproben – und für einen größeren Überblick durch eingesammelte Aufgaben und Hefte der ganzen Klasse – unterstützen. Zur wöchentlichen „Abrechnung" des Wochenplans und Wochenplanreflexion (siehe nächstes Kapitel) sollen die Schüler ihre gesammelten Arbeitsergebnisse des Wochenplans vorzeigen.

3.9 Besprechungen und Wochenplanreflexion

Die Frage der Vorbesprechung der Arbeitsaufgaben und die anschließende Reflexion an den abgeschlossenen Wochenplan werden gerade für den Unterricht an der Förderschule nicht selten zu gering gewichtet. Schon Morawietz (1997) weist für die Regelschule darauf hin: „Trotz des Vorrangs der Arbeit wird der Stellenwert dieser Besprechungen oft unterschätzt und zu wenig Zeit eingeplant" (257). Mit Sicherheit hängt der notwendige Grad und Anteil der Besprechungen auch von den schon erreichten Möglichkeiten der Schüler im Bereich der Selbstständigkeit ab. Die Wochenplanreflexion nach einer abgeschlossenen Wochenplanwoche ist jedoch unersetzlich.

Formen der Besprechung

Unterscheiden lassen sich verschiedene Möglichkeiten der Besprechung:

- *Wochenplanvorbesprechung:* Eine Vorbesprechung des neuen Wochenplans ist – wenn auch in fortgeschrittenem Stadium lediglich kurz – dringend erforderlich. Es gilt die Schüler auf die (Arbeits-)Schiene der kommenden Woche zu setzen! Jeder Schüler sollte sich ein Stück mit dem neuen Plan, dem thematischen Schwerpunkt der Woche und den Aufgabenstellungen anfreunden. In der Vorbesprechung besteht die Chance, dass „*der* neue Plan" zu „*seinem* neuen Plan" wird!

  Mögliche Elemente einer bereichernden Wochenplanvorbesprechung:

  Das Vorlesen der persönlichen Ansprache auf dem Wochenplan von einem Schüler, Herausstellen besonderer Arbeiten dieser Woche, Einführung und Erläuterung des thematischen Schwerpunktes oder Rahmenthemas, Vorstellen der Wahlaufgaben und der humorvolle Hinweis auf identifikationsstiftende, illustrierende Elemente des Wochenplans (Foto, Clipart …).

  Die Verdeutlichung schwieriger Aufgaben sollte nicht übergangen werden, so können sich die Schüler darauf einstellen und es beugt entstehendem Frust bei der selbstständigen Bearbeitung vor, da die Schüler einkalkulieren, dass diese Aufgabe nicht reibungslos läuft.

- *Eingangs- und Abschlussbesprechung der täglichen Wochenplanarbeitszeit:*
  - Nach Morawitz (1997, 257) haben *Eingangsbesprechungen* im Sitzkreis viele notwendige Funktionen, denn sie dienen als Ritual zur Einstimmung und erleichtern die Bildung von Partnergruppen. Inhaltlich stellt die Lehrkraft die angebotenen Aufgaben vor und die

Schüler erläutern vor der Klasse ihr persönliches Arbeitspensum. Vorteilhaft können auch Schüler als Multiplikatoren sein, die nach kurzer Lehrererläuterung den Mitschülern später erklärend zur Seite stehen können.

Wichtig ist es, dass die Eingangsbesprechung kurz und zügig gehalten wird. Sie ist dann zu lange, wenn die Spannung des Unterrichtsanfangs schon in der Eingangsbesprechung abschlafft und nicht erst nach längerer Arbeitsphase. Deshalb kommt es auf die Einschätzung der Lehrkraft an, wie viele Erläuterungen die Aufgabenstellungen des Wochenplans bedürfen. Lieber kurz und knackig als langatmig. Bewährt hat sich auch die kurze Runde in der Klasse (ohne Sitzkreis) als kleiner Einstieg in die Arbeitsphase, in der jeder Schüler ganz schnell sagt, mit welchem Fach oder welcher Aufgabe er startet. Gleich nach der Aussage des letzten Schülers ertönt das akustische Startsignal und die Arbeit kann beginnen.

- In *Abschlussbesprechungen* von Wochenplanstunden können Arbeitsergebnisse vorgezeigt, eine Arbeitsrückschau vorgenommen sowie positive und konstruktive Kritik geübt werden. Über die Abschlussphase lässt sich diskutieren; m. E. ist sie evtl. bei Einführung der Methode sinnvoll, nicht jedoch für jeden Abschluss einer Wochenplanstunde. Der beste Hinweis ist, Abschluss- und Zwischenbesprechungen je nach Bedarf einzufügen. Bspw. können Arbeitsresultate zur Würdigung herangezogen werden. Zu viele Ergebnisse der Wochenplanarbeit (und anderen Formen des Unterrichts) verschwinden zu schnell in den Arbeitsmappen und Ordnern der Schüler, so dass der Wert dieser Arbeiten bei den Schülern nicht hoch ist. Gute Arbeitsergebnisse, kreative Leistungen und originelle Lösungen können in der Abschlussbesprechung diskutiert und gewürdigt werden.

Die Gefahr besteht, deshalb sollten diese Besprechungen nur sporadisch stattfinden, dass in dieser Phase sich immer die gleichen Schüler mit ihren Ergebnissen hervortun, andere genervt sind bzw. schwächere Schüler ihren geringeren Anteil der fertiggestellten Arbeiten immer wieder vor Augen geführt bekommen. Dem grundsätzlichen Motivationsvorteil des Wochenplans im Differenzierungsbereich kann so eine zu häufige Abschlussbesprechung auch entgegenwirken.

Vorschläge für Formen der Wochenplanreflexion

Ein unablässiger Aspekt der Reflexion, selbst bei älteren Schülern, die nicht mehr den Grad der Ritualisierung und laufenden Besprechung benötigen, ist die Abschlussreflexion des Wochenplans. Sie dient dazu, dass die Schüler lernen, auf eine abgeschlossene, längerfristige Arbeitsphase zurückzuschauen und über das Ergebnis der eigenen Einschätzung Rechenschaft abzulegen.

Die Wochenplanreflexion kann in unterschiedlichen Formen stattfinden und hängt im Wesentlichen von der Jahrgangsstufe, spezifischer Bedingungen der Klasse und des Förderschwerpunktes ab.

Drei elementare Vorteile bietet eine durchdachte Wochenplanreflexion:

- *Rückmeldung für die Lehrkraft*: Es ist nicht einfach, ständig jeden einzelnen Schüler im Blick zu halten, besonders dann, wenn fehllaufende Entwicklungen nicht gleich offensichtlich werden. Die Reflexionsbögen bieten eine ökonomische und detaillierte Rückmeldung über fachliche und überfachliche Einschätzungen der Schüler von sich selbst und Hinweise auf Schwierigkeiten.
- *Strukturierung und Rhythmisierung*: Die Wochenplanreflexion setzt neben der Vorlage der erledigten Aufgaben der vergangenen Woche („Der Wochenplanabrechnung") den strukturellen Schlusspunkt des Wochenplanrhythmus. Nach diesem Akt ist der Weg frei für den neuen Wochenplan. Die Schüler führen – obwohl jede Woche in gleicher Weise wiederkehrend – diese

Reflexion gerne durch. Auf der einen Seite, weil sie wissen, wie der Erwartungshorizont dieser Einheit aussieht und dass sie es bestehen können. Auf der anderen Seite ist diese Rückschau in der Regel eine gute Erfahrung, da die erledigte und geleistete Arbeit ein positives Gefühl erzeugt.

- *Respekt für die Selbsteinschätzung des Schülers:* Durch eine schriftliche Dokumentation der Selbsteinschätzung der Schüler kann den Schülern ein grundsätzlicher Respekt und eine Wertschätzung für ihre eigene Selbsteinschätzung entgegengebracht werden. Zwei Aspekte bedingen die dauerhafte Wirkung dieser Reflexion und Stärkung der Selbsteinschätzung des Schülers über seine Leistung:
  - Zum einen muss der Schüler das Gefühl haben, dass die Lehrkraft die Bewertungen auch liest. Trotz Hektik sollte man einen Blick darauf werfen und ins Auge fallende Details zu einzelnen Schülern markieren. Das Ansprechen des Schülers zu einem passenden Zeitpunkt – beispielsweise der Vorviertelstunde des folgenden Schultages – verbunden mit einem lösenden Hinweis erhöht die Bedeutung.
  - Zum anderen ist eine genaue Rückmeldung zu Fehleinschätzungen des Schülers zur abgelieferten Arbeit nötig (zur Gesamtbewertung oder Qualität/Menge). Nicht bei jedem Schüler zu jeder Wochenplanreflexion, doch regelmäßig zu wechselnden Schülern. Eine Leitlinie kann sein, dass man sich ein bis zwei Schüler herausnimmt, die Selbsteinschätzungen mit der Fremdeinschätzung verknüpft und eine Rückmeldung gibt.

Die Zielperspektive: *Bei den Schülern muss der Eindruck ankommen, dass ihre eigene Einschätzungen wichtig ist! Diese Einschätzung verlangt (auch) nach Abgleichung!*

Folgende Elemente können für eine Abschlussreflexion des Wochenplans bedeutsam sein:

Allgemeine Einschätzung zur geleisteten Arbeit	• Menge der Arbeit/Quantität: Wie viel hast du diese Woche geschafft? • Gewissenhaftigkeit der Arbeit/Qualität: Wie genau hast du diese Woche gearbeitet?
Spezifische Hinweise zu einzelnen Aufgaben/ Fächern	• Welche Aufgaben fielen Dir diese Woche leicht? • Welche Aufgaben fielen Dir diese Woche schwer?
Allgemeine Abfragen zum vergangenen Wochenplan	• Mit welchem Partner hast Du diese Woche zusammengearbeitet? • Ich konnte ohne Störung durch andere arbeiten? (vgl. Braun 2001, 91) • Ich störte niemanden? (ebd.)
Ideen und Wünsche für die nächsten Wochenpläne	• Mit welcher Aufgabe würdest Du Dich gerne in einem der nächsten Wochenpläne beschäftigen? • Hast Du eine Idee für ein Thema für den Wochenplan?
Gesamtbewertung geleisteter Arbeit	• Durch Symbole (Smileys) oder eine Punkteskala (z. B. 1–15)

Grundsätzlich ist eine Kombination zweier Bewertungsmaßstäbe sinnvoll:

1. *Qualitative Antworten*: Die Schüler schreiben in ganzen Sätzen. Neben der Uneingeschränktheit der Antwort und damit präziseren Rückmeldung ist darüber hinaus eine Deutschförderung verbunden.
2. *Quantitative Antworten*: Zusätzlich – als Instrument der Reflexion und positiven Verstärkung – kann eine Symbol- oder Punktauswertung hilfreich sein. In regelmäßigen Abständen punkten

die Schüler und werten somit nicht nur ihre Arbeitsphase aus, sondern werden auch zum Nachdenken über eigenes Verhalten angeregt.

Einen Beobachtungsbogen stellt Braun (2001, 91) vor, er verknüpft Einschätzungen zur Leistung mit Selbstbeobachtung von Verhalten und Mitarbeit.

Die Beobachtungen Brauns (2001) lassen sich – nach einer Verankerung der Wochenplanarbeit bei den Schülern – bestätigen: „Erleichtert wurde das Ganze dadurch, und das war für mich sehr erstaunlich, dass die Wahrnehmung der Schüler sehr oft mit meiner Beobachtung fast identisch war. Die Bögen wurden von den Schülern motiviert und detailliert ausgefüllt. Die Spalte Anmerkungen wurde im Durchschnitt von den Schülern sogar häufiger ausgefüllt als von mir. Hier versuchten sie ihr Verhalten zu erklären und zu entschuldigen" (94).

		+	o	–	Anmerkung
Stuhlkr.	Verhalten im Stuhlkreis		X		Ich rede manchmal laut
	Mitarbeit im Stuhlkreis		X		Ich rede manchmal aber mitarbeiten tu ich auch
Stationenarbeit	Aufbau/Abbau der Station	X			Ich baue immer meine Station auf und ab und auch manchmal von den Anderen die ihre vergessen
	Arbeitsanleitung verstehen und umsetzen		X		Ich finde, das habe ich nicht so gut hingekrickt
	Hilfe holen		X		Ich habe Hilfe geholt am öftesten bei
	Erklärung geben	X			Ich habe vielen eine Erklärung gegeben und habe ein gutes Gefühl
	Zielgerichtetes Arbeiten (auch WPA)		X		Ich habe zu wenig Stationen gemacht
schriftl.	Führen des Ordners	X			Ich finde mein Ordner sieht gut aus
Gespräch mit dem Schüler am _____ Bemerkung:					

Beobachtungsbogen Wochenplanarbeit (WPA) für _____
im Zeitraum von _____ bis _____

Abb. 28: Beispiel: Selbstbeobachtungsraster von Braun (2001, 91)

3.10 Wochenplanunterricht und Verhalten

Interessant ist aus meiner Sicht das Zusammenspiel von Wochenplanunterricht und so genannten Verhaltensauffälligkeiten von Schülern. Zu diesem Themenbereich konnte ich keinerlei Zeugnisse in der Literatur finden, weder in den Veröffentlichungen zum Regelschul- noch zum Förderschulbereich, obwohl „Verhaltensdrolligkeiten" gerade im sonderpädagogischen Kontext in weniger oder stärker ausgeprägtem Maße in annähernd jeder Klasse ein Thema ist.

So wird an dieser Stelle sowohl auf eigene als auch auf Erfahrungen der Sonderschullehrerin Christine Cassar zurückgegriffen. Im vierten Jahr unterrichte ich die Jahrgangsstufen 7–9. In meiner derzeitigen quirligen Klasse (14 Schüler) sind zwei Schüler, die vorher die Schule der Kinder- und Jugendpsychiatrie besuchen mussten, insgesamt zeigen vier Schüler eindeutige Verhaltensauffälligkeiten. Jeder Schüler hat auch eine Körperbehinderung (Herzfehler, Epilepsie …), sonst könnte er die Schule mit dem Förderschwerpunkt körperliche und motorische Entwicklung nicht besuchen.

Die grundsätzliche Frage ist immer wieder, kommt den hyperaktiven Schülern die Öffnung des Unterrichts entgegen oder fördert sie evtl. sogar die Auffälligkeiten der Schüler?

Im Hinblick auf den Wochenplanunterricht, einer strukturierten Öffnung, komme ich zur Erfahrung und Einschätzung: Da der Wochenplan eine konstante, immer wieder kehrende Struktur zulässt, birgt er das Potential für Schüler mit Schwierigkeiten der Verhaltenskontrolle, sich auf eine verlässliche Anforderung einzulassen. Die Didaktik der Verhaltensgestörtenpädagogik verweist immer wieder deutlich auf die Notwendigkeit eines strukturierten, klaren Rahmens.

Meines Erachtens schätzen die Schüler, gerade auch die schwierigeren Schüler, aus zwei primären Gründen den Wochenplan:

1. Er gibt ihnen innerhalb des Rahmens ein Stück Freiheit, den hyperaktive Schüler zwischenzeitlich brauchen: *Ich darf auch selbst etwas entscheiden!*
2. Er bietet Verlässlichkeit, da er immer zu einem bestimmten Zeitpunkt fertig sein muss. Außerdem sind die Grundlinien der Wochenplanstunden vorgezeichnet: *Auch werde ich in den Wochenplanstunden nicht auf dem falschen Fuß erwischt, da ich weiß, was passiert und was auf mich zukommt!*

In der Struktur liegt ein großer Teil der Verlässlichkeit begründet, deshalb sollte deren Aufbau bei der Einführung des Wochenplanunterrichts und der Einhalt in der weiteren Zeit viel Aufmerksamkeit geschenkt werden.

Bedeutsame Aspekte zum Erhalt der Struktur, die sich bewähren:

- Die Wochenplanstunden werden mit akustischem und visuellem Signal begonnen.
- Während der Wochenplanstunden wird nur geflüstert!
- Jeder stellt seine Karte auf (oder aktiviert eine andere Form eines Meldesystems), wenn er eine Frage hat. In der Zwischenzeit arbeitet er weiter.
- Die Wochenplanstunden bieten genug Zeit, sich den Anliegen und Aufmerksamkeitsbedürfnissen der Schüler zu widmen.
- Über den abgelaufenen Wochenplan legt jeder Schüler immer am gleichen Wochentag in der gleichen Unterrichtsstunde Rechenschaft ab. Die Pflichtaufgaben müssen erledigt sein, sonst wird nachgearbeitet.
- Der neue Wochenplan wird regelmäßig zum bekannten Zeitpunkt ausgegeben, eher geht die Welt unter! Eine genaue Besprechung leitet den neuen Wochenplan ein.
- Zu gewissen Etappen erfolgt eine Feier über die geleistete Arbeit: Der 5. Wochenarbeitsplan, der 10., der 20.
- Auch wenn der Wochenplan eine Öffnung des Unterrichts im Hinblick auf die Fächerstruktur, den erweiterten Entscheidungsrahmen der Schüler und eine Materialienvielfalt darstellt, müssen die Rahmenbedingungen mit wohlwollender Konsequenz durch die Lehrkraft verfolgt werden.

Genauere Hinweise der Bedingungen und Struktur des Wochenplanunterrichts sind in Kapitel 5 verdeutlicht.

Die Ruhe, die nach einer Einführungsphase während der Wochenplanstunden herrscht, gefällt letztlich auch den Schülern, die mit sich selbst in größerem Maße hadern. So äußerte sich Marius einmal während des Klassenrates zu einer Wochenplanstunde, bei der ich in den Nebenraum zu einer Besprechung musste: „Wenn alle für sich arbeiten, dann merkt man richtig ein Gefühl vom Zusammengehören."

Aufgrund der Erfahrung mit der Reaktion schwieriger Schüler auf den Einsatz des Wochenplans, lässt sich dieser Unterricht zur Ergänzung des Regulärunterrichts empfehlen. Andere Formen, wie die vollständig geöffnete Form der Freien Arbeit, kann ich mir für meine Schüler mit Verhaltensauffälligkeiten gegenwärtig nicht vorstellen. Vielleicht sind sie noch nicht soweit? Vielleicht brauchen sie aber auch die deutliche Struktur im Rahmen der Öffnung.

Schulpraxisbeispiel: Förderung des Arbeits- und Sozialverhaltens im Rahmen der Wochenplanarbeit an der Schule zur Erziehungshilfe

Christine Cassar

Im Unterricht in jahrgangsgemischten Grundschulklassen an der Schule zur Erziehungshilfe hat man es als Lehrer mit einer sehr heterogenen Schülerschaft – die sich durch vielfältige Bedürfnisse und Voraussetzungen im kognitiven sowie im sozial-emotionalen Bereich auszeichnet – zu tun. Neben dem Erwerb von Wissen bzw. der Entwicklung von Fähigkeiten und Fertigkeiten zielt die sonderpädagogische Förderung vor allem auf die Weiterentwicklung der Fähigkeiten im Sozial- und Arbeitsverhalten ab. Um den individuellen Bedürfnissen der Schüler und den sonderpädagogischen Zielsetzungen Rechnung zu tragen, arbeiten wir mit dem Wochenplan.

A) Rahmenbedingungen

Die jahrgangsgemischte Klasse (1–3) mit max. zehn Schülern unterrichten wir im Team (ca. 12 h Doppelbesetzung pro Woche). Ein Großteil der Schüler mit diesem Förderschwerpunkt benötigt in hohem Maße klare Strukturen in einem überschaubaren Rahmen. Jedoch darf dabei das schrittweise Schaffen von Freiräumen und die Förderung von Selbstständigkeit und Mitbestimmung in Lernprozessen nicht vernachlässigt werden.

Der Tagesablauf in der Klasse zeichnet sich durch klare, verlässliche Strukturen, Rituale und immer wiederkehrende Abläufe aus:

ab 8.00 Uhr	• freies Spiel und Zeit für Gespräche • Hausaufgaben werden besprochen bzw. nachgeholt
ab 8.30 Uhr	• Ritualisierter Tagesbeginn • Mathe- und Deutschunterricht in Differenzierungsgruppen *und/oder:* • Wochenplanarbeitszeit • Reflexionsphase
ab 10.00 Uhr	• große Pause • Pausenbesprechung
ab 10.30 Uhr	• Vorlesen & Malen • Mensch, Natur und Kultur *oder:* • Sport, Englisch

Der Wochenplan ist fest im Stundenplan verankert, so dass nach Möglichkeit jeden Tag 30–60 Minuten daran gearbeitet wird und im Anschluss daran stets eine Reflexionsphase der Arbeitszeit stattfindet. Die Besonderheit unserer Wochenplanarbeit ist, dass die Wochenpläne sehr individuell strukturiert, organisiert und gestaltet sind. Diese individuelle Gestaltung ist zum einen notwendig, da sich das Klassengefüge an der Schule zu Erziehungshilfe im Laufe eines Schuljahres oftmals ändert (Prinzip der Durchgangsschule) und zum anderen können so die spezifischen Bedürfnisse und Voraussetzungen der Schüler im sozialen, emotionalen und kognitiven Bereich berücksichtigt werden.

Zum Arbeiten nutzen die Schüler in der Wochenplanzeit das Klassenzimmer und einen kleinen Differenzierungsraum. Normalerweise arbeiten die Schüler an ihrem Platz und für manche Aufgaben dürfen sie sich mit Teppichfliesen auf den Boden setzen. Für Partnerarbeiten oder Spielaufgaben gibt es im Klassenraum extra Partnerarbeitstische. Des Weiteren finden sich in unserem relativ kleinen Klassenzimmer zahlreiche Regale und Ordnungssysteme, welche wichtig für die Organisation der Arbeitsmaterialien sind. Die vielfältigen Freiarbeitsmaterialien sind übersichtlich – nach Fächern und Sachgebieten – in verschiedene Regale geordnet, in einem separaten Rollschrank finden die Schüler alle Freiarbeitsmaterialien, welche sie während der Woche im Rahmen der Wochenplanarbeit benötigen.

B) Wichtige Aspekte der Arbeit mit Wochenplänen, im Besonderen für Schüler mit Verhaltensauffälligkeiten

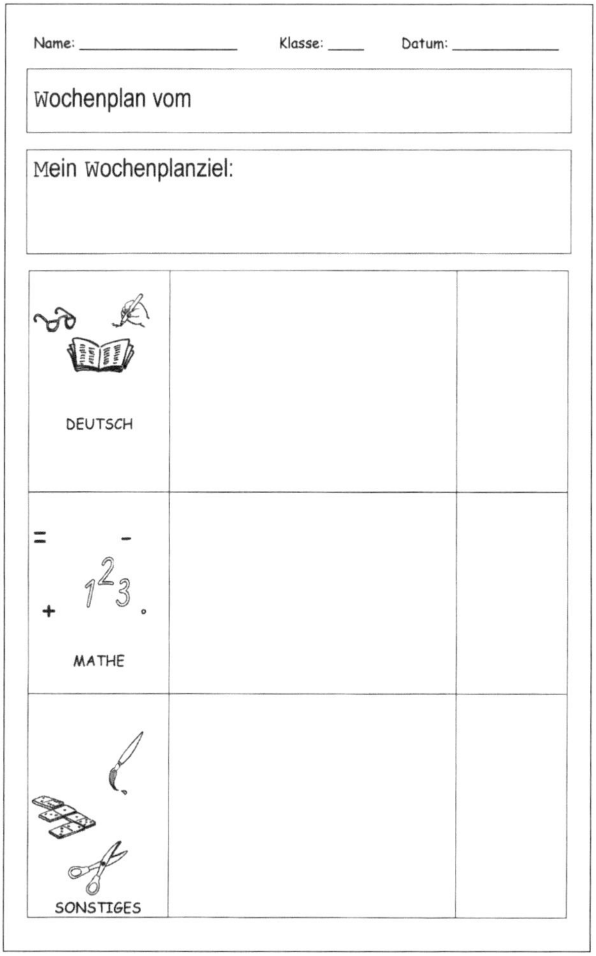
Name: ______ Klasse: ____ Datum: ______

Wochenplan vom

Mein Wochenplanziel:

DEUTSCH

MATHE

SONSTIGES

Abb. 29: Wochenplan

Die spezifischen emotionalen, sozialen und kognitiven Voraussetzungen unserer Schüler machen eine besondere Akzentuierung und Strukturierung der Wochenplanarbeit notwendig. Aus diesem Grunde möchten wir für die Durchführung und Umsetzung einige wichtige Aspekte hervorheben. Für die Möglichkeit der *individuellen Passung* im Rahmen der Wochenplanarbeit eröffnen sich vielfältige Möglichkeiten zur Förderung von Arbeits- und Sozialverhalten.

Behutsame Einführung des Wochenplans

Eine behutsame Einführung ist wichtig, um eine Überforderung der Schüler, damit einhergehende Frustrationserlebnisse und unerwünschte Verhaltensweisen zu vermeiden. Die Schüler müssen in kleinen Schritten zu mehr Selbstständigkeit geführt werden. Zunächst ist das Ziel, die Schüler langsam mit den Materialien (und der Selbstkontrolle), der Arbeitsweise während der Wochenplanzeit und dem zunehmend selbstständigeren Arbeiten vertraut zu machen.

Die Schüler erhalten anfangs einen Tagesplan bzw. einen Arbeitsplan, der lediglich Aufgaben aus dem Bereich Deutsch oder Mathe beinhaltet. Im Rahmen dieses Tagesplans kann die Arbeit mit Arbeitsplänen eingeübt, der Umgang mit verschiedenen Materialien eingeführt und an die Einhaltung der Regeln der Wochenplanarbeit herangeführt werden. Die Schüler erlernen dabei Schritt für Schritt Kompetenzen – wie z. B. sich für eine Aufgabe zu entscheiden, sich zu organisieren, das Material zu besorgen und sich selbst zu kontrollieren –, die für die Wochenplanarbeit wichtig sind.

Klare Regeln – wie z. B. Verhalten in der Klasse und den Mitschülern gegenüber, Umgang mit Materialien – und deren Einhaltung sind eine entscheidende Säule bei der Einführung der Wochenplanarbeit und sichern eine gute Arbeitsatmosphäre.

Erst wenn ein Schüler die wichtigsten Kompetenzen zum selbstständigen Arbeiten mit Arbeitsplänen erworben hat, bekommt er seinen ersten Wochenplan. Doch auch die ersten Wochenpläne sind spezifisch an die Voraussetzungen des einzelnen Schülers angepasst und unterscheiden sich in ihrer (Vor-)Strukturierung und Organisation (siehe nächsten Punkt).

Hat der Schüler an Sicherheit und Können in der Wochenplanarbeit gewonnen, so wird ihm schrittweise mehr Freiraum und Selbstständigkeit gewährt. Wir erweitern allmählich individuell den Zeit- und Aufgabenbereich, Pflicht- bzw. Wahlaufgaben werden eingeführt und die Reflexionsaufgaben komplexer.

Differenzierung und Individualisierung

Die Umsetzung der Differenzierung und Individualisierung versuchen wir, neben der überlegten Aufgabenwahl, durch eine individuelle (Vor-)Strukturierung und Organisation des Wochenplans zu erreichen. Durch diese spezifisch gestalteten und strukturierten Wochenpläne wird jedem Schüler so viel Freiraum wie möglich und so viel Struktur wie notwendig geboten. Die dadurch gewährleistete individuelle Passung des Wochenplans leistet eine gute Voraussetzung, Unterrichtsstörungen präventiv zu begegnen. Durch diese individualisierte Strukturierung wird Wochenplanarbeit ein „realistisches Fordern", wodurch Engagement und Durchhaltevermögen der Schüler gestärkt werden kann.

Überlegte Aufgaben- und Materialwahl

Bei der Aufgabenwahl versuchen wir zu beachten, dass die Schüler weder über- noch unterfordert werden und es sich um ein für sie überschaubares Pensum handelt. Um möglichen Unsicherheiten und daraus entstehenden Störungen vorzubeugen, achten wir darauf, dass nicht zu viele verschiedene Materialien eingesetzt sind und nur Materialien ausgewählt werden, welche die Schüler kennen und vorher eingeführt sind.

Neben Inhalten aus Deutsch und Mathe finden die Schüler im Wochenplanbereich *Sonstiges* stets Aufgaben, die ihnen Spaß machen, ihre individuelle Entwicklung fördern und zum Teil gezielt im Verhaltensbereich ansetzen (vgl. Abschnitt C).

Individuelle (Vor-)Strukturierung und Organisation des Wochenplans

Aufgrund der Heterogenität der Schüler ergibt sich die Besonderheit, dass die Schüler nicht nur inhaltlich unterschiedliche, sondern auch verschieden strukturierte Wochenpläne erhalten. Wir berücksichtigen dabei ihre bereits entwickelten Kenntnisse und versuchen eine individuelle Passung des Wochenplans durch drei differenzierte Wochenplanvorlagen (siehe Downloadmöglichkeit – Kapitel 8) und durch individuell strukturierte Materialorganisation. Dadurch können die

Abb. 30: Individuelle Materialorganisation: Wochenplanpaket, Hängeordner und Rollschrank

Schüler schrittweise die weitere notwendige Sach-, Methoden- und Sozialkompetenz erlernen, so dass mit der Zeit ein zunehmend selbstständigeres Arbeiten möglich ist.

Durch kurze Konzentrationsspannen und hohe Ablenkbarkeit zeigen unsere Schüler zum Teil große Schwierigkeiten in der Besorgung und Organisation der Arbeitsmaterialien. Daher bekommen einzelne Schüler zunächst ein Wochenplanpaket geschnürt. In diesem Paket sind bereits alle Arbeitsmaterialien (Wochenplanblatt, ABs, Lükkasten mit Aufgabe, Klammerkarte mit Klammern, Puzzle etc.) zusammengestellt. Ohne die Hürde der Materialbesorgung und -organisation kann so die Entscheidungsfähigkeit und das selbstständige Arbeiten kontinuierlich gefördert werden. Die Schüler können sofort an ihrem Platz mit der Arbeit beginnen, ohne beim Gang durch das Klassenzimmer abgelenkt zu werden oder andere zu stören (vgl. Abb. 30)

Andere Schüler wiederum nutzen ihre eigene Hängemappe, in der sich ihr Wochenplan und die Arbeitsblätter befinden. Freiarbeitsmaterialien holen sie sich selbstständig aus dem separaten Rollschrank, in welchem alle Materialien für den Wochenplan sind (vgl. Abb. 30).

Schüler, die bereits sehr selbstständig arbeiten können, haben in ihrer Hängemappe lediglich den Wochenplan und den Reflexionsbogen. Sie holen sich nicht nur ihr Freiarbeitsmaterial, sondern auch ihre Bücher, Arbeitsblätter u. a. selbstständig aus den Ordnern im Regal.

Rituale

Rituale und Signale sind – ebenso wie klare Strukturen und rhythmisierte alltägliche Abläufe – aus unserer Sicht von großer Wichtigkeit und bieten den Schülern Sicherheit, Überschaubarkeit und Verlässlichkeit.

Unser Ritual für den Wochenplananfang ist momentan die „Chamäleonpause". Ein Ruheritual mit einer Chamäleonhandpuppe, welches die Kinder aus einem durchgeführten Verhaltenstraining kennen. Die Kinder finden dadurch meist zur Ruhe, so dass in der Folge ein konzentrierter Beginn der Wochenplanarbeit möglich ist.

Das Arbeitsende der Wochenplanzeit wird durch Musik angekündigt. Während des klassischen Musikstücks (Dauer ca. 3 Minuten) können die Schüler einzelne Aufgaben beenden und müssen ihren Arbeitsplatz aufräumen. An die Arbeitsphase schließt sich direkt die Reflexionsphase an. Währenddessen bleiben die Schüler auf ihren Plätzen, das Ruhechamäleon sitzt immer bei dem Schüler, der gerade spricht.

Reflexion

Durch die intensive Auseinandersetzung mit dem eigenen Tun können die Schüler erlernen, ihr eigenes Denken und Handeln richtig einzuschätzen, sich in andere hineinzuversetzen und ihre kommunikativen Handlungsmöglichkeiten zu erweitern. Somit ist nicht nur im Rahmen der Wochenplanarbeit die Reflexionsphase ein entscheidendes Element, um Sozial- und Arbeitsverhalten zu fördern. Reflexionsphasen müssen für Schüler und Lehrer zu etwas Alltäglichem in der Klasse werden. Bereits ab dem ersten Schultag in Klasse 1 werden die Schüler in verschiedenen Situationen außerhalb der Wochenplanarbeit (am Tagesbeginn und -ende, nach der Pause, im Kunstunterricht usw.) an einfache Reflexionsformen (mit Smileys, Sternchen, dem Daumen, verbal usw.) herangeführt, welche dann schrittweise ausgebaut werden.

Im Anschluss an die Wochenplanarbeit findet täglich eine gemeinsame Reflexionsphase statt. Jeder Schüler äußert sich und kann dadurch je einen Arbeits- und einen Verhaltensstern erwerben. Die Sterne werden auf einem Plakat in der Klasse festgehalten, und bei einer bestimmten Anzahl dürfen die Schüler in die Schatzkiste greifen bzw. bekommen einen Hausaufgabengutschein. In den Reflexionsphasen stellt der Lehrer den Schülern – je nach Bedarf – Impulsfragen, lenkt das Gespräch, gibt Einzelnen Rückmeldung, was heute gut bzw. weniger gut geklappt hat und wenn nötig werden auch aufgetretene Konflikte analysiert. Des Weiteren hat der Lehrer im Rahmen der Reflexionsphase die Möglichkeit, erwünschtes Verhalten vor der ganzen Klasse zu loben und zu bekräftigen, wodurch Schüler am Modell lernen können. Anfangs fordert die Reflexionsphase von Schülern wie Lehrern sehr viel Ausdauer und Durchhaltevermögen ein. Die Schüler benötigen zunächst für die begründete Selbsteinschätzung noch viel Hilfe und Impulse des Lehrers. Es gelingt ihnen jedoch mit der Zeit zunehmend besser, anderen zuzuhören und ihr Verhalten zu reflektieren, so dass eine deutliche Verbesserung der realistischen Selbsteinschätzung im Laufe des Schuljahres zu beobachten ist.

Darüber hinaus finden im Rahmen der Wochenplanarbeit weitere Reflexionsformen Anwendung, die jedoch immer wieder abzuwandeln und an die Bedürfnisse der Kinder anzupassen sind (vgl. nächster Abschnitt).

C) Praxisbeispiele zur gezielten Förderung des Arbeits- und Sozialverhalten im Rahmen der Wochenplanarbeit

Wochenplanbereich „Sonstiges"

Neben Übungen zum Festigen und Wiederholen von Gelerntem aus verschiedenen Lernbereichen beinhaltet der Bereich „Sonstiges" immer Aufgaben, die für die Schüler zunächst nicht nach Arbeiten aussehen, ihnen Spaß machen und ihre spezifischen Interessen und Neigungen berücksichtigen:

- Bastelarbeiten
- Konzentrationsübungen
- Wahrnehmungsübungen
- Knobelaufgaben zur Förderung des logischen Denkens
- Lernspiele o. ä. in Partnerarbeit
- 10 Minuten Regalzeit
  (d. h. Schüler suchen sich selbstständig Freiarbeitsmaterialien aus den Mathe- bzw. Deutschregalen im Klassenzimmer)
- Spielaufträge
  (z. B. „Spiele gemeinsam mit Schüler X (Uno)", „Suche dir einen Partner und spiele mit ihm Vier gewinnt" usw.)
- Arbeiten für die Gemeinschaft
  (z. B. „Koche an einem Tag während Vorlesen und Malen Tee für alle Kinder", „Räume das Spieleregal im Nebenraum auf", „Male ein Bild und schenke es einem Kind deiner Wahl", „Lies einem Erstklässler eine Geschichte vor", „Du bist diese Woche verantwortlich für die Pausenspielgeräte" usw.).

Wie man an den Beispielen sieht, werden in diesem Wochenplanbereich ganz gezielt kooperative Strukturen eingeübt und soziales Lernen auf verschiedenste Art gefördert. Bei Partnerarbeit kann es sinnvoll sein, wenn der Lehrer zunächst Partner vorgibt, um ungünstige Schülerkonstellationen zu vermeiden. Kommt es zu Konflikten, wird versucht, diese sofort innerhalb dieses Rahmens zu bearbeiten.

Doch auch darüber hinaus ist der Bereich „Sonstiges" von besonderer Bedeutung, da er unseren Schülern und ihren spezifischen Problembereichen entgegenkommt. Ein Großteil der Schüler hat Schwierigkeiten, sich über einen längeren Zeitraum zu konzentrieren. Die zum Teil spielerischen Angebote ermöglichen, dass jeder Schüler in dieser Zeit den von ihm benötigten Rhythmus von Konzentration und Entspannung selbst bestimmen kann. Gute Erfahrungen machten wir auch mit Schülern, die aufgrund emotionaler Belastungen zeitweise oder dauerhaft Verweigerungstendenzen zeigten. Sie können oftmals zunächst über diese Lernangebote, welche ihre Interessen berücksichtigen, erreicht werden.

Abb. 31: Wochenplanziel

Arbeit mit Wochenplanzielen

Zu Beginn der Woche erarbeitet der Lehrer mit den einzelnen Schülern ihr individuelles Wochenplanziel. Gemeinsam wird besprochen, wie das gewünschte Verhalten aussieht bzw. welche Verhaltensweisen vermieden werden sollen. Das Zielverhalten notieren die Schüler auf ihrem Wochenplan bzw. bekommen als Erinnerungshilfe einen Zettel auf ihren Tisch (vgl. Abb. 31).

Beim Formulieren der Ziele ist darauf zu achten, dass sie nach Möglichkeit positiv und für den Schüler verständlich formuliert sind. Zudem sollte es sich um kleinschrittige, für den Schüler erreichbare Ziele handeln.

Beispiele für Wochenplanziele sind:

„Ich halte Ordnung auf meinem Arbeitsplatz."
„Ich spreche leise."
„Ich versuche den Arbeitsauftrag selbstständig zu verstehen."
„Ich bleibe auf meinem Platz sitzen."
„Ich helfe dem Schüler ‚X' bei Fragen zum Wochenplan."
„Ich melde mich."
„Ich konzentriere mich auf meine Aufgaben."
„Ich lasse mich von ‚X' nicht ablenken."

Mit Hilfe von Wochenplanzielen können individuelle Fortschritte im Arbeits- und Verhaltensbereich ganz gezielt unterstützt werden. Auf differenzierten Reflexionsbögen notieren die Schüler täglich, ob sie ihr Ziel erreicht haben bzw. bekommen durch die Lehrkraft Rückmeldung.

Eine weitere Möglichkeit, die wir v. a. bei den Kleineren nutzen, liegt darin, dass statt individueller Ziele ein Wochenplanziel für die ganze Klasse formuliert wird. In der ersten Stunde der Woche wird gemeinsam ein Wochenplanziel formuliert und an die Tafel gehängt. Alle Schüler arbeiten an diesem Ziel und bekommen in der anschließenden Reflexionsrunde entsprechend Rückmeldung dazu.

Wochenplanmeisterschaft

Am Ende der Woche findet die Reflexionsrunde im Sitzkreis statt. In diesem Rahmen wird bei uns die Wochenplanmeisterschaft ausgewertet. Wie gewohnt reflektieren die Schüler und stellen vor, was sie die Woche über gearbeitet haben. Jeder Schüler, der seinen Wochenplan vollendet hat, bekommt einen Aufkleber oder Stempel. Haben alle Kinder ihren Wochenplan erledigt, haben sie als Klasse die Wochenplanmeisterschaft gewonnen. Nach zwei gewonnenen Meisterschaften haben sie eine „Wunschstunde", d. h. sie dürfen (vgl. Abb. 32) an einem

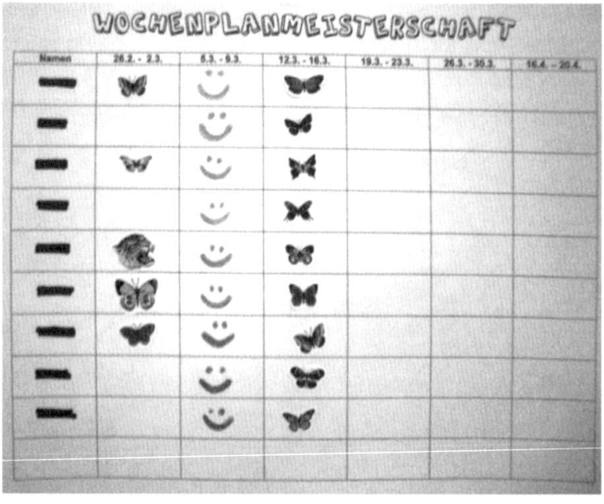

Abb. 32: Wochenplanmeisterschaft

bestimmten Tag nach der Pause die Aktivität bestimmen. Ziel ist es, dass sich jeder einzelne Schüler als wichtiger Teil der Klassengemeinschaft sieht, sich für die Gemeinschaft anstrengt und Verantwortung übernimmt.

Die Schüler müssen lernen, ihre Freizeit aktiv und selbstverantwortlich zu gestalten. Daher bringen sie selbst Vorschläge ein: Computerraum, Spielstunde, Wald, Film, gemeinsames Frühstück, Spielplatz, in der Turnhalle klettern usw. Sie entscheiden dann als Klasse, was sie in der Wunschstunde machen wollen. Durch diese gemeinsame Entscheidung können die Schüler lernen, ihre Interessen einzubringen, sich zu beraten und zu einer gemeinsamen Lösung zu finden.

Weitere Reflexionsmöglichkeiten

Wie bereits erwähnt, wird versucht, die Reflexionsformen immer wieder an die Bedürfnisse und die Reflexionsfähigkeit unserer Schüler anzupassen.

Kernstück unserer Reflexionsarbeit ist die tägliche Reflexionsphase. Darüber hinaus besteht die Möglichkeit, dass einzelne Schüler direkt nach der Wochenplanarbeit ihr Verhalten und Arbeiten zunächst selbstständig einschätzen, indem sie sich Sternchen auf ihren Wochenplänen geben bzw. sich kurz schriftlich äußern. Dies setzt eine gewisse Selbstständigkeit der Schüler und Übung in der Selbsteinschätzung voraus. Auf dem Wochenplanblatt hat der Lehrer dann auch direkt die Möglichkeit, dem Schüler schriftlich Rückmeldung zu geben.

Eine weitere Möglichkeit der umfassenden selbstständigen Reflexion – die sich aber nur für Schüler eignet, die bereits gut schreiben können – ist die Arbeit mit dem Nachdenkblatt (siehe Downloadmöglichkeit – Kapitel 8), welches dann in das *ICH-Heft* kommt. Hier lassen die Schüler die ganze Woche Revue passieren und halten das Wichtigste schriftlich fest. Der Lehrer gibt dem Schüler ebenfalls wöchentlich schriftlich Rückmeldung über sein Arbeiten und Verhalten bzw. trägt Vorfälle ein. Im Laufe des Jahres entsteht so eine Art „Tagebuch", in welchem die Entwicklungsschritte der Schüler festgehalten sind.

Helfer-/Expertensysteme

Immer, wenn neue Schüler in die Klasse kommen – bzw. im Allgemeinen in jahrgangsgemischten Klassen –, bietet sich die Einführung von Helfersystemen an. Schüler, die sich mit der Wochenplanarbeit und den Materialien auskennen, sind die so genannten Experten, die dann ihr Wissen an andere weitergeben.

Kommt ein neuer Schüler in die Klasse, so wird ihm wochenweise (oder auch für länger) ein Experte als Ansprechpartner zur Seite gestellt. Bei Fragen zum Wochenplan, zum Umgang mit dem Material, zur Selbstkontrolle u. a. helfen sich die Schüler gegenseitig weiter. Durch diese Form des kooperativen Lernens können Schüler lernen, Verantwortung zu übernehmen und anderen zu helfen bzw. selbst Hilfe anzunehmen. Manche Schüler meistern ihre Aufgabe von Anfang an sehr gut, während andere wiederum erst einmal von einem Lehrer begleitet werden.

Flüster- und Fragekarten

Nicht nur bei der Wochenplan- und Partnerarbeit ist es für die Schüler schwer, leise zu arbeiten und sich an die Klassenregeln zu halten. Daher gibt es in der Klasse am Lehrertisch Flüsterkarten. Ist es einem Schüler zu laut, kann er die große Karte an die Tafel heften bzw. eine kleine Flüsterkarte dem entsprechenden Schüler auf den Tisch legen. Gute Erfahrungen machten wir, wenn man Schülern, die oft viel und laut reden, während einer Woche die Verantwortung für das Flüsterschild übergibt.

Schüler, die, wenn sie nicht sofort wissen, was zu tun ist, sofort nach dem Lehrer rufen, sind ein weiteres Phänomen, welches jeder Lehrer kennt. Die Arbeit mit Fragekarten ist eine Möglichkeit, Schülern zu zeigen, wie häufig sie Fragen stellen, die sie sich selbst beantworten können, wenn sie zunächst nachdenken. Der Schüler hat zwei Fragekarten. Immer, wenn er eine Frage stellt, die er sich durch Nachdenken selbst beantworten kann, muss er eine Karte abgeben. Während er bei „echten" Fragen bzw. wenn er trotz Anstrengung nicht weiterkommt seine Karten behalten darf. Durch die Arbeit mit den Karten lässt sich langfristig mehr Anstrengungsbereitschaft, Eigenverantwortung und Selbstständigkeit erreichen.

D) Eigene Erfahrungen

Ich möchte abschließend kurz einige wichtige Erfahrungen zusammentragen, die uns gezeigt haben, dass wir für uns mit der Wochenplanarbeit auf einem – für Schüler und Lehrer – fruchtbaren Weg sind. Wie bereits angesprochen, kann durch die individuelle Passung der Wochenpläne jedem Schüler so viel Freiraum wie möglich und so viel Struktur wie notwendig geboten werden. Dadurch sind zahlreiche motivierende Lernerfahrungen, die sich positiv auf das Klassen- und Unterrichtsklima auswirken, zu beobachten und so wird es möglich, die Klasse als anregungsreiches soziales Lernfeld zu erfahren.

Durch die Individualisierung der Wochenpläne werden individuelle Lernwege und Lerntempos

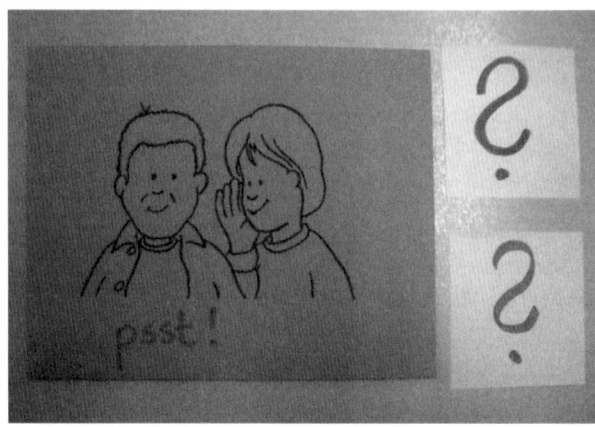

Abb. 33: Flüster- und Fragekarten

Mein Wochenplanziel:

	Ich konnte mein Wochenziel einhalten	Rückmeldung vom Lehrer
Montag	O	
Dienstag	O	
Mittwoch	O	
Donnerstag	O	
Freitag	O	

Wochenplanziel für nächste Woche?

____

____

Abb. 34: Reflexionsblatt zum Wochenplanziel

berücksichtigt. Auch schwächere Schüler erleben dadurch Lernerfolge, die beim Aufbau einer beständigen Lernmotivation hilft und die Schüler im Vertrauen in ihr eigenes Können stärkt.

Es hat sich gezeigt, dass die Möglichkeiten der Mitbestimmung die Leistungsbereitschaft und -fähigkeit der Schüler steigert. Sie wissen genau, was ihr Pensum ist und was zu tun ist. Dies führt dazu, dass die Wochenplanzeit bei uns oftmals die störungsärmste und ruhigste Unterrichtsphase am Tag ist.

Ein Teil der Schüler verweigert sich aufgrund emotionaler Belastungsfaktoren, arbeitet oft nur wenig oder weist in Teilbereichen große Lerndefizite auf. In der Wochenplanarbeit konnten wir gerade auch mit jenen Schülern, die diese Problematiken zeigen, positive Erfahrungen machen. Durch die individuelle Aufgabenwahl und die Berücksichtigung ihrer Interessen sowie die Möglichkeit des eigenaktiven Gestaltens der Lernprozesse haben die meisten wieder einen Zugang zu Inhalten des Unterrichts gefunden bzw. Lerndefizite ausgeglichen.

Doch nicht nur für die Schüler ergeben sich aus der Wochenplanarbeit Vorteile. Unter Berücksichtigung der Voraussetzungen in der eigenen Klasse muss letztlich jeder Lehrer einen für sich passenden Weg mit der Wochenplanarbeit finden. Arbeit mit dem Wochenplan bedeutet für den Lehrer zunächst einmal viel Zeit- und Materialaufwand. Die individuelle Passung der Wochenpläne ist nur durch sorgfältige Beobachtung der Lernwege und -fortschritte möglich und setzt ein gutes Kennen des Schülers voraus. Dabei ist der Wochenplan für uns nichts Statisches, sondern verändert sich ständig aufgrund der Bedingungen. Der Lehrer muss sein Tun immer wieder kritisch hinterfragen und seine Form der Wochenplanarbeit modifizieren. Er wird mehr und mehr zum Lernbegleiter, der lobt, ermutigt und, wenn erforderlich, Impulse bzw. Hilfestellungen gibt. Durch das zunehmend selbstständigere Arbeiten der Schüler eröffnet sich für den Lehrer die Möglichkeit, besser auf emotionale Bedürfnisse zu reagieren, Zeit für Einzelkontakte, für individuelle Hilfestellungen und zur Konfliktlösung. Die Arbeit mit dem Wochenplan stellt dadurch aus unserer Sicht eine große Erleichterung und Bereicherung in der täglichen Arbeit dar.

3.11 Spezielle Aspekte des Förderschwerpunktes geistige Entwicklung

„Es macht aber Mut, wenn man sieht, mit welchem Elan Kollegen und Kolleginnen in den letzten Jahren sich auf den Weg machen, hergebrachtes kritisch in Frage stellen und offene Arbeit wagen. Es macht Mut, Schüler/innen anders zu erleben, auch wenn man dafür in schmerzlicher Erfahrung eigene (und geliebte) Denkmuster über Bord werfen muss." (Dapper 1997, 13)

Offener Unterricht im Förderschwerpunkt geistige Entwicklung

Einem ersten Impuls folgend könnte man denken, dass die Wochenplanarbeit für Schüler mit einer geistigen Beeinträchtigung aufgrund einer impliziten Langfristigkeit der Aufgabenstellung nicht geeignet ist. Jedoch zeigt sich auch hier, dass die Lösung für eine schülerzentrierte Umsetzung in einer Adaption liegt.

Zum Förderschwerpunkt geistige Entwicklung existieren wenige Veröffentlichungen. Doch diese zeigen beeindruckende Aufbruchsstimmung: „Nur Mut!" fordert Klempt (1997) in einem Zeitschriftenbeitrag. In grundsätzlicher Hinsicht diskutiert Fischer (1997) das Pro und Contra des Offenen Lernens bei Schülern mit einer geistigen Behinderung.

Der Offene Unterricht birgt viele Vorzüge (7):

- Durch freie Aufgabenwahl und die Bestimmung des eigenen Lerntempos wird eine erhöhte Individualisierung und innere Differenzierung möglich.
- Die Schüler werden dazu erzogen, eigene Entscheidungen zu treffen, aktiver und selbstständiger zu werden und sich im Sinne des Leitzieles der Empfehlungen von 1980 „selbst zu verwirklichen".
- Damit verbunden ist eine erhöhte Motivation, nach dem Motto: „Was ich machen möchte, mache ich auch gerne".
- Dies führt zu mehr Freude und Zufriedenheit bzw. Erfülltheit bei schulischem Lernen.
- Durch eine erhöhte Eigenbeschäftigung der Schüler kann die Lehrperson mehr Zeit für Hilfestellungen für schwächere Schüler finden.

Pro	Contra
Hinführung zur Fähigkeit, eigene Entscheidungen zu treffen, selbst intuitiv und selbstständig zu lernen und zu werden (vgl. Leitziel: „Selbstverwirklichung …")	Notwendige Voraussetzungen, Arbeitstechniken, Lernstrategien sowie Kontroll- und Korrekturmöglichkeiten fehlen häufig
Mehr Individualisierung und innere Differenzierung durch eigene Aufgabenwahl und Bestimmung des Lerntempos	Schwerer behinderte Schüler ohne sichtliche Entscheidungs- und Verständigungskompetenzen sind nicht oder nur eingeschränkt zu beteiligen
Erhöhte Motivation und Aufmerksamkeit durch eigene Aufgabenwahl	Ein „kurshafter", vom Leichten zum Schweren aufgebauter und lern- und entwicklungspsychologisch begründbarer Ablauf von Aufgabenstellungen und Handlungsschritten ist nicht/nur erschwert möglich
Vermehrte Möglichkeiten der Entdeckung von eigenen Lösungsmöglichkeiten (Lernen des Lernens: Förderung von Kreativität; entdeckendes Lernen)	Freiwilligkeit der Aufgabenwahl verleitet zur Vermeidung „unangenehmer" und schwieriger, aber wichtiger Aufgabenstellungen; Gefahr eines fachlich und inhaltlich einseitigen Lernens
Mehr Freude und Erfülltheit bei schulischem Lernen	Durch eigene Aufgabenwahl und individuelles Lernen findet ein „soziales" Lernen in Gruppen nicht oder kaum statt (vgl. Leitziel „Selbstverwirklichung in sozialer Integration")
Entwicklung einer realistischen Selbsteinschätzung	Vermehrte Unruhe/erhöhte Lautstärke durch unterschiedliche Aktivitäten kann stören
Selbstbestimmtes Lernen erhöht Chancen für außerschulisches Lernen	Erhöhter Vorbereitungs- und Zeitaufwand bei der Erstellung vielfältiger und unterschiedlicher Materialien/Aufgabenstellungen/Stationen durch Lehrpersonen mindert Chancen der Umsetzung von offenen Unterrichtsformen
Lernen, zu planen und zu organisieren („wenn ich immer nur Computer spiele, schaffe ich die anderen Aufgaben im Wochenplan nicht")	
Durch Eigenbeschäftigung leistungsstärkerer Schüler findet die Lehrperson mehr Zeit für individuelle Hilfestellung schwächerer Schüler	

Abb. 35: Pro und Contra: Offenes Lernen bei Schülern mit geistiger Behinderung (Fischer 1997, 9)

Fischer sieht auch die von Reiß/Eberle (1995) in Bezug auf lernschwache Schüler genannten Hinweise als leitend an:

- Vor- und Kleinstformen offener Lernsituationen ermöglichen
- Nicht zu früh zu viele Wahlmöglichkeiten eröffnen, sondern von weniger zu mehr Freiheitsgraden überzugehen
- Nicht nur Ergebnisse des Lernens, sondern auch die Art der Lernprozesse und die angewandten Lernstrategien besprechen
- Verschiedene Niveaus einer Aufgabenstellung präsentieren und Lösungsformen aufzeigen
- Selbstständigkeit fördern, indem an bestimmten Nahtstellen des Unterrichts mögliche Weiterführungen geplant und realisiert werden
- Partner- und Gruppenarbeit unter dem Aspekt zunehmender Schwierigkeit planen und realisieren
- Formen der Kontrolle von Aktivitäten einüben

Können auch Schüler mit einer schweren geistigen Behinderung in den Offenen Unterricht miteinbezogen werden? Fischer (1997) bestätigt dies; die Schüler können dann „am Stationenlernen und Wochenplanunterricht beteiligt werden, wenn die Lehrperson über Erlebnis- und Handlungs*angebote* erprobt, was ein Schüler zu einer bestimmten Zeit tun oder lassen möchte oder in Kenntnis seiner Vorlieben solche Tätigkeiten anbietet, die seinem aktuellen Erlebnis- und Erfahrungshintergrund entstammen und eigene sensumotorische Handlungspläne aktivieren können. Solche Angebote können sich vor allem auf elementare Spiel- bzw. Handlungsspielräume erstrecken (vgl. Lamers 1993), in denen auch Kinder und Jugendliche mit schwerster Behinderung die Gelegenheit erhalten, im gemeinsamen Tun etwas zu erleben und zu genießen (vgl. Pfeffer 1988)" (8).

Speck empfiehlt in diesem Zusammenhang eine Orientierung an folgendem Grundsatz: „So viel basale und fundierende Entwicklungsgebundenheit als individuell nötig, und so viel Handlungsoffenheit als sinnvollerweise möglich" (Speck 1980, 248).

Der Einsatz des Wochenplans im Förderschwerpunkt geistige Entwicklung

Klempt unterrichtet eine Mittelstufenklasse mit dem Förderschwerpunkt geistige Entwicklung. Er schildert seine Umsetzung des Einsatzes des Wochenplans (vgl. 1997, 18–19):

„Das methodisch-organisatorische Medium des Wochenplans im Rahmen des Offenen Unterrichts regte meine Phantasie an und motivierte mich, im Rahmen einer Veränderung meines Unterrichts dieses in meiner Klasse einzuführen. Folgende Elemente werden eingesetzt:

Der Stuhlkreis

Ein Teil meines Unterrichts zielte auf eine neue Sozialform. Alle Schüler sollten in einem Kreis zusammenkommen, in dem sie sich anders wahrnehmen können, enger beisammen sind, Nähe zum Mitschüler ertragen lernen und diese neue Sozialform als Ritual während meiner Unterrichtsstunden wahrnehmen lernen. Der Stuhlkreis steht am Beginn und Ende der Unterrichtsstunde. Ich führte einen Musikimpuls ein (Kassettenrekorder), bei dessen Ertönen die Schüler sich im Kreis versammeln sollten. Ziele des Stuhlkreises sind Einstimmung, Orientierung und Auswählen der Schüler in der Eröffnungsphase und Reflexion und Würdigung der Schüler im Schlusskreis.

Die Briefkästen

Den Schülern wurden ihre Arbeitsaufträge nicht mehr mündlich mitgeteilt, sondern sie fanden diese in schriftlicher Form in ihren Briefkästen. Diese bestanden aus selbst gebastelten Kartonfächern, die leicht zugänglich an den Einbauschränken im Klassenraum befestigt waren.

Die Arbeitsplätze in der Klasse wurden neu verteilt. Diese Maßnahme erwies sich als sehr hilfreich für die Schüler bei der Bewältigung ihrer Aufgaben. Der Klassen- und Übungsraum erhielt eine neue Bedeutung durch erweiterte Funktionsbereiche. Stress durch Revierüberschreitung trat nicht auf, Reviere mussten nicht mehr verbal oder handgreiflich verteidigt werden.

Die Arbeitsmaterialien

Ich führte nach und nach verschiedene Symbole für unterschiedliche Lernbereiche ein (Lesen, Rechnen, Wetter, Schreiben) und ordnete diese verschiedenen Regalen zu. Die Schüler konnten durch diese visuelle Hilfe leichter Lernbereich und Materialien zuordnen. Aufgrund der beschriebenen Unterschiede der Lernvoraussetzungen bereitete ich für jeden Schüler namentlich gekennzeichnete Ablagefächer vor, in denen sie ihre Arbeitsmaterialien finden konnten.

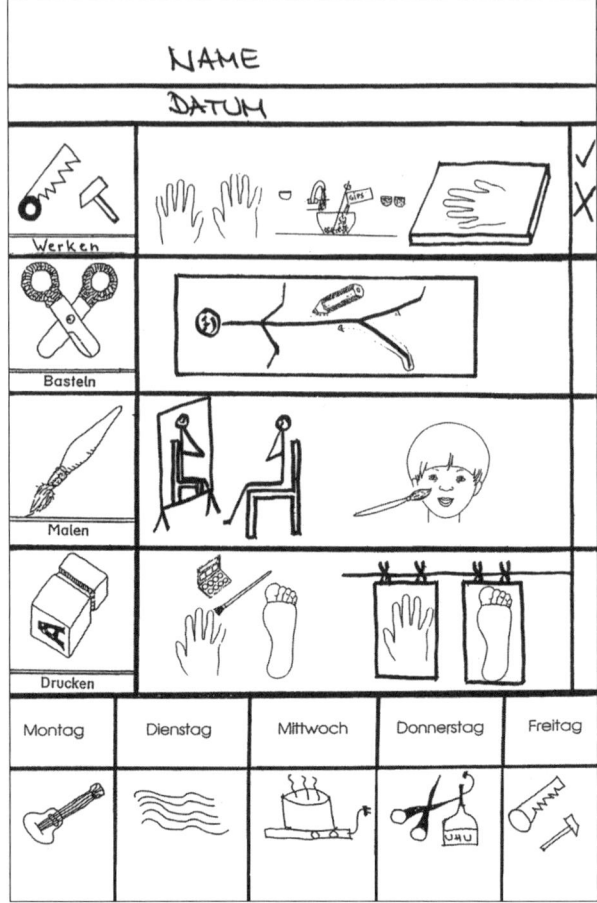

Abb. 36: Eingesetzter Wochenplan von Kempt (1997, 17)

Der Plan (Tagesplan/Wochenplan)

Zu Beginn des neuen Unterrichtskonzeptes konfrontierte ich die Schüler mit Tagesplänen, d. h. mit einem Auftrag an einem bestimmten Tag während einer festgelegten Unterrichtsstunde. Bei der Erweiterung der Tagespläne ging ich langsam Schritt für Schritt vor, um bereits Gelerntes nicht durch zu viele Anforderungen zu gefährden. So führte ich die Symbole für die Lernbereiche nach und nach ein und ließ den Schülern ausreichend Zeit, durch vielfältige Aufgaben die Zuordnungen zu festigen. Danach bot ich innerhalb einer Woche mehrere Tagespläne mit unterschiedlichen Inhalten an (z. B. Mo = Lesen, Di = Rechnen). Meine positiven Beobachtungen führten zu einer Komprimierung mehrerer Angebote auf einem Plan und nach einem halben Jahr konnte ich erstmals einen vollständigen Wochenplan anbieten."

Spezielle Aspekte des Förderschwerpunktes geistige Entwicklung

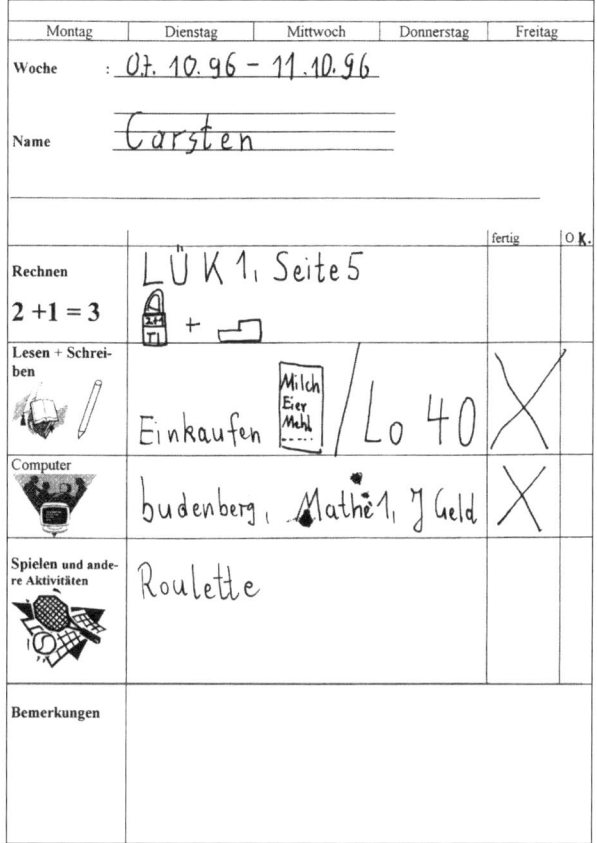

Abb. 37: Eingesetzter Wochenplan von Fischer (1997, 5)

Auch Fischer berichtet persönlich von positiven Erfahrungen beim Einsatz des Wochenplans: „Der Verfasser selbst hat erste positive Erfahrungen in der Arbeit mit einer Werkstufenklasse gesammelt, wobei die Schüler zweimal wöchentlich für je zwei Stunden Zeit haben, anfang der Woche gemeinsam vereinbarte Aufgabenstellungen in den Bereichen Rechnen, Lesen und Schreiben, Arbeit mit dem Computer sowie gemeinsames Spielen und andere Aktivitäten zu erledigen" (5). Siehe dazu seinen eingesetzten Wochenplan (Abb. 37).

Die Abb. 38 zeigt einen Wochenplan von Hieronimus (1996) aus dem Primarbereich der Grundschule. Dieser nutzt zur Orientierung für die Schüler auch als Hilfsmittel in ausgeprägter Form Symbolinterpretationen, deshalb sei er an dieser Stelle als weitere Inspiration vorgestellt.

Einen Aspekt betont Fischer (1997), der abschließend – über den Förderschwerpunkt geistige Entwicklung hinaus – Darstellung finden soll: Die Notwendigkeit, über die mittelfristige Planung sowie über andere lehrgangsstrukturierte Planungen hinaus auch die

- Wochenpläne zu erstellen,
- entsprechende Lernmaterialien selbst zu entwickeln, zumindest aber bereitzustellen und
- ein Gleichgewicht zwischen Pflichtaufgaben und freien Angeboten, zwischen Lehrplanansprüchen und den Bedürfnissen der Schüler zu finden,

kann leicht zu Überforderung führen, zumindest aber zu überhöhten zeitlichen Belastungen von Lehrpersonen, vor allem dann, wenn diese für mehrere Klassen zuständig sind. Weitere Hindernisse betreffen eingefahrene Gewohnheiten und Ängste vor Umstellungen und Neuorientierungen.

In der Praxis zeigt sich andererseits jedoch, dass ein erhöhter Vorbereitungsaufwand mit der Zeit gemindert wird, wenn erste konkrete Erfahrungen vorliegen und Materialien bereit stehen (vgl. Fischer 1997, 9). Die aufmunternden Worte Klempts (1997) bilden die Überleitung zur Darstellung des Einsatzes des Wochenplanunterrichts an einer Schule für den Förderschwerpunkt geistige Entwicklung durch Eva Coenen: „Die guten bis sehr guten Erfahrungen mit der Planarbeit in meiner Klasse, die ich hier nur skizziere, haben mich bestärkt, dieses Unterrichtskonzept auch zukünftig einzusetzen. Die gestiegenen Kompetenzen der Schüler ermutigen mich, diesen Weg weiterzugehen. Es begann sehr vorsichtig und unbeholfen in einer Phase meiner Umorientierung. Heute gehört es zum festen Bestandteil meines Unterrichts! Mit diesen Zeilen möchte ich Mut machen!" (19)

WOCHENPLAN vom: bis:	Name:	Abb. 3	(So interpretieren die Kinder den WP.)
	M S.11 ☀		Mathematikbuch Seite 11
✏	OMAP UJ malen und kleben		Im Buchstabenheft malen und kleben.
✏	A S.46 Gd S.28		Im „Lesebaum" – Arbeitsmappe, Seite 46, schreiben, malen (Verlag: List-Schroedel) Im „Lesebaum" – (Fibelteil) Seite 28 lesen
👫	Sucht 2 Tüten aus und spielt !		Partnerarbeit – Von dieser Leiste zwei Tüten aussuchen und mit dem Inhalt spielen. (Diese Holzleiste ist rückseitig mit Magneten versehen. An der Vorderseite befinden sich 5 Nägel, an denen DIN A5 Klarsichthüllen hängen. In den Hüllen stecken oft Puzzlespiele.)
Montag	Dienstag	Mittwoch	Donnerstag	Freitag	

Abb. 38: Beispielhafter Wochenplan aus dem Primarbereich der Grundschule (Hieronimus 1996, 16)

Schulpraxisbeispiel: Wochenplanarbeit zweier Klassen eines Förderzentrums mit dem Förderschwerpunkt geistige Entwicklung

Eva Coenen

Ausgangslage

Die Praxisbeispiele stammen aus zwei Klassen eines Förderzentrums mit dem Förderschwerpunkt geistige Entwicklung: Eine Grundschulstufe mit Schülern des dritten bis sechsten Schuljahres und eine Hauptschulstufe mit Schülern des fünften bis neunten Schulbesuchsjahres. Beide Klassen zeichneten sich durch eine extrem große Heterogenität in Schulleistungen, Verhalten, Lebenspraxis und Behinderungsbild aus.

Aufbau des Wochenplans

Der Wochenplan ist in den hier vorgestellten Klassen mit Fotos konzipiert: eine Spalte mit den Fotos der einzelnen Aufgaben und daneben Platz für einen Stempel, den die Schüler nach Bearbeitung der Aufgabe entweder von der Lehrkraft bekommen oder sich selber stempeln, nachdem sie die Aufgabe zeigten. Zudem kommt eine Spalte „Das habe ich zusätzlich gearbeitet", in der die Schüler nach Beendigung des Pflichtteils Zusatzstempel für Aufgaben sammeln, die sie sich frei wählen. Außerdem ist neben den Stempeln jeweils Platz für einen kurzen Kommentar der Lehrkraft.

Die Wochenplan-Schublade

Ihren neuen Wochenplan finden die Schüler am Montagmorgen in ihrer eigenen Wochenplanschublade, in die dieser nach jeder Arbeitsphase zurückgelegt und bis zum Abschluss am Freitag aufbewahrt wird. Die Schublade bietet zusätzlich die Möglichkeit, eine angefangene Aufgabe aufzubewahren, bis sie in der nächsten Arbeitsphase mit dem Wochenplan fortgeführt wird. Außerdem finden die Schüler dort manchmal Spezialaufgaben in Form von Materialien oder Arbeitsblättern, die nur für sie bestimmt sind. So sind die Schüler beim Ankommen am Montag immer sehr gespannt, was sie diese Woche bearbeiten dürfen, und ihr erster Weg führt meist zu ihrer Schublade.

Zeit und Struktur der Wochenplanarbeit

Zeitlich ist die Wochenplanarbeit täglich in der Eingangsphase situiert. Die Schüler kommen mit den Bussen ab 8.15 Uhr an. Nachdem sie ihre morgendlichen Aufgaben erledigt haben, beginnen sie selbstständig mit der Arbeit am Wochenplan. Meist endet diese morgendliche Arbeitsphase um 8.45 Uhr (offizieller Schulbeginn ist 8.30 Uhr), manchmal auch etwas später, da jeder Schüler möglichst eine Aufgabe bearbeitet haben sollte. Das Einspielen von Musik signalisiert das Ende der Wochenplanarbeit. Die Schüler räumen fertige Aufgaben in die Regale zurück, legen den Wochenplan in ihre Schublade und kommen in den Morgenkreis, in dem der gemeinsame Tagesbeginn stattfindet.

Jeweils am Freitag nach der Pause ist zudem eine Doppelstunde Wochenplanarbeit angesetzt. Hier werden zu Beginn der Einheit ein oder zwei neue Materialien eingeführt. Anschließend wiederholen die Schüler die Regeln für die Wochenplanarbeit:

1. Ich hole mir eine Aufgabe und lege mein Foto an deren Platz.
2. Ich arbeite leise.

3. Wenn ich eine Frage habe, melde ich mich.
4. Wenn ich mit einer Aufgabe fertig bin, melde ich mich, bekomme einen Stempel, räume die Aufgabe wieder an ihren Platz zurück und nehme mein Foto mit.
5. Wenn ich Musik höre, beende ich meine Arbeit.

Im Anschluss folgt die Weiterarbeit am Wochenplan.

Am Ende dieser Phase steht die Wochenabschlussreflexion: Nacheinander stellen sich die Schüler gegenseitig vor, wie sie gearbeitet haben (Arbeitsverhalten), was und wie viel sie gearbeitet haben, welche Aufgabe ihnen am besten gefallen hat (z. T. auch was sie sich für den nächsten Plan wieder wünschen) und was ihnen ein bisschen schwer gefallen ist. Meist sind die Schüler sehr stolz auf ihre Leistungen und können viele Zusatzaufgaben in der Spalte „Das habe ich zusätzlich gearbeitet" zeigen. Bei guter Leistung (die andere Schüler sowie die Erwachsenen kommentieren, ob die Einschätzung des Schülers richtig war), bekommt jeder ein kleines Belohnungslied mit Applaus gesungen (z. B. „Die Sarah hat das gut gemacht, gut gemacht, gut gemacht. Die Sarah hat das gut gemacht, gut gemacht."). Dies ist für die Schüler ein großer Ansporn und bezieht v. a. auch die schwerbeeinträchtigten Schüler gut mit ein.

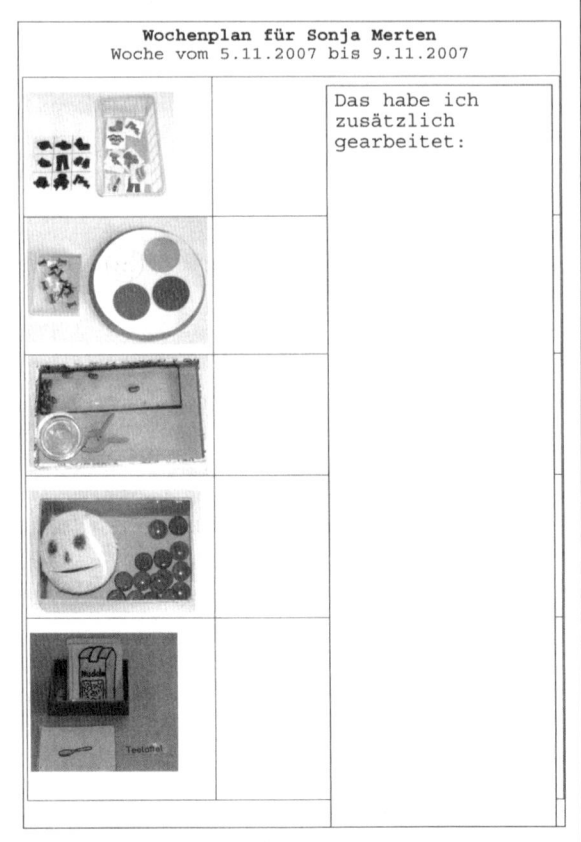

Abb. 39: Beispielhafter Wochenplan

Zu den Vorteilen und eigenen Erfahrungen

Die Wochenplanarbeit zeigt sich gerade in Klassen, die eine große Heterogenität der Schülerschaft aufweisen, als ausgezeichnete Möglichkeit, dieser entgegenzukommen und gemeinsames Lernen im Klassenzimmer zu ermöglichen, bei dem jeder aktiv ist. In den hier vorgestellten Klassen können viele Schüler kaum im Bereich der Kulturtechniken arbeiten und haben größte Schwierigkeiten, ihr Verhalten zu kontrollieren (Hyperaktivität, Autismus …). Für mich ist es schön zu sehen, dass die Schüler trotz ihrer Schwächen und Defizite wirklich alle von der Wochenplanarbeit profitieren und viele Schüler, bei denen es kaum jemand für möglich hielt, lernten, selbstständig zu arbeiten. So lernte beispielsweise ein Mädchen mit starken autistischen Zügen, die am liebsten immer nur für sich durch den Raum lief und mit Tüchern wedelte, eine bestimmte Zeit an ihrem Platz zu sitzen und einfache Steckaufgaben (beispielsweise Centstücke in eine Dose stecken) schließlich al-

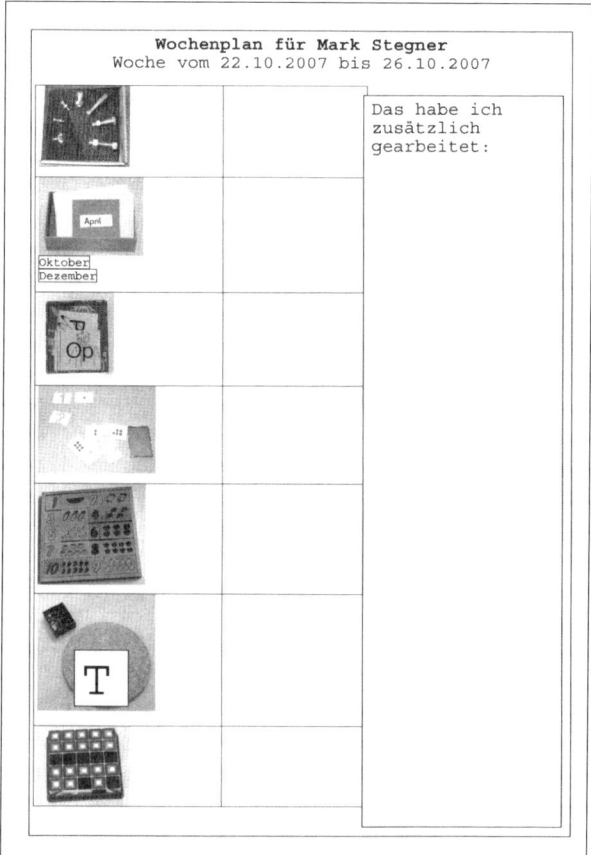

Abb. 40: Beispielhafter Wochenplan

leine, ohne Stütze und Begleitung, durchzuführen. Diese Zeiten der Einzelarbeit konnte sie sukzessive steigern und entwickelte schließlich bei bestimmten Aufgaben einen Ehrgeiz, solange zu probieren, bis sie schließlich gelangen. Dabei konnte sie nach einiger Zeit, auch auf ihren Wochenplan gestützt, zeigen, welche Aufgabe sie bearbeiten möchte.

Die Aufgaben in den Klassen reichen von „Eine Runde Treppensteigen" und „Sandsäckchen auf dem Körper wahrnehmen" über einfache Steckspiele und Puzzle bis zu Lese-, Schreib- und Rechenaufgaben.

Als großer Vorteil hat sich die Platzierung der Wochenplanarbeit in der Eingangsphase erwiesen. Da die Schüler durch den Bustransfer oft nicht gleichzeitig ankommen und es besonders im Winter bei uns im Allgäu durch den Schnee zu extremen Verspätungen der Busse kommen kann, wird hier die Zeit für die Schüler sinnvoll genutzt und viel Unruhe aus dem Geschehen herausgenommen, indem sich die Schüler in der Wochenplanarbeit mit etwas Vertrautem beschäftigen. So haben die Erwachsenen Zeit, sich um die ankommenden Schüler zu kümmern, die Unterstützung brauchen.

Dadurch, dass an der hier beschriebenen Schulart ein Lehrer für mehrere Klassen zuständig ist und starker personeller Wechsel zum Alltag gehört, zudem an so kleinen Schulen wie der unseren immer wieder neue Vertretungssituationen entstehen, ist diese Arbeitsform Gold wert, da lehrerübergreifend gearbeitet werden kann. Bei Vertretungssituationen in den Klassen, selbst von Kollegen, die die Klassen nicht gut kennen, erklären die Schüler mittlerweile eigenständig den Erwachsenen, wie die Wochenplanarbeit funktioniert. So haben sie jeweils effektive Arbeitsphasen. Auch für die Situation, wenn mit weniger Personal als gewohnt in der Klasse gearbeitet werden muss, eignet sich diese Methode hervorragend, da einige Schüler selbstständig arbeiten und somit den Erwachsenen die Zeit bleibt, sich den schwerer beeinträchtigten Schülern zu widmen.

4 Einsatz in der Grundschulstufe

> „In der Regel, so wenigstens ist meine Erfahrung,
> leisten die Kinder während der Arbeit am Wochenplan wesentlich mehr
> als im herkömmlichen Unterricht." (Lawrenz 1995, 14)

Begeistert schreibt Menzel: „Ich habe erkannt: Wochenplanarbeit lebt von der Höchstform an methodischem Feingefühl, lassen wir sie nicht durch Abarbeitungspläne verstümmeln" (1996, 9).

Für sie heißt Wochenplanarbeit mit Kindern (des Grundschulstufenbereichs) (ebd.):

- Vorfreude und Lernerfolg durch kindgerechte Themenwahl
- Selbstständiges Lernen und Kreativität durch Pflicht- und Freithemen
- Differenzieren, gegenseitiges Helfen und Einbeziehen des Elternhauses
- Auswertung und Kontrolle durch Schüler, Lehrer, Eltern und Erzieher

Wochenplanarbeit von Anfang an

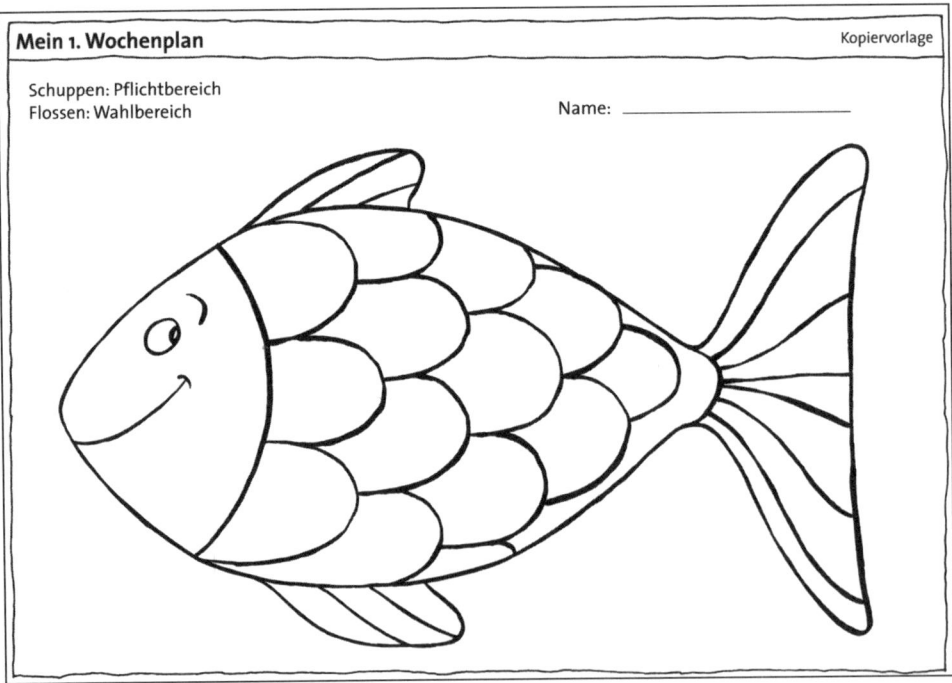

Abb. 41: Beispiel für einen ersten spielerischen Wochenplan (Urban 2003, 22)

Urban (2003) beschreibt ihre Erfahrungen mit dem Einsatz des Wochenplanes in der 1. Klasse der Grundschule. Ihre Tipps seien hier vorgestellt, um einige Ideen einer Einführung in den ersten beiden Grundschulstufenjahrgangsstufen exemplarisch zu zeigen. Außerdem betont sie die Möglichkeiten schon zu Beginn der Schulzeit; es muss jedoch u. E. anhand der Lerngruppe überlegt werden, ob ein Einsatz des Wochenplans in der 1. Klasse sinnvoll ist.

Ausschnitte der Vorgehensweise von Urban (aus ihrer Perspektive geschrieben) (2003, 19 f.):

- *Regeln und Rituale:* „In den Augen der Kinder wird in den ersten Tagen viel gespielt, so macht ihnen Schule Spaß, sie fühlen sich nicht überfordert. Doch dieses ‚Spiel' ist zielorientiert und genau durchdacht. In diesen ersten Tagen möchte ich mit den Schulanfängern wichtige Regeln und Rituale einüben und bei ihnen Verständnis dafür anbahnen:
  – Es gibt Regeln, die ich einhalten muss: alle Arbeiten werden von der Lehrerin abgezeichnet, ich muss warten und mich anstellen können. […]
  – Was ich beginne, führe ich auch zu Ende. […]
  – In der Gruppe muss man Rücksicht nehmen.
  – Ohne Ordnung klappt nichts in der Klasse" (19).
- *Voraussetzungen:* „Da ich mich bemühe, reformpädagogische Ideen umzusetzen, gehört die tägliche, zweistündige Freiarbeitsphase fest zu meinem Unterrichtsverlauf. Die Voraussetzung dafür ist, dass die Schüler selbstständig arbeiten, sich verantwortungsbewusst Material aussuchen, es bearbeiten und auch wieder richtig einräumen" (19).
- *Gestaltung des ersten Wochenplans:* „Als Sicherung für mich und als Kontrolle der erledigten Aufgaben sowie als Steuerungselement arbeite ich stets mit einem Wochenplan, den ich individuell für jedes Kind differenziere, um es so fordern und fördern zu können. Deshalb gehört für mich zum wichtigsten Lernerfolg der ersten Woche der Umgang mit dem Wochenplan und den Abzeichnungsmodalitäten" (19–20).

Der erste Wochenplan, den Urban (2003) einsetzt, ist spielerisch geprägt; er bildet die Form eines Fisches: Die Schuppen des Fisches repräsentieren den Pflichtbereich, der von allen Schülern bearbeitet werden soll. Der Wahlbereich, den die Schüler nach der Pflicht bearbeiten können, zeigt sich durch die Flossen und den Schwanz. Ausgemalt wird in der Farbe des Tages (z. B. Montag gelb, Dienstag rot etc.).

4.1 Zur Einführung des Wochenplans in der Grundschulstufe

Anke Schöngart

Kennen Sie das auch?

Franz müsste unbedingt als Einziger in der Klasse noch die Vereinfachte Ausgangsschrift üben. Alle anderen schreiben schon vorbildlich in der Schreibschrift. Stefan und Maja beherrschen den Zahlenraum perfekt, aber ein individuelles Lesetraining wäre sinnvoll. Max' Handschrift kann man aufgrund feinmotorischer Beeinträchtigungen nicht lesen. Seine Begeisterung für den Computer hilft ihm hoffentlich, wenn er das Schreibtraining am Computer absolviert. Sabine gelingt es kaum, Arbeitsmaterialien im Klassenzimmer zu beschaffen. Selbstständigkeitstraining steht hier an erster Stelle. Bis Svenja den Stift ausgepackt hat, ist Hannah schon längst bei der dritten Aufgabe.

Eine reduzierte Selbstständigkeit und ein fehlendes kooperatives Miteinander sind außerdem bei vielen Schülern mit sonderpädagogischem Förderbedarf zu beobachten. Diese Heterogenität treibt einem die Schweißperlen auf die Stirn.

Die einzige sinnvolle Alternative ist es, sich dieser Heterogenität zu stellen und mit dem Wochenplan – als einer Unterrichtsform unter anderen – zu beginnen.

So könnte ein Wochenplan aussehen (Abb. 42):

Wie der Wochenplan eingeführt werden kann, wird in den nächsten Abschnitten erläutert.

Geeignete Klassenstufen

Prinzipiell ist die Wochenplanarbeit in allen Jahrgangsstufen möglich. Auch eine Eingangsklasse kann damit beginnen. Dabei ist zu beachten, dass die Aufgaben so konzipiert werden, dass die Schüler sie auch auf jeden Fall bewältigen können und stolz auf ihre Selbstständigkeit sind.

Geeignete Unterrichtsfächer und sonderpädagogische Spezifika

Wochenplan für vom bis

			Wie hast du gearbeitet?	
		[1]	☐ alleine ☐ mit Hilfe ☐ mit viel Hilfe	
		oder	☐ alleine ☐ mit Hilfe ☐ mit viel Hilfe	
		oder	☐ alleine ☐ mit Hilfe ☐ mit viel Hilfe	
Maus Haus		oder	☐ alleine ☐ mit Hilfe ☐ mit viel Hilfe	
3+9=			☐ alleine ☐ mit Hilfe ☐ mit viel Hilfe	
			☐ alleine ☐ mit Hilfe ☐ mit viel Hilfe	
			☐ alleine ☐ mit Hilfe ☐ mit viel Hilfe	
			☐ alleine ☐ mit Hilfe ☐ mit viel Hilfe	
	Suche dir selbst etwas aus.			

1 Hutschek, Bettina: Bilder für die Grundschulstufe. CD-Rom. 1999
2 Cliparts Microsoft
3 Cliparts Microsoft
4 Hutschek, Bettina: Bilder für die Grundschulstufe. CD-Rom. 1999
5 Cliparts Microsoft
6 Cliparts Microsoft

Abb. 42: Eingesetzter Wochenplan

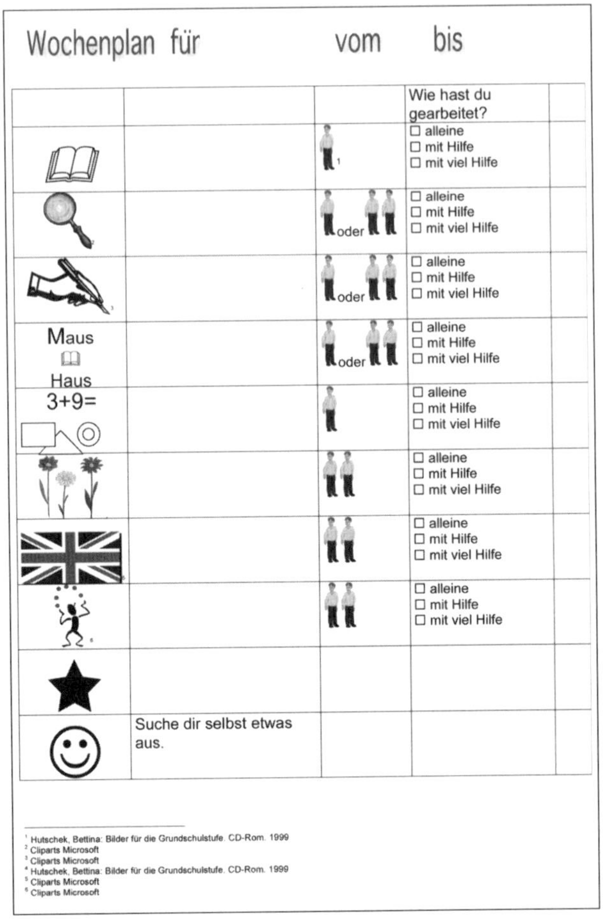

Zur Einführung des Wochenplans bietet es sich an, sich zuerst auf die Kernfächer (Deutsch, Mathematik, Heimat- und Sachkunde) zu beschränken. Später können dann andere Fächer (z. B. Englisch, Kunst und Musik) hinzugenommen werden. Für den Einbezug des Faches Kunst ist unbedingt ein eigener Gruppentisch nötig, für Musik sogar ein Differenzierungsraum.

Am Anfang der Wochenplanarbeit ist das Ziel, das Gelernte zu üben und zu wiederholen. Neue Lerninhalte mit dem Wochenplan einzuführen, würde Schüler mit sonderpädagogischem Förderbedarf wohl überfordern.

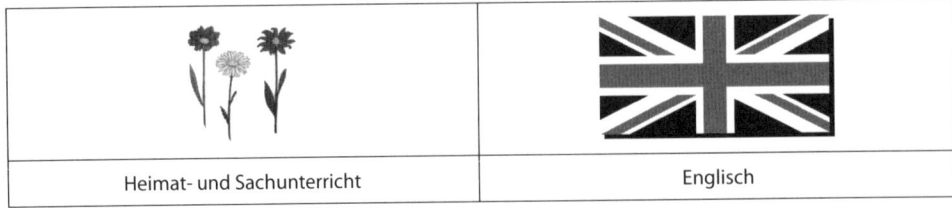

Abb. 43: Symbole für Heimat- und Sachkunde und Englisch

Kindern mit Lernbeeinträchtigungen helfen nicht nur zusätzliche Übungen. Lernbeeinträchtigungen haben auch ihre Ursache z. B. in Beeinträchtigungen der Motorik, Wahrnehmung, Koordination und Sprache. Deshalb ist aus meiner Sicht für die Grundschulstufe unbedingt eine Bewegungsstation in den Wochenplan einzuflechten. Am Anfang genügen ganz einfache Aufgaben, z. B. mit einem Gegenstand auf dem Kopf eine bestimmte Strecke zurücklegen, Kim-Spiele, sich gegenseitig Buchstaben oder Zahlen auf den Rücken schreiben oder Geräusche raten (Kassettenrekorder mit Kopfhörer). Später könnte man die Bewegungsaufgaben schwieriger und individueller gestalten, z. B. für jeden Schüler eine Bewegungskartei mit Aufgaben erstellen. Die Bewegungsstation (z. B. Rips, Bewegungsangebote) fördert unterschiedliche Fähigkeiten in den Bereichen Motorik, Wahrnehmung, Koordination und Sprache und ist darüber hinaus eine Station ohne rein kognitiven Anspruch, im Gegensatz zu den Aufgaben in den Kernfächern.

Um individuell zu fördern, kann die Bewegungsstation auch von Therapeuten (Logo-, Ergo- oder Physiotherapeuten) der Schule, wenn vorhanden, vorbereitet werden. Beispiele hierfür wären Spiele zur Förderung der Mundmotorik (wie z. B. Tischwattefußball) oder Spiele zur auditiven Wahrnehmung (z. B. unterschiedliche Geräusche mit verbundenen Augen erkennen). Auch die Schüler selbst gestalten gerne eine Bewegungsstation.

Abb. 44: Symbol für eine Bewegungsaufgabe

Geeignete Unterrichtsstunden im Tagesablauf

Welche Unterrichtsstunden geeignet sind, ist meist von der Klasse abhängig. Als sinnvoll hat sich nach meiner Erfahrung die erste Stunde des Tages erwiesen. Die Schüler können dann mit ihrem Wochenplan schon in der Vorviertelstunde beginnen.

Zur Einführung des Wochenplans reichen zwei bis drei Stunden pro Woche. Die einmal festgesetzte Unterrichtsstunde für den Wochenplan sollte jeden Tag gleich bleiben. Ist der Wochenplan als Lernform etabliert, kann auch täglich im Wochenplan unterrichtet werden. Für Schüler mit sonderpädagogischem Förderbedarf reicht am Anfang eine 45-Minuteneinheit pro Tag. Ob die Wochenplanarbeit auf zwei Unterrichtsstunden ausgedehnt wird, ist von dem Arbeitsverhalten der Klasse abhängig.

Sinnvolle Verteilung des Lernstoffs

Bei der langfristigen Verteilung des Lernstoffs sind auch die Unterrichtsformen zu berücksichtigen. Die Einführung des Lernstoffs erfolgt in der Regel im gebundenen Unterricht. Übungsphasen können sowohl in Einzel-, Partner- oder Gruppenarbeit als auch während der Wochenplanarbeit stattfinden.

Material

Geeignetes Material für Schüler mit sonderpädagogischem Förderbedarf zu finden, ist gar nicht so leicht. Oft muss das handelsübliche Material noch adaptiert werden, weil es z. B. schlecht handhabbar für Schüler mit feinmotorischen Beeinträchtigungen oder das Material für Schüler mit Wahrnehmungsbeeinträchtigungen zu überfrachtet ist. Oft hilft aber auch schon das Vergrößern des Materials am Kopierer und der Schutz durch Laminierfolien. Zu erledigende Arbeitsblätter können auch laminiert und dann von den einzelnen Schülern mit Folienstift bearbeitet werden.

Die Materialliste am Ende des Artikels kann hoffentlich einer ersten Suche nach Material behilflich sein. Viele Unterrichtsmaterialien zum Herunterladen finden sich auch im Internet. Da das Herstellen von Material viel Zeit in Anspruch nimmt, bietet es sich an, gemeinsam mit den Lehrkräften der Grundschulstufe einen Fundus zu basteln, der je nach Bedarf auch von Klassenzimmer zu Klassenzimmer wandert. Auch viele Eltern sind bereit mitzuhelfen.

Organisatorisches

Für jedes Unterrichtsfach existieren unterschiedliche Spiele, Karteien, laminierte Aufgabenblätter o. a., ein Ordner für die Arbeitsblätter und mindestens ein gekennzeichnetes Regalbrett.

Ein zusätzliches Regalfach kann allgemeine Spiele, Mandalas zum Ausmalen oder Quizfragen enthalten.

Wichtig ist, dass die Regalfächer für alle Schüler erreichbar sind, beispielsweise müssen die Regalfächer so niedrig angebracht sein, dass auch ein Schüler mit Rollstuhl sich ohne fremde Hilfe das Material holen kann.

Jeder Schüler räumt das von ihm benutzte Material wieder zurück an den gleichen Platz.

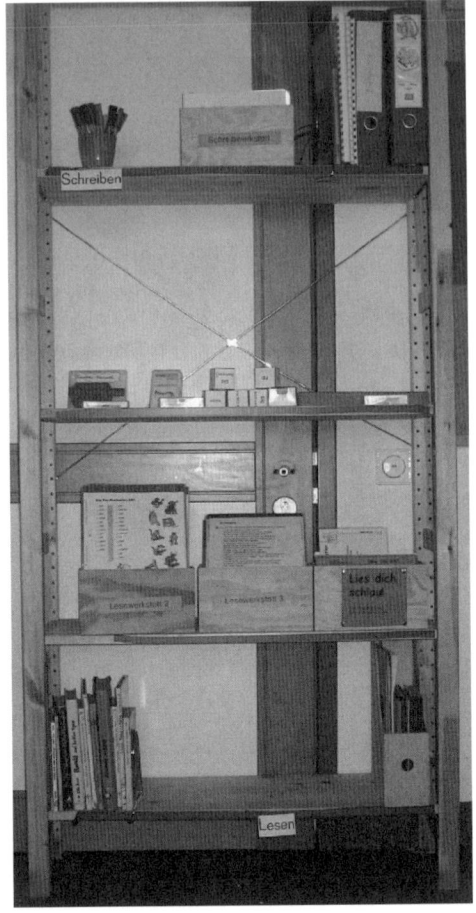

Abb. 45: Materialregal

Die Einführung des Wochenplans

Für die ersten Wochenplanstunden bietet es sich an, das Material für Mathematik und Deutsch und ihre Platzierung im Regal vorzustellen und einzuführen. Die Regale sind mit den unterschiedlichen Symbolen für die einzelnen Lernbereiche gekennzeichnet.

Lesen	Richtig schreiben	Schreiben	Sprache untersuchen	Rechnen

Abb. 46: Symbole für die Kernfächer

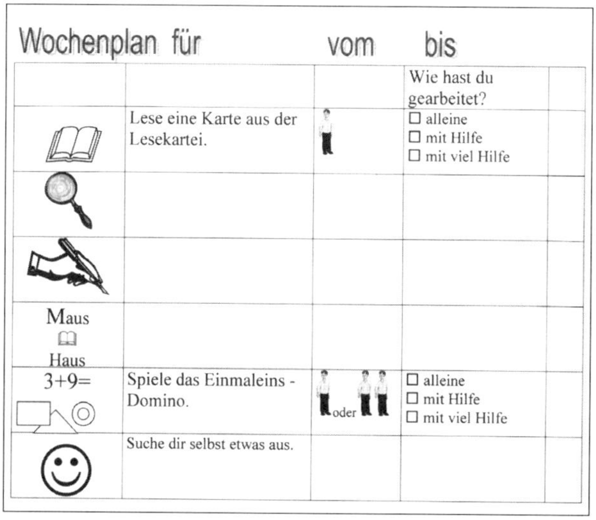

Wochenplan für vom bis

			Wie hast du gearbeitet?	
	Lese eine Karte aus der Lesekartei.		☐ alleine ☐ mit Hilfe ☐ mit viel Hilfe	
Maus Haus				
3+9=	Spiele das Einmaleins - Domino.	oder	☐ alleine ☐ mit Hilfe ☐ mit viel Hilfe	
	Suche dir selbst etwas aus.			

Abb. 47: Wochenplan für den Einstieg

Für die ersten Wochenplanstunden ist es für die Schüler hilfreich, einfach zu handhabende Aufgaben (z. B. Memory, Domino, Puzzle) in die Regale zu stellen. Die Schüler erhalten in den ersten Stunden den Auftrag, eine Aufgabe aus dem Rechen- und eine Aufgabe aus dem Deutschfach zu lösen. Danach dürfen sie sich etwas aus den anderen Fächern aussuchen. Die Aufgaben, die in den Regalfächern liegen, werden kurz eingeführt, besprochen und das Ziel der Aufgaben erklärt.

Wenn von den Schülern diese Aufgabenstellung leicht zu bewältigen ist, dann kann der schriftliche Wochenplan eingeführt werden: jeder Schüler erhält im Zuge dessen einen eigenen Plan. Auf diesem Wochenplan sind zunächst wieder nur zwei Aufgaben (Deutsch und Mathematik) vermerkt. Konnte der Schüler diese erledigen, darf er sich wieder etwas aussuchen.

Kommen die Schüler auch damit zurecht, wird der komplette Wochenplan (Pflicht- und zusätzliche Aufgaben) eingeführt. Die Ziele des Wochenplans werden am Anfang jeder Woche entweder mit den einzelnen Schülern oder im Klassengespräch erläutert. Die Schüler erhalten dann ihren Wochenplan. Für das Aufbewahren der Wochenpläne bietet sich ein Schnellhefter an, der nach Beendigung der Stunde immer an den gleichen Ort gelegt wird.

Der Wochenplan enthält Pflichtaufgaben, die alle Schüler erledigen müssen. Beim Zusammenstellen der Aufgaben ist zu berücksichtigen, dass die Aufgaben von allen Schülern innerhalb einer Woche zu bewerkstelligen sind. Die Anzahl der Pflichtaufgaben können von Schüler zu Schüler variieren. Die Reihenfolge der Bearbeitung der Pflichtaufgaben bleibt den Schülern überlassen.

Der Wochenplan bietet die Möglichkeit, individuelle Aufgaben zu stellen und damit individuell zu fördern. Der Wochenplan eines Schülers kann etwa Übungsaufgaben zur Wiederholung des Lernstoffs im Rechnen enthalten. Ein anderer Schüler beherrscht beispielsweise hingegen die neu eingeführte Grundrechenart schon, benötigt jedoch intensive Leseförderung und erhält deshalb Übungsaufgaben zu diesem Lernbereich.

Außerdem enthält der Wochenplan zusätzliche Aufgaben (★), die erledigt werden dürfen, sobald die Pflichtaufgaben erfüllt wurden. Zusätzliche Aufgaben sollten für die Kinder attraktiv sein (z. B. Spiele oder Aufgaben am Computer oder im Internet), damit sie bei den Pflichtaufgaben konzentriert arbeiten. Auch die zusätzlichen Aufgaben können sich zwischen den Schülern unterscheiden. Wenn die Schüler ihre Pflicht- und zusätzlichen Aufgaben erledigt haben, dürfen sie sich selbst etwas aussuchen.

Während der Wochenplanarbeit gelten die gleichen Zeichen für das ruhige Arbeiten wie während der anderen Unterrichtsformen. Ein akustisches Signal (z. B. Gong) und eine Bildkarte an der Tafel können zur Erinnerung helfen.

Die Wochenplanarbeit endet auf ein akustisches Zeichen hin. Gerne hören die Schüler eines ihrer Lieblingslieder mit ruhigem Rhythmus, auch klassische Musik bietet sich an. Die Musik bildet das Zeichen zum Aufräumen. Am Ende der Wochenplanarbeit berichtet jeder Schüler im Auswertungsgespräch über die erledigten Aufgaben und wie sie ihm gelungen sind.

Die Lehrkraft während der Wochenplanarbeit

Für die Lehrkraft entstehen während des Wochenplans neben der Beantwortung von Fragen meistens auch Zeitressourcen, um individuell mit einzelnen Schülern zu üben und zu lernen. Die Wochenplanarbeit bietet die Möglichkeit, die Schüler zu beobachten, individuelle Hilfestellung zur Selbsthilfe zu geben und sie zu beraten.

Hilfe im Wochenplan

Benötigt ein Schüler Hilfe beim Finden des Materials oder beim Lösen der Aufgabe, so soll er erst einen Mitschüler fragen. Kann ihm kein Mitschüler helfen, darf er seine Fragewäscheklammer (eine Wäscheklammer mit seinem Namen) an eine Fragekarte im Klassenzimmer klemmen. Die Lehrkraft beantwortet die Fragen der Reihe nach.

Selbstkontrolle und Bestätigung

Für jede Aufgabe sollte ein Lösungsblatt oder die Möglichkeit zur Selbstkontrolle vorhanden sein. Die Schüler können so selbstständig ihre eigene Leistung beurteilen und aus ihren eigenen Fehlern lernen. Die geleistete und kontrollierte Arbeit zeigen sie dann der Lehrkraft. Dies bietet die Möglichkeit, die Leistung des Einzelnen zu würdigen, aber auch eventuelle Fehler zu besprechen. Erledigte Aufgaben erhalten auf dem Wochenplan einen Klebepunkt und werden durch die Lehrkraft abgehakt.

Die individuellen Leistungen während der Wochenplanarbeit lassen sich auch in einem Bestätigungsheft festhalten. So könnte eine Seite im Bestätigungsheft aussehen:

Wochenplan

Datum	Thema	So hast du gearbeitet.

Abb. 48: Eintrag im Bestätigungsheft

Zu den Grenzen der Wochenplanarbeit

Für die Wochenplanarbeit benötigt man sowohl zusätzlichen Platz für Regale und gleichzeitig auch Raum, damit die Schüler sich im Klassenzimmer mit ihren unterschiedlichen Aufgaben verteilen können. Sind außerdem Schüler mit Gehhilfen oder Rollstuhl anwesend, muss auch dieser Umstand Berücksichtigung finden.

Der Wochenplan ist für die Lehrkraft auch eine arbeitsintensive Unterrichtsform. Wer nicht bereit ist, Zeit in das Entwerfen der einzelnen Wochenpläne und das Beschaffen der Materialien zu stecken, wird nicht viel Freude in der Arbeit mit dem Wochenplan haben.

Die Vorteile der Wochenplanarbeit

Wie der Arbeitsplan im Rechnen (dessen Einsatz wird in Kapitel 4.3 erläutert) ist auch der Wochenplan eine geeignete Methode, um individuell zu fördern. Die Schüler gewinnen viel Selbstständigkeit, weil sie sich das Material und auch die Hilfe, die sie benötigen, selbst beschaffen müssen. Sie gewinnen aber auch Selbstbewusstsein, weil sie Mitschülern Lerninhalte erklären können. Gerade für Schüler mit sonderpädagogischem Förderbedarf ist dies eine wichtige Erfahrung. Darüber hinaus lernen sie auch, sich die Arbeitszeit einzuteilen und erfahren dabei weniger Zeitdruck als im gebundenen Unterricht, bei dem sie zu einem bestimmten Zeitpunkt fertig sein müssen.

Materialbezugsquellen *(Die Materialliste erhebt keinen Anspruch auf Vollständigkeit)*

Aol Verlag, Waldstr. 18, 77839 Lichtenau, Tel.: 0 72 27/9 58 80, www.aol-verlag.de
Auer Verlag GmbH, Postfach 11 52, 86601 Donauwörth, Tel.: 01 80/5 34 36 17, www.auer-verlag.de
Beenen-Lehrmittel, Weseler Str. 22a, 46519 Alpen, Tel.: 0 28 02/55 70, www.Beenen-Lehrmittel.de
Buch Verlag Kempen, St. Huberter Str. 67, 47906 Kempen, Tel.: 0 21 52/5 29 76, www.buchverlagkempen.de
Cornelsen Verlag, Mecklenburgische Str. 53, 14197 Berlin, Tel.: 01 80/1 21 20 20, www.cornelsen-shop.de
Diesterweg Verlag, Bildungshaus Schulbuchverlage Westermann, Schroedel Diesterweg Schöningh Winklers GmbH, Georg-Westermann-Allee 66, 38104 Braunschweig, Tel.: 05 31/70 80, www.diesterweg.de
Early Learning Institute, Höllstr. 18, 78333 Stockach, Tel.: 07 00/53 27 64 64, www.Early-Learning.de
Finken Verlag, Postfach 15 46, 61405 Oberursel, Tel.: 0 61 71/63 88-0, www.finken.de
Hase und Igel Verlag GmbH, Postfach 12 54, 85740 Garching bei München, Tel.: 0 89/96 21 23 70, www.hase-und-igel.de
Jandorfverlag, Hubert-Geuer-Str. 59, 50321 Brühl, Tel.: 0 22 32/15 66 54, www.jandorfverlag.de
Klett Verlag, Postfach 10 26 45, 70022 Stuttgart, Tel.: 07 11/66 72 13 33, www.klett.de
Labbé Verlag, Kolpingstr. 4, 50126 Bergheim, Tel.: 0 22 71/49 49 49, www.labbe.de
Lehrmittelverlag Torsten Schmidt, Jahnstr. 36a, 25358 Horst/Holstein, Tel.: 0 41 26/3 82 14, www.schmidt-lehrmittel.de
Lernwerkstatt Vogt, Unterneuses 42, 96138 Burgebrach, Tel.: 0 95 46/52 52, www.lernwerkstatt-shop.de
Mildenberger Verlag, Im Lehbühl 6, 77652 Offenburg, 07 81/9 17 00 www.mildenberger-verlag.de
Oldenbourg Schulbuchverlag GmbH, Rosenheimer Str. 145, 81671 München, Tel.: 0 89/4 50 51-2 00, www.oldenbourg-bsv.de
Persen Verlag GmbH, Postfach 2 60, 21637 Horneburg, Tel.: 0 41 63/81 40 40, www.persen.de
Prögel Pädagogik Postfach 80 13 43, 81613 München, Tel.: 0 89/45 05 12 27, www.proegel.de
Sauros Verlag, Postfach 30 12 24, 50782 Köln, Tel.: 02 21/5 50 46 11, www.sauros.de
Schroedel Verlag, Bildungshaus Schulbuchverlage Westermann, Schroedel Diesterweg Schöningh Winklers GmbH, Georg-Westermann-Allee 66, 38104 Braunschweig, Tel.: 05 31/70 80, www.schroedel.de
Schubi Lernmedien GmbH, Zeppelinstr. 8, 78244 Gottmadingen, Tel.: 0 77 31/9 72 30, www.schubi.de
Spectra Verlag GmbH, Bamlerstr. 1B, 45141 Esssen, Tel.: 02 01/4 78 48-24, www.spectra-verlag.de
Stolz Verlag, Stuttgarter Verlagskontor SVK GmbH, Postfach 10 60 16, 70049 Stuttgart, Tel.: 07 11/66 72-11 50, www.stolzverlag.de
Toco Verlag Thomas Jolitz, Untere Krautstr. 3, 80993 München, Tel.: 0 89/14 88 36 90, www.toco-verlag.de
Verlag an der Ruhr GmbH, Postfach 10 22 51, 45422 Mühlheim an der Ruhr, Tel.: 0208/495040, www.verlagruhr.de
Westermann, Schroedel, Diesterweg, Schöningh Winklers GmbH, Georg-Westermann-Allee 66, 38104 Braunschweig, Tel.: 0 18 05/21 31 00, www.westermann.de
Westermann Lernspielverlag GmbH, Postfach 49 29, 38039 Braunschweig, Tel.: 05 31/7 08-7 63, www.luek.de

4.2 Wichtige Aspekte und Beispiele der Durchführung der Wochenplanarbeit in der Grundschulstufe

Anja und Bernd Sager

Auf den folgenden Seiten stellen wir Ihnen eine Möglichkeit der Wochenplanarbeit in der Grundschulstufe einer Förderschule vor, in diesem Falle einer Förderschule mit dem Förderschwerpunkt körperliche und motorische Entwicklung. Viele Schüler unserer beiden Klassen zeigen hyperaktive Verhaltensweisen.

Der Beitrag ist folgendermaßen aufgebaut:

- Den Anfang bildet eine kurze Begründung für die Auswahl dieser besonderen Unterrichtsmethode.
- Der strukturelle und organisatorische Aufbau sowie die soziale und mediale Aufbereitung der Wochenplanarbeit werden näher beleuchtet und anhand konkreter Beispiele verdeutlicht.
- *Wie soll ich denn überhaupt beginnen?* Dieser spannenden Frage wird ebenfalls mit Hilfe von Beispielen und Erläuterungen nachgegangen.
- Weitergehend stehen Aspekte einer Ausweitung der Methode sowie die alltägliche Anwendung im Fokus.
- Ein Stundenbeispiel veranschaulicht die dargestellten methodischen, strukturellen und sozialen Aspekte und verbindet die vorangestellten Ausführungen.
- Unsere persönlichen positiven, aber auch kritischen Erfahrungen und Einschätzungen runden diesen kurzen Einblick in die Wochenplanarbeit in der Grundschulstufe einer Förderschule ab.
- Abschließend erfolgt die Darstellung von Materialien- und Literaturtipps, die Ihnen bei der Arbeit mit der Wochenplanmethode weiterhelfen können.

„Im Wochenplan mache ich verschiedene Aufgaben. Ich weiß, wo die Aufgaben sind. Die mache ich dann und kontrolliere sie selbst. Den Wochenplan mag ich gerne." (Max J., Schüler der 3. Klasse) Diese Aussage eines Schülers belohnt für die Stunden der Planung und Arbeit, die vor allem zu Beginn der Einführung der Wochenplanarbeit stehen.

Max drückt aber auch verschiedene, für uns wichtige Aspekte der Wochenplanarbeit aus.

1. *Im Wochenplan mache ich verschiedene Aufgaben.* Die Schüler haben die Möglichkeit, quantitativ sowie qualitativ differenzierte Angebote auszuwählen und zu bearbeiten. Die große Heterogenität der Schülerschaft in der Förderschule mit dem Förderschwerpunkt körperliche und motorische Entwicklung nötigt dem Lehrer eine differenzierte, teilweise sogar individualisierte Vorgehensweise in der Unterrichtsplanung und -durchführung ab. Die Wochenplanarbeit ermöglicht dem Lehrer und den Schülern diese Arbeitsform.
2. *Ich weiß, wo die Aufgaben sind* – wir sehen die Wochenplanarbeit als Chance, die Schüler an selbstständiges und eigenaktives Arbeiten heranzuführen. Die Wochenplanarbeit gibt den Schülern einerseits die Möglichkeit, sich an durch die feste Struktur gegebene Ankerpunkte zu halten und damit Sicherheit zu gewinnen. Andererseits ebnet die teilweise vorhandene Öffnung des Unterricht, z. B. freie Wahl der Aufgabenabfolge, eigenständige zeitliche Einteilung und andere Aspekte, die Vorbereitung zu komplexeren und offeneren Unterrichtsmethoden.
3. *Die mache ich dann* – ein wichtiger Aspekt der Wochenplanarbeit in unserem Verständnis ist eine starke Handlungsorientierung und der Einbezug von motorischen Abläufen. Bewegung als

Unterrichtsprinzip ist nicht nur in der Förderschule mit dem Förderschwerpunkt körperliche und motorische Entwicklung bedeutsam, sondern auch aus lern- und entwicklungspsychologischer Sicht.
4. *[…] und kontrolliere sie selbst* – den Schülern soll die selbstständige Kontrolle ihrer Ergebnisse ermöglicht werden. Durch die Auswahl geeigneter Materialien bzw. das Anbieten von Kontrollmöglichkeiten, sind die Aufgaben zum größten Teil mit Selbstkontrolle gestaltet. Dies fördert die, für Schüler oft schwierige, Selbsteinschätzung und überträgt ihnen Verantwortung über die eigenen Lernprozesse. Sie fühlen sich ernst genommen und als „Herr" über das eigene Lernen.
5. *Den Wochenplan mag ich gerne* – die Methode wird von den meisten Schülern sehr positiv aufgenommen. Sie dürfen, zumindest zu einem Teil, selbst entscheiden, können ihr eigenes Lerntempo bestimmen und erleben selbst ihre Arbeitsfortschritte. Dieses, aus lern- und entwicklungspsychologischer Sicht so wichtige Erleben der eigenen Selbstwirksamkeit wird durch die gegebene Struktur des nun vorgestellten Beispiels der Wochenplanarbeit in einer Grundschulstufe der Förderschule gefördert.

Strukturelle Bedingungen

Die Bedeutung von Struktur für die Schüler in der Förderschule wurde im vorgehenden Kapitel schon angeführt. Verstärkt wird dieser Einfluss noch in der Grundschulstufe, da hier eine klare, transparente und einfache Struktur essentiell für den Erfolg der Methode und auch für den Alltagsgebrauchswert ist.

Um auch hier eine klare Struktur zu ermöglichen, gliedern wir nach Überpunkten, die jedoch selbstverständlich miteinander verbunden sind bzw. aufeinander aufbauen. Diese Verbindung wird später im Stundenbeispiel noch ersichtlicher.

Die Überblickstafel

Das Herzstück der Wochenplanarbeit in unseren Klassen bildet die Überblickstafel. An dieser Tafel ist jedem Schüler eine Spalte zugeordnet, die optisch abgesetzt und mit seinem Namen versehen ist. In dieser Spalte hängen verschiedene Symbole. Diese zeigen dem Schüler an, welche Aufgaben er in der Wochenplanarbeitszeit zu erledigen hat. Die Reihenfolge ist durch den Schüler selbst bestimmbar.

Die Symbole finden sich am jeweiligen Standort der Materialien oder Arbeitsblätter wieder. Verschiedenfarbige Punkte auf den Symbolen kennzeichnen die qualitativ differenzierten Leistungsgruppen. Nachdem eine Aufgabe von den Schülern erledigt und kontrolliert wurde, können sie das jeweilige Symbol aus ihrer Spalte entfernen und erhalten damit eine unmittelbare Rückmeldung über ihren Arbeitserfolg.

Die Informationen an der Tafel verdeutlichen für die Schüler auch, welche Aufgaben sie verpflichtend zu bearbeiten haben – „Pflichtaufgaben" – und jene, die auch zusätzlich gewählt werden können: „Wahlaufgaben". Des Weiteren variiert die individualisierte Aufgabenauswahl für jeden Schüler, dies ist somit auch an der Tafel durch die Symbole in den jeweiligen Spalten der einzelnen Schülern erkennbar.

Zuerst hatten wir Bedenken, dass einzelne Schüler eine geringere Anzahl an Aufgaben als Degradierung oder Minderbefähigung interpretieren, jedoch war dies nie der Fall. Vielmehr gab es den Effekt, dass Schüler sich nun selbst besser einschätzen konnten oder dies auch als Motivation zu mehr Anstrengung sahen.

Abb. 49: Die Überblickstafel

Wir haben uns für diese Form der Dokumentierung entschieden, da sie diverse Vorteile auf sich vereint. Oft wird der Wochenplan in Form eines DIN-A4-Blattes ausgegeben, welches nach unserer Erfahrung leider oft durch die Schüler verlegt oder vergessen wird oder einfach kaputt geht. Die Überblickstafel dagegen ist fest in der Klasse installiert. Darüber hinaus ist für den Schüler seine sich mehr und mehr leerende Spalte sehr leicht nachverfolgbar und besitzt dadurch eine große motivierende Wirkung. Nicht zu unterschätzen ist auch der Vorteil, dass man als Lehrer einen guten Überblick über den Fortschritt der Schüler erhält und Schwierigkeiten oder auffällige Veränderungen der Arbeitsgeschwindigkeit einzelner Schüler eindeutig ersichtlich werden.

Zu den Fächern

Prinzipiell ist die Wochenplanarbeit auf nahezu alle Fächer ausweitbar. Zur Einführung des Wochenplans beschränkten wir uns auf Deutsch und Mathematik. Im weiteren Verlauf kam noch HSU hinzu. Die Materialien sind in unseren Klassenzimmern nach Fach getrennt bzw. sogar in eigenen Schränken/Regalen untergebracht. Dies führt zur Struktur und Organisation des Klassenraumes.

Organisation des Klassenzimmers und der Materialien

Da beide Klassen von einigen Schülern mit der Diagnose ADHS besucht werden, ist eine reizarme und strukturierte Umgebung Teil der speziellen Förderung für diese Kinder. Natürlich ist eine klare Struktur im Klassenzimmer nicht nur für die Schüler mit ADHS sinnvoll, sondern für alle. Gerade in der Förderschule mit dem Förderscherpunkt motorische und körperliche Entwicklung ist dies aufgrund der Probleme in der Wahrnehmung sehr wichtig. In unserer Wochenplanarbeit kommen viele verschiedene Materialien bzw. Arbeitsblätter zum Einsatz.

Die Materialien sind fast ausschließlich in Schränken untergebracht. Die Schüler orientieren sich mittels der Materialsymbole. Diese kleben neben dem Materialstandort und sind identisch mit den Aufgabensymbolen auf der Überblickstafel.

Die Fächer Deutsch, Mathematik und HSU sind räumlich voneinander getrennt. Die qualitative Differenzierung (siehe auch weiter unten) ist durch farbige Punkte gekennzeichnet. Diese farbige Markierung findet sich auf den Materialien (Logicoblätter, Klammerkarten, Arbeitsblättern), aber auch auf Schubladenboxen (http://www.memo.de) für Arbeitsblätter und farblichen Klipps (z. B. beim Memory) wieder.

Der Standort der Materialien ist festgelegt und sie können dadurch durch die Schüler leicht gefunden werden. Auch alle anderen Bestandteile der Wochenplanarbeit, wie zum Beispiel die Überblickstafel, die Ablagefächer der Schüler oder auch den „Noch-nicht-fertig"-Korb, haben einen festen Platz. Selbst die Symbole und Regeln an der Tafel zeigen im Hinblick auf ihre örtliche Verankerung keine Veränderung.

Abb. 50: Ausschnitt aus dem Ordnungssystem

Die Bedeutung von Ritualen und Symbolen

Essentiell bedeutsam ist dieser Punkt aus unserer Sicht. Es hat sich bei uns im Unterricht gezeigt, dass Struktur und Transparenz nicht nur im Klassenzimmer sehr wichtig für die Schüler sind, sondern auch der Unterricht bzw. dessen Ablauf für die Schüler einsichtig, vorhersehbar und klar sein muss. Dies gibt vielen Schülern den notwendigen Rahmen, den Halt, den sie brauchen und mit dessen Hilfe sie sich auch in der Wochenplanarbeit gut einbringen und arbeiten können.

Wir verwenden verschiedenste kleinere und größere ritualisierte Handlungen. Einige wollen wir Ihnen nun näher vorstellen:

- *Anfangslied(er):* Zwei Lieder dienen zur Einstimmung (vor allem in der Klasse 1A) auf die bevorstehende Unterrichtseinheit und werden jeweils vor der Wochenplanarbeitsstunde zusammen gesungen (siehe Ende der Beispielbeschreibung).

- Das *Wochenplansymbol* ist das Zeichen für die Schüler, dass nun die Wochenplanarbeit folgt und die Stunde nach einer festen Struktur verläuft.
- *Regeln:* Die Regeln für die Wochenplanarbeit wurden zu Beginn des Schuljahres zusammen mit den Schülern erarbeitet. Die Regeln sind mittels Symbolen ständig an der Tafel visualisiert und werden zu Beginn der Einheit durch das Nennen und Erklären wiederholt.

Abb. 51: Wochenplansymbol (Hund 1999)

Symbol	Regel
	Wir flüstern!
	Wenn der Lehrer klopft, werden wir wieder leiser!
	Wenn das Klangspiel ertönt, beende ich meine Arbeit.
	Wenn ich eine Frage habe, benütze ich die Fragerolle.

Abb. 52: Verknüpfung von Symbol und Regel

- *Fragerollen:* Schüler wollen arbeiten und dies ist ihnen nicht möglich, wenn sie Fragen zum Inhalt oder bezüglich des Verständnisses haben. Fragen zu haben und diese zu klären, ist wie bei jedem Unterricht auch in der Wochenplanarbeit wichtig und notwendig. Die Fragen halten aber oft von der individuellen Weiterführung der Aufgabe ab und die Lehrkraft kann nur immer einem Schüler eine Antwort geben. Um den Schülern die Möglichkeit zu verschaffen, sich gleichzeitig leise zu melden und trotzdem aufzupassen, bieten sich Fragerollen an (siehe Abb. 53). Diese Klopapierrollen haben wir auf einer Seite grün, auf der anderen rot angemalt. In der Ausgangsstellung zeigt die grüne Seite nach oben – alles ist in Ordnung, der Schüler hat keine Frage. Wenn eine Ungereimtheit in der Aufgabe auftaucht, dreht der Schüler seine Fragerolle auf rot. Der Lehrer erkennt dieses nonverbale Signal und kann zum Schüler gehen und dessen Frage beantworten. Da es immer wieder zu Verzögerungen bis zur Beantwortung kommt, kann der Schüler trotzdem weiter arbeiten und die Fragerolle „meldet" sich weiter für ihn.

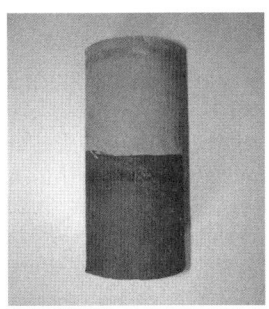

Abb. 53: Fragerolle

  Wir überlegten auch die Nutzung einer Meldeliste, bei der die Schüler ihren Namen in der Reihenfolge der Meldung an eine Schnur hängen. Aufgrund der motorischen Beeinträchtigungen unser Schüler und den engen baulichen Grenzen unserer Schule kamen wir jedoch zur Überzeugung, die eben beschriebenen Fragerollen zu verwenden.
- *Klangschale, Klangspiel:* Beide Tonträger werden als Signale zum Beginn, zur Beruhigung und zum Ende der Arbeitszeit bzw. Aufräumen bei uns in den Klassen genutzt.
- *Selbstkontrolle:* Nahezu alle Materialien und Arbeitsblätter implizieren die Möglichkeit der Selbstkontrolle. Die Schüler werden dazu angehalten, diese Kontrolle durchzuführen und Fehler zu korrigieren.
- *Ablagefächer/Lehrerkontrolle:* Natürlich ist die Selbstkontrolle – gerade noch in der Grundschulstufe – nicht immer ausreichend. Aus diesem Grund ist auf schwierigeren Arbeitsblättern, bzw. bei Aufgaben ohne Selbstkontrollmöglichkeit, ein Symbol (Kopf der Lehrkraft) eingefügt, welches dem Schüler signalisiert, dass diese Aufgabe noch überprüft werden muss. Die fertigen Arbeitsblätter werden von den Schülern in ihre Fächer einsortiert und vom Lehrer kontrolliert, korrigiert und zur Leistungs- bzw. Fehleranalyse herangezogen.
- *„Noch-nicht-fertig-Korb":* Der Wochenplan ist auf drei bis vier Wochenstunden konzipiert. Nicht alle Aufgaben können von den Schülern punktgenau zum Stundenwechsel fertig gestellt werden. Damit der Fluss der Arbeit nicht abbricht, steht für die noch nicht fertigen Aufgaben ein Korb bereit, in den diese gelegt werden können. Um Missverständnisse und langes Suchen in der nächsten Stunde zu verhindern, befestigen die Schüler Klammern mit ihrem Foto an ihren Materialien und kennzeichnen diese somit.
- *Reflexion:* Ein akustisches Signal (Klangschale, -spiel) ist das Zeichen zum Aufräumen und Abschließen der Arbeit. Die folgende Reflexion setzt den Schlusspunkt der Unterrichtseinheit. Die Schüler werden durch Satzkonstrukte (z. B.: „Ich habe _____ gearbeitet.") dazu angehalten, nach den drei Kriterien *Quantität der Aufgaben*, *Qualität der Lösungen* und *Arbeitsverhalten* zu reflektieren. Jeder Schüler äußert sich dazu. Wir kommentieren die Selbsteinschätzungen der Schüler, so dass neben der eigenen Beurteilung auch die Fremdeinschätzung miteinbezogen wird.

Zur Differenzierung

Wie oben beschrieben, ist aufgrund der großen Leistungsheterogenität unserer Schülerschaft eine quantitative und qualitative Differenzierung unumgänglich. Diesem Umstand tragen wir zum Teil mit der Methodik der Wochenplanarbeit Rechnung.

Die Wochenplanarbeit ermöglicht aufgrund ihrer klaren und einfach verständlichen Struktur eine weitgehende Differenzierung, teilweise auch Individualisierung.

- *Quantitative Differenzierung:* Die Aufgabenanzahl ist durch die Lehrkraft an der Überblickstafel vorgeben. Meist lässt sich die Leistungsfähigkeit der Schüler annähernd einschätzen, so dass eine Adaption an diese über die Anzahl der Symbole möglich ist. Natürlich passen wir die Menge auch immer wieder Woche für Woche an und können so auf individuelle Fortschritte oder Schwierigkeiten reagieren. Neben der absoluten Zahl der Aufgaben bildet auch das Verhältnis bzw. die Menge der Pflicht- und Wahlaufgaben eine differenzierende Ausrichtung. Schnell arbeitende Schüler haben so die Möglichkeit, ihre Wochenplanarbeit noch weiterzuführen.
- *Qualitative Differenzierung:* Schon mehrfach sind die farbigen Punkte auf den Materialien angesprochen worden. Diese Farbsignale kennzeichnen verschiedene Schwierigkeitsstufen.

Als Beispiel für Mathematik (3. Klasse):

Blau	Zahlenraum bis 20
Gelb	Zahlenraum bis 100, einfache Multiplikation
Grün	Zahlenraum bis 100, Multiplikation und Division
Rot	Zahlenraum bis 100, Multiplikation und Division mit Rest

Abb. 54: Farbsignale für verschiedene Schwierigkeitsstufen

Die Schüler kennen ihre Niveaueinteilungen bzw. ihre Farbe und holen sich ihre Materialien. Durch diese Möglichkeiten der Differenzierung ist ein breites Leistungsspektrum abdeckbar und mit acht bis vierzehn Schülern auch machbar.

Zum Einsatz von Helfern

In Förderschulen mit dem Förderschwerpunkt körperliche und motorische Entwicklung haben wir das Glück, dass meist aufgrund pflegerischer Aufgaben mindestens ein Helfer der Klasse zugeteilt ist. Über die pflegerischen Aufgaben hinaus nutzten wir die Zwischenzeiten, um einigen Schülern mit Bewegungsbeschränkungen und stärker ausgeprägten Lernbeeinträchtigungen spezielle Unterstützung, z. B. beim Holen der Materialien, beim gemeinsamen Arbeiten an den Aufgaben, zukommen zu lassen. Die Helfer können somit in der verbleibenden – manchmal sehr beschränkten – Zeit als zusätzliche Differenzierungsmöglichkeiten herangezogen werden.

Zur Einführung der Wochenplanarbeit

Bei der Einführung des Wochenplans beschränkten wir uns vorerst auf das Fach Mathematik. So konnten die Schüler sich in diesem Fach an die selbstständige Arbeitsweise mit dem Wochenplan gewöhnen. Außerdem besteht gerade in diesem Fach ein erhöhter Differenzierungsbedarf, der über die Arbeit mit dem Wochenplan gut abzudecken ist.

Die Einführung des Materials

Abb. 55: Ein Schüler kontrolliert sein Arbeitsblatt mit den Lösungskarten

Gerade für Schüler mit Problemen in der Handlungsplanung ist eine genaue, schrittweise erarbeitende Einführung des Materials notwendig. Ziel ist es, dass die Schüler mit dem Material selbstständig und sich selbst kontrollierend arbeiten. So verwendeten wir zum einen Material, das den Schülern bereits bekannt war und führten nur das Symbol (Bild für die Wochenplantafel) neu ein (z. B. Schüttelkiste, Zahlenmauern etc., vgl. Materialbeschreibung). Zum anderen gab es vor Beginn der Wochenarbeit einzelne Einführungsstunden zu neuen Materialien. Beispielsweise wurde die Aufgabe der Zerlegehäuser in der Klasse 1A erst gemeinsam an der Tafel mit vergrößerten Perlenketten erarbeitet. Anschließend konnte jeder Schüler mehrere Zerlegehäuser mit eigenen Perlenketten lösen, so dass alle Schüler Erfahrungen mit dem neuen Unterrichtsmaterial machten. Ein weiterer Vorteil bei dieser Übung war, dass die Schüler sich in der Übungsphase bereits selbstständig verschiedene Zerlegehäuser mit entsprechenden Perlenketten aus dem Wochenplanregal holten und damit auch die Wege des „Holens" und „Aufräumens" eingeübt waren. Andere Materialien wie Logico, Rechenmemory oder die Klammerkarten (vgl. Materialbeschreibung) wurden zum Teil im Sitzkreis besprochen und ausprobiert.

Bei der Einführung der Materialien ist es wichtig, die *Art der Kontrolle* einzuüben. Dabei lernten die Schüler unter anderem, die Rechenblätter selber mit farbigem Stift zu kontrollieren oder die Logicofarbpunkte zu überprüfen. Außerdem kennzeichneten wir die Aufgaben, die nicht durch die Schüler selbst zu kontrollieren waren, mit einem Bild der Lehrkraft. So war jedem Schüler klar, welche Arbeiten er vor der Abgabe noch vorzeigen musste.

Einführung des Wochenplanablaufs

Nachdem die Schüler Erfahrungen mit einigen Materialien gesammelt hatten, wurde in einer Stunde die Struktur des Wochenplans eingeführt. Vor dem ersten Arbeiten hatten die Schüler nach dem Morgenkreis die Möglichkeit, sich die verschiedenen Symbole an der Wochenplantafel anzuschauen. Diese Magnettafel (Pintafel) mit den Symbolkarten hängt an einer gut zugänglichen

Stelle des Klassenzimmers. Schnell war den Schülern klar, dass es sich bei den Symbolkarten um die bereits bekannten Aufgaben handelt. In der Folge wurde beispielhaft der Wochenplan durch die Lehrkraft „vorgespielt", um die Laufwege aufzuzeigen. Da die Schüler die Orte der Materialien bereits aus den Vorstunden kannten, war es für sie nicht schwierig, diese zu finden und wieder aufzuräumen. Auch das Entsorgen der bearbeiteten Aufgabenkarten in den vorgesehenen Korb wurde gemeinsam durchgespielt. Dann konnte die Wochenplanstunde beginnen:

Abb. 56: Eine Schülerin legt ihr nicht fertiges Arbeitblatt in den Korb ab

Am Anfang der Stunde sangen die Schüler das bekannte Rechenlied, das später zum Wochenplanlied ausgeweitet wurde. Außerdem begann jede Wochenplanstunde in der Klasse 1A mit einem Kopfrechentraining (Blitzrechen mit Muggelsteinen am OHP) und dem Aufwärmen der Finger mit einem Fingerspiel (10 Gespenster). Diese kurzweiligen Vorübungen rhythmisierten gerade für die jüngeren Schüler den Stundenbeginn und betten die selbstständige Wochenplanarbeit in einen immer wiederkehrenden Ablauf ein. Im Anschluss wurde in jeder Stunde das Bildsymbol „Wochenplan" aufgehängt, so dass die Schüler selbst die Zielangabe der Stunde formulieren konnten. In der ersten Wochenplanstunde führten wir die Regeln in Form von verschiedenen Bildkarten ein (vgl. Rituale). Diese wurden von nun an jede Wochenplanstunde wiederholt und bildeten eine ritualisierte Einheit zu Beginn der Stunde. Im Anschluss begann die Arbeitsphase, die durch das akustische Signal der Klangschale eingeleitet wurde. Je nach Handlungsfähigkeit der Schüler mussten hier Einzelne intensiver betreut werden.

In der zweiten Wochenplanstunde führten wir die Fragerollen ein. Mit diesem optischen Signal kann sich die Lehrkraft dem Schüler schnell zuwenden, ohne dass er durch das Melden seine Arbeit unterbrechen muss. Wichtig war hier das konsequente Reagieren auf „richtig signalisierte Fragen" und das Nichtreagieren auf Zwischenrufe! Nach einiger Zeit gewöhnten sich die Schüler jedoch schnell an das neue Meldesystem.

Am Ende der Arbeitsphase erklingt das Klangspiel. In der ersten Stunde wurde an dieser Stelle erklärt, dass „nicht-fertige" Aufgaben im Korb mit einer Namensklammer versehen und abgelegt werden sollen, damit in der nächsten Wochenplanstunde hier weitergearbeitet werden kann.

Es folgt die Reflexion über das Arbeitsverhalten. Dabei bieten wir den Schülern der dritten Klasse verschiedene Satzanfänge zur strukturierten Reflexion an (z. B. Ich habe heute ... Aufgaben geschafft.). Die jüngeren Schüler orientieren sich am Satzanfang „Ich habe heute ..." Dabei werden die Aussagen aller Schüler durch Anmerkungen der Lehrkraft ergänzt. Die Reflexionsphase sollte so bald wie möglich einbezogen werden, da sie ein wichtiger Bestandteil der Selbsteinschätzung ist. Als Abschluss findet in der Klasse 1A immer ein Bewegungsspiel (z. B. Pferderennen) statt, um die Gruppe wieder zusammenzuführen und dem Bewegungsdrang der Schüler gerecht zu werden. Dieses Spiel diente als Abschlussritual der Stunde.

Abschluss des Wochenplans

Die letzte Stunde des Wochenplans wird den Schülern deutlich angekündigt, so dass möglichst alle Aufgaben bearbeitet werden können. Wer seine Aufgaben nicht zu Ende bringt, nimmt diese als Zusatzhausaufgabe am Wochenende mit. Dies ist aber aufgrund der Anpassung der Aufgabenzahl und -schwierigkeit nur selten der Fall.

Zeitlicher Ablauf der Einführung

Gerade bei den jüngeren Schülern musste die Arbeitsphase schrittweise verlängert werden, da das selbstständige Arbeiten für die meisten erst gelernt werden musste und eine große Anstrengung bedeutete. So wurde die selbstständige Arbeitsphase von anfangs 20 Minuten nach einem halben Jahr auf 35 Minuten ausgeweitet. Auch die Anzahl der Wochenplanstunden wuchs mit steigernder Aufgabenanzahl von 2 (Herbstferien bis Weihnachten) bis auf 3–4 pro Woche an (bis Ostern).

Erweiterung des Wochenplans

Mit zunehmender Sicherheit der Schüler im Umgang mit dem Wochenplan konnten weitere Aufgaben eingeführt und der Wochenplan auch auf andere Fächer ausgeweitet werden.

Nach den Weihnachtsferien wurden vorerst Aufgaben aus dem Fachbereich Deutsch eingebaut. Die Einführung neuer Aufgaben erfolgte wie zuvor beschrieben. Die Aufgaben zum Themenbereich Deutsch wurden in einem anderen Regal aufbewahrt und dieses entsprechend der Heftfarbe (rot) und mit den Symbolen für Lesen und Schreiben (Stift und Brille) gekennzeichnet. Jede neu eingeführte Aufgabe erhielt ihren festen Platz im Regal und wird durch ein vergrößertes Symbol gleich den Karten am Wochenplan gekennzeichnet. Auch hier werden zur Verdeutlichung der Differenzierungsgruppen unterschiedliche Farbpunkte angebracht. Die Materialeinführung konnte nun auch schon an den Beginn einer Wochenplaneinheit geschoben werden, da die Schüler mit dem restlichen Ablauf vertraut waren und sich auf die neue Aufgabe gut einlassen konnten.

Nach den Faschingsferien wurde zusätzlich die Sozialform der Partnerarbeit in den Wochenplan mit aufgenommen. Da wir beide in sehr lebhaften Klassen unterrichten, war eine genaue vorherige Strukturierung sehr wichtig.

Die Partner, die zusammenarbeiten, wurden von uns bestimmt. Zudem verwendeten wir jeweils Lernspiele, die den Schülern bereits aus dem Unterricht bekannt waren. Die Schüler der Klasse 1A hatten die Möglichkeit, das Klassenzimmer zu verlassen und arbeiteten gemeinsam in einem Nebenraum. In der Klasse 3 wurde das Partnermemory am Platz eines Schülers im Flüsterton durchgeführt (vgl. Materialbeschreibung).

Abb. 57: Partnerarbeit: das Uhrzeitspiel

Nachdem die Arbeitsform gesichert war, konnten auch neue Aufgaben zur Partnerarbeit eingeführt werden, z. B. Uhrzeitspiel (vgl. Materialbeschreibung).

Des Weiteren wurden den Schülern seit den Faschingsferien auch Wahlaufgaben angeboten, die am Ende jeder Wochenplanspalte durch einen Strich und eine Krone (Königsaufgaben) gekennzeichnet sind. Die Aufgaben oberhalb des Strichs müssen von den Schülern bis zum Ende der Woche durchgeführt werden (Pflichtaufgaben). Beenden sie diese Aufgaben, bevor die letzte Wochenplanstunde zu Ende ist, dürfen sie mit den Königsaufgaben beschäftigen. Diese „Zusatzarbeit" wird durch besondere Würdigung am Ende der Stunde hervorgehoben.

Im Laufe der Zeit stellte sich heraus, dass immer mehr Differenzierungsangebote für unterschiedliche Leistungsgruppen angeboten werden müssen. Da die Kinder mit dem Farbsystem vertraut sind, ist es einfach, neue Aufgabentypen anzubieten. Es ist selbstverständlich, dass jedes Kind auf seinem Niveau arbeitet.

Innerhalb eines halben Jahres konnte der Wochenplan deutlich erweitert und wiederum auch einige Aufgaben weggelassen werden. Die Wochenplanarbeitszeit variierte kontinuierlich zwischen 3-4 Stunden und konnte bei neuen Einführungsstunden verkürzt bzw. in Übungsphasen auch verlängert werden. Wichtig ist, dass die Schüler einen Abschluss ihres Wochenplans finden und ihre Anstrengung jede Woche aufs Neue gewürdigt wird.

Zu den Materialien

Folgende Materialien werden von uns aktuell in unseren Wochenplanarbeitseinheiten verwendet und haben sich nach unserer Einschätzung bewährt. Natürlich sind der Kreativität nur wenig Grenzen gesetzt und diese Auflistung stellt lediglich eine Beispielsammlung dar.

Mathematik:

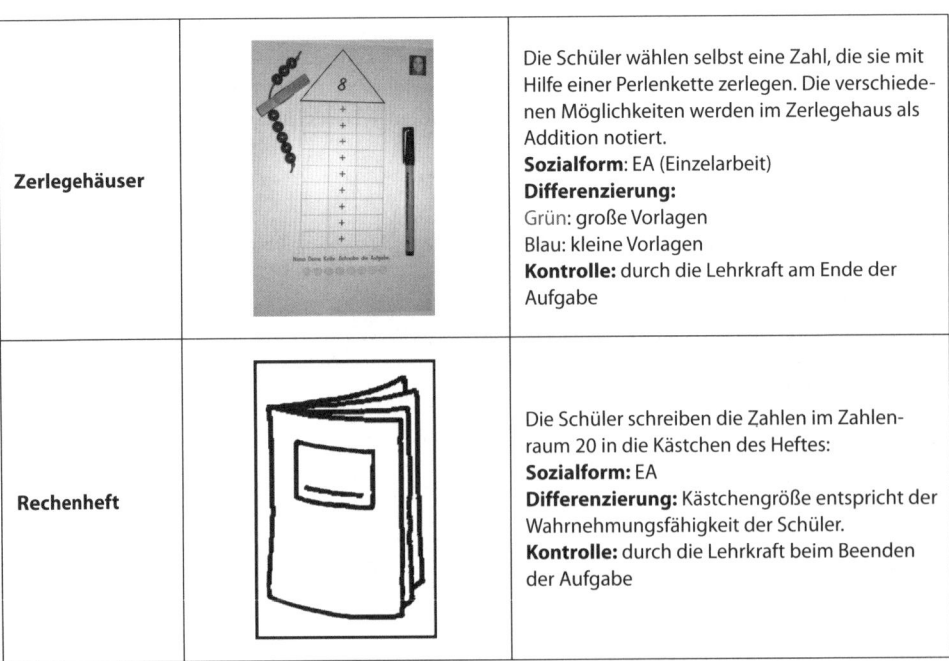

Zerlegehäuser		Die Schüler wählen selbst eine Zahl, die sie mit Hilfe einer Perlenkette zerlegen. Die verschiedenen Möglichkeiten werden im Zerlegehaus als Addition notiert. **Sozialform**: EA (Einzelarbeit) **Differenzierung:** Grün: große Vorlagen Blau: kleine Vorlagen **Kontrolle:** durch die Lehrkraft am Ende der Aufgabe
Rechenheft		Die Schüler schreiben die Zahlen im Zahlenraum 20 in die Kästchen des Heftes: **Sozialform:** EA **Differenzierung:** Kästchengröße entspricht der Wahrnehmungsfähigkeit der Schüler. **Kontrolle:** durch die Lehrkraft beim Beenden der Aufgabe

Arbeitsblatt		Die Arbeitsblätter enthalten gemischte Aufgaben zur Addition und Subtraktion im Zahlenraum bis 20. **Sozialform:** EA Differenzierung: Grün: Aufgaben im ZR bis 10 einfache im 20er Blau: Aufgaben im ZR 20 und Ergänzungsaufgaben **Selbstkontrolle:** durch Vergleich mit dem umgeknickten Lösungsstreifen an der Seite
Schüttelkiste		Die Schüler füllen eine vorgegebene Anzahl von Muggelsteinen in die Schüttelkiste. Durch Schütteln wird die Menge in verschiedene Teilmengen zerlegt. Die Schüler notieren die Zerlegung auf dem Arbeitsblatt und schreiben die Additionsaufgabe dazu. **Sozialform:** EA **Differenzierung:** Grün: große Arbeitsblätter, nur zwei verschiedene Zahlen Blau: kleine Arbeitsblätter und verschiedene Zahlvorgaben **Kontrolle:** durch die Lehrkraft
Logico Piccolo/ Primo	Piccolo Primo	Das Bewegen der bunten Schiebeknöpfchen motiviert und fördert die genaue Wahrnehmung. Durch die einfache **Selbstkontrolle** erhalten die Kinder eine unmittelbare Rückmeldung. **Sozialform:** EA **Differenzierung:** auf den individuellen Leistungsstand abgestimmte Vorlage (Kennzeichnung durch Name) Primo: 6 Aufgaben/Farben Piccolo: 10 Aufgaben/Farben
Memory		Auf der Vorderseite befindet sich je eine Rechnung bzw. ein Ergebnis, die einander zugeordnet werden müssen. Auf der Rückseite sind die Portraits der Klasse abgebildet. **Sozialform:** EA **Differenzierung:** durch Farbpunkte (Orange: ohne ikonische Darstellung, Grün: mit ikonischer Darstellung der Rechnung) **Selbstkontrolle:** Nach der Zuordnung von Rechnung und Ergebnis kann die Richtigkeit durch das Umdrehen überprüft werden (gleiche Fotos!).

Deckelaufgaben		**Beschreibung:** Auf der Vorderseite der Deckel sind die Rechenaufgaben niedergeschrieben. Die Schüler notieren sich die Aufgabe und rechnen sie aus. **Sozialform:** EA **Differenzierung:** durch farbige Punkte auf den Symbolen an der Wochenplanarbeitstafel und durch farbige Klemmklammern gekennzeichnet **Kontrolle:** Zur Selbstkontrolle drehen die Schüler den Deckel um und vergleichen ihre eigene Lösung mit der Zahl auf der Rückseite des Deckels.
Streichholz-schachteln		**Beschreibung:** Auf der oberen Schachtel sind Rechenaufgaben geschrieben. Die Schüler notieren sich die Aufgabe und rechnen sie aus. **Sozialform:** EA **Differenzierung:** durch farbige Punkte auf den Symbolen an der Wochenplanarbeitstafel und durch farbige Klemmklammern gekennzeichnet **Kontrolle:** Zur Selbstkontrolle ziehen die Schüler die innere Schachtel heraus und vergleichen ihr eigenes Ergebnis.
Sudoku		**Beschreibung:** Bei den Sudoku-Arbeitsblättern setzen die Schüler die fehlenden Zahlen ein, die in die Reihe, Spalte und das Viereck passen. **Sozialform:** EA **Differenzierung:** durch die Verteilung der Symbole an der Wochenplanarbeitstafel **Kontrolle:** Mit der Rückseite der Arbeitsblätter können die Schüler ihre Lösung selbst überprüfen.
Arbeitsblatt Mathematik		**Beschreibung:** Das Arbeitsblatt wird von den Schüler wie ein „normales" Arbeitsblatt bearbeitet. **Sozialform:** EA **Differenzierung:** durch farbige Kennzeichnung der Symbole an der Wochenplanarbeitstafel und durch die Einteilung an der Schubladenbox **Kontrolle:** An der rechte Seite des Arbeitsblattes ist eine Spalte mit den Lösungen umgeknickt, welche die Schüler zur Überprüfung ihrer Ergebnisse verwenden.

Wichtige Aspekte und Beispiele der Durchführung der Wochenplanarbeit in der Grundschulstufe

Klammerkarten		**Beschreibung:** Bei den Klammerkarten werden die Ergebnisse mittels drei verschieden farbiger Klammern gekennzeichnet. **Sozialform:** EA **Differenzierung:** durch farbige Kennzeichnung der Symbole an der Wochenplanarbeitstafel; durch die Einteilung an der Schubladenbox und farbige Punkte **Kontrolle:** Zur Selbstkontrolle drehen die Schüler die Karten um und überprüfen ihre Klammerfarben mit den farbigen Lösungspunkten.
Zahlenmauer		**Beschreibung:** Die Zahlenmauern sind eine spezifische, den Schülern bekannte Rechenform. **Sozialform:** EA **Differenzierung:** durch farbige Kennzeichnung der Symbole an der Wochenplanarbeitstafel und durch die Einteilung an der Schubladenbox **Kontrolle:** Ob das Endergebnis richtig ist, können die Schüler auf der Rückseite überprüfen.
Memory PA		Das Symbol wird an der Wochenplanarbeitstafel zu verschiedenen Namen gehängt. Die Schüler wissen, dass in dieser Stunde als Erstes das Memory in Partnerarbeit zu bearbeiten ist. Die jeweiligen Partner wurden vorher zusammen mit den Schülern festgelegt.

Deutsch:

Hexe Susi		Die Schüler sprechen sich lauttreue Wörter deutlich und langsam vor und legen für jeden gehörten Laut einen Stein. Diese malen sie auf das AB auf. Im Anschluss schreiben sie die Wörter auf. **Sozialform:** EA **Differenzierung:** durch Farbpunkte Rot: 6 leichte (kurze Worte mit langen Vokalen) und mittelschwere Wörter (länger auch kurze Vokale). Orange: 4 leichte Wörter Gelb: (3 leichte Wörter) **Selbstkontrolle:** durch Vergleich mit Lösungskarten
AB „Lesebilder"		Die Schüler lesen kurze Sätze und malen das Bild den Anweisungen entsprechend aus. **Sozialform:** EA **Differenzierung:** durch Zuteilung der BK am Wochenplan, nur stärkere Leser **Selbstkontrolle:** durch ein Bild auf der Rückseite

Klammerkarten		Die Schüler lesen die Grundwortschatzwörter auf den Klammerkarten und ordnen sie den Bildern zu. **Sozialform:** EA **Differenzierung:** durch Zuteilung der BK am Wochenplan, nur stärkere Leser **Selbstkontrolle:** durch Farbvergleich der Klammern mit den Punkten auf der Rückseite
Lesehäuser	Fisch ① Maus ②	Die Schüler suchen zu den Bildern die passenden Wörter (Dächer) und legen sie auf einer Unterlage ab. **Sozialform:** EA **Differenzierung:** Gelb: Einfache Wörter Orange: längere Wörter zuordnen **Selbstkontrolle:** durch den Vergleich der Nummern auf der Rückseite der Bilder und den Dächern
Wo hörst du „O"?		Die Schüler erhalten Bildkarten. Durch langsames Sprechen ordnen sie das Wort in den richtigen Korb ein (Laut am Anfang, in der Mitte oder am Ende). Den Weg zu den Körben legen sie auf einem Rollsitz zurück (Bewegungsaktivierung). **Sozialform:** EA **Differenzierung:** Rot: Anfangs-, In- und Endlaut zuordnen Gelb: nur Anfangs- und Endlaut zuordnen **Kontrolle:** Selbstkontrolle durch Wörter auf der Rückseite der BK
Wörterklinik	1 2 3 4 5	**Beschreibung:** Die „Wörterklinik" ist die Rechtschreibkartei der Schüler. Durch das Fünffächersystem dieser Kartei wird ein intensives Üben und Wiederholen der Lernwörter ermöglicht. Die Schüler schreiben jedes Wort mindestens fünfmal richtig, bevor das Wort als „geheilt" entlassen werden kann. Geübt wird in einem von den Schülern gekannten und immer wiederkehrenden Ablauf. In der Wochenplanarbeit bearbeiten die Schüler mindestens fünf Wörter. **Sozialform:** EA **Differenzierung:** durch individuelle Lernboxen **Kontrolle:** Die S überprüfen ihre geschriebenen Wörter, indem sie diese mit der Vorlage vergleichen.

Arbeitsblatt Deutsch		**Beschreibung:** Das Lesearbeitsblatt wird von den Schülern wie ein „normales" Arbeitsblatt bearbeitet. **Sozialform:** EA **Differenzierung:** durch farbige Kennzeichnung der Symbole an der Wochenplanarbeitstafel und durch die Einteilung an der Schubladenbox gegeben **Kontrolle:** Die Selbstkontrolle ist auf der Vorderseite gegeben.
Lesebuch		**Beschreibung:** Um den Umgang mit Büchern im Allgemeinen und mit dem Lesebuch im Speziellen zu üben, haben die sinnentnehmend lesenden Schüler die Aufgabe, einige Fragen über einen Text im Lesebuch zu beantworten. **Sozialform:** EA **Differenzierung:** durch Symbolverteilung an der Wochenplanarbeitstafel **Kontrolle:** Die Selbstkontrolle wird durch einen Vergleich mit der Rückseite ermöglicht.
Laufdiktat		**Beschreibung:** Beim Laufdiktat gehen die Schüler zur Tür und prägen sich möglichst viele Wörter eines Textes ein, die sie anschließend in ihr Heft übertragen. Dies fördert das Kurzzeitgedächtnis, ist als Schreibübung zu betrachten und aktiviert die Schüler, sich zu bewegen. **Sozialform:** EA **Differenzierung:** durch Symbolverteilung an der Wochenplanarbeitstafel **Kontrolle:** Die Selbstkontrolle wird durch einen Vergleich mit der Rückseite ermöglicht.

Heimat- und Sachunterricht:

Uhrzeitspiel		Ein Schüler zieht eine Karte, liest die Uhrzeit vor und erzählt, was zu dieser Uhrzeit passiert (Bild). Der Partner stellt die entsprechende Uhrzeit (selbst erstellte Uhr) ein und legt die Karte bei richtiger Einstellung auf seiner Tafel ab. **Sozialform:** PA **Differenzierung:** Lernen in leistungsheterogener Zusammensetzung **(Selbst-)Kontrolle:** durch den Partner

Stundenthema: „Wir arbeiten mit dem Wochenplan"			
Prozessplanung			
Zeit	Phase (Artikulation)	Lehrer-Schüler-Interaktion	Medien/Methoden Sonderpäd. Förderung
0'	**Hinführung** • Emotionaler Einstieg	*Schüler und Lehrerin singen gemeinsam das Wochenplanlied.*	*Emotionale Einbindung*
	• Blitzrechnen	L: Wir wärmen unseren Kopf für das Arbeiten auf! *L zeigt für kurze Zeit Muggelsteine auf dem OHP. Schüler benennen die Anzahl bzw. das Ergebnis kleiner Rechnungen.*	OHP, Muggelsteine *Wahrnehmungsförderung, Förderung der Merkfähigkeit und Kopfrechenfähigkeit*
	• Aufwärmen der Finger zum Schreiben	L: Jetzt wärmen wir noch unsere Finger auf! *S und L sprechen den Vers „Zehn Gespenster" und führen die Bewegungen dazu aus.* L: Sind der Kopf und die Finger jetzt wach? S: Ja! L: Dann fangen wir an!	*Förderung der Feinmotorik und der Fingerbeweglichkeit*
8'	• Visueller Impuls • Zielangabe	*L hängt das Wochenplansymbol an die Tafel.* S: Wir machen heute Wochenplan.	
	Wiederholung Wochenplanregeln • Visueller Impuls	*L zeigt weitere Symbolkarten in der Hand. Die S rufen sich gegenseitig auf und benennen die Regeln:* Wir arbeiten leise. Wir flüstern. Wer eine Frage hat, dreht die Fragerolle um. Bei der Klangschale leise werden. Beim Klangspiel aufräumen. *L hängt die entsprechenden Karten an die Tafel.*	BK, Tafel, *Visualisierung* BK, *Strukturierung Regelgeleitetes Lernen und Arbeiten, Sprechanlass, korrektives Feedback* UK: Vroni beteiligt sich mit ihrem Talker
10'	**Arbeitsphase** • akustischer Impuls	*Das Geräusch der Klangschale ist das Startsignal für den WP.*	Klangschale, *ritualisierter Beginn*
	• Einzelarbeit und Partnerarbeit	*Die S suchen sich ihre benötigten Arbeitsmaterialien. Sie arbeiten eigenständig an ihren Aufgaben, nehmen die Symbole für fertig gestellte Arbeiten ab und räumen wieder auf bzw. sortieren ein. Vroni und Annalena arbeiten mit ihren Helfern zusammen.* *Die L gibt individuelle Hilfestellung und unterstützt, falls es die Klassensituation erlaubt, Isolde*	Fragerollen, Arbeitsmaterialien, *Bewegungsaktivierung, soziales Verhalten, differenziertes und eigenständiges Arbeiten, ind. Unterstützung für Isolde (Wortschatzerweiterung, Förd. der phonol. Bewusstheit)*

		(Aufgabe „Wo hörst du?") bei der Begriffsfindung und beim Heraushören der Laute (Lautgebärden, langsames Sprechen).	Token-System, pos. Verstärkung
		Die L bewertet das Verhalten der S an der Ampel bzw. schreibt die S-Beobachtungen.	
37'	**Arbeitsrückschau** • Akustischer Impuls *Aufräumphase*	*Die L schlägt das Klangspiel.* *Die S räumen ihre Materialien wieder auf und setzen sich.* *S, die schnell fertig sind, räumen die Fragerollen und Rechenschieber auf.*	Klangspiel, *ritualisiertes Signal* *Bewegungsaktivierung* Klammern, Ablagefächer, Körbe für Rollen und Klammern
40'	*Reflexionsphase*	*L macht die „Breze" und wartet auf Ruhe.* *Die S machen die Geste nach, werden ruhig und schauen nach vorne.*	*Nonverbales Signal*
	• Visueller Impuls • S-Äußerungen	*L hängt die Reflexionsbildkarte an die Tafel.* *Die S rufen sich gegenseitig auf und reflektieren ihr Arbeitsverhalten.* *L gibt individuelle Rückmeldung an die S.*	Satzstarter: „Ich habe heute …" BK/Ritual Förderung der Reflexionsfähigkeit, soziales Lernen Sprechanlass
	Abschlussspiel	L: Achtung! Du brauchst Platz für Deine Arme und Beine! *S und L spielen gemeinsam das Bewegungsspiel.*	Ritual

Tafelbild

Persönliche Erfahrungen

Die Wochenplanarbeit ist für uns eine gelungene Methode, der Heterogenität in unseren Klassen zu begegnen. Die Schüler lernen entsprechend ihrem Leistungsvermögen und verinnerlichen zur gleichen Zeit wichtige Schlüsselkompetenzen.

Interessant war und ist, dass diese Einheiten zu den „ruhigsten" Stunden gehören. Sogar sehr bewegungsaktive Schüler konzentrieren sich und arbeiten kontinuierlich an ihren Aufgaben.

Organisatorisch gesehen ist der Aufwand zur Vorbereitung der Materialien natürlich größer im Vergleich zu einer „normalen" Stunde. Diese Mehrarbeit relativiert sich jedoch in den Stunden selbst. Hier ist es möglich, mit einzelnen Schülern zu arbeiten, Verhalten zu beobachten und sich aus der frontalen Lehrerrolle zurückzuziehen.

Vieles ist aber auch bei uns durch Ausprobieren und Erfahrung gewachsen. Einige Materialien haben sich als nicht förderlich bzw. als zu aufwendig erwiesen. Auch die ständige Weiterentwicklung des Wochenplans ist notwendig, um ihn einerseits an die Leistungen der Schüler zu adaptieren und andererseits die Motivation der Schüler durch neuere, interessante Aufgaben zu erhalten.

Nach einem Jahr Wochenplanarbeit können wir ein durchgehend positives Fazit ziehen und diese Unterrichtsmethode nur weiterempfehlen.

Als Literaturtipps können wir empfehlen: Ratz/Schneider 1998; Raeggel/Sackmann 2002; auf'm Kolk 2006; Omonsky/Seidel 2005; Akademie für Lehrerfortbildung Dillingen 1993.

Einige Ideen zu Materialien:

Logico: http://www.finken.de/
Klammerkarten: www.persen.de
Rechenblatt – ein Programm zum einfachen Generieren von Mathematikarbeitsblättern: http://www.berg.heim.at/anden/420971/rechenblatt/index.htm
Arbeitsblätter mit Selbstkontrolle von H. Müller: www.persen.de
Wörterklinik: Leßmann, B. (1998): Schreiben und Rechtschreiben. Ein Praxisbuch zum individuellen Rechtschreibtraining
Symbole: Hund, W. (1999): Es geht auch ohne Worte

Rechenmeister

Melodie: Sportfreunde Stille: 54, 74, 90, 2006

54, 74, 90 2010

Ja so stimmen wir alle ein

Rechnen ist für uns der Hit,

egal mit welcher Zahl

werden wir Rechenmeister sein.

Lese- und Schreiblied

Melodie: Topsch, Wilhelm: Alle Kinder lernen Lesen (Refrain)

Alle Kinder lernen lesen,
Indianer und Chinesen.
Selbst am Nordpol lesen alle Eskimos,
Hallo, Kinder, jetzt geht`s los!

Alle Kinder lernen schreiben,
wer`s nicht glaubt der muss jetzt bleiben.
die 1A die schreibt heut ganz besonders schön!
Das könnt ihr jetzt alle sehn!

4.3 Der „Arbeitsplan Rechnen" – eine Vorstufe und eine spezialisierte Form des Wochenplans

Anke Schöngart

Die Ausgangslage: Verzweiflung macht erfinderisch

Die Heterogenität der Schüler mit sonderpädagogischer Förderung macht nicht vor ihren mathematischen Fähigkeiten halt. So wird oftmals in einer Klasse der Lernplan Mathematik unterschiedlicher Jahrgangsstufen unterrichtet. Dies kann etwa bedeuten, dass einige Schüler im Zahlenraum bis 100 rechnen, andere aber schon im Zahlenraum bis 10 000 oder gar 1 000 000. Legt man die sonderpädagogische Prämisse an, jeden gemäß seinen Fähigkeiten so weit wie möglich zu fördern, so merkt man schnell, dass mit herkömmlichen Unterrichtsformen wenig erreicht werden kann. Hier bietet sich der Einsatz eines so genannten Arbeitsplans als eine sinnvolle und angemessene Alternative an. Die hier vorgestellte Variante verknüpft und verschränkt den Wochenplanunterricht im Bereich Mathematik mit der gebundenen Unterrichtsform, indem in den Wochenplanstunden gruppenbezogen auch die neuen Lerninhalte Vermittlung finden.

Grundsätzlich kann der Arbeitsplan auch als Vorstufe des Wochenplanes verstanden werden.

Einen Arbeitsplan für den Bereich Rechnen zeigt Abb. 58.

Es soll hier versucht werden, das Arbeitsplan-Konzept Rechnen anhand von zentralen Leitfragen vorzustellen.

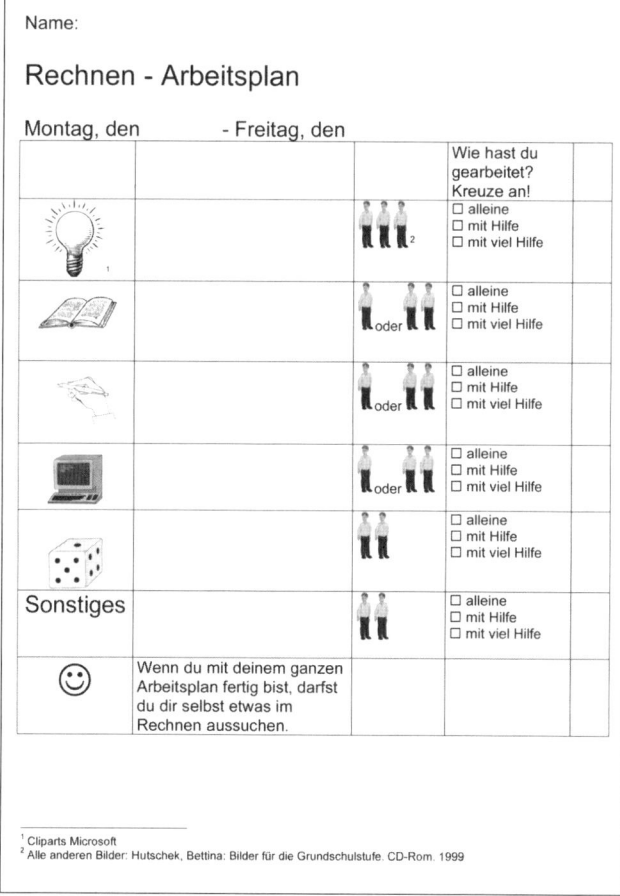

Abb. 58: Arbeitsplan Rechnen

Was stellt der „Arbeitsplan Rechnen" dar?

Der Arbeitsplan ist ein individueller Lernplan, bezogen auf den Lernbereich Mathematik Algebra. Die Unterrichtszeit pro Woche beträgt ca. vier Unterrichtsstunden. In der Grundschulstufe bietet es sich an, mit 45 Minuteneinheiten zu beginnen und sie je nach Klasse eventuell zu verlängern. Wünschenswert wäre die Unterstützung durch einen Förderlehrer in den Arbeitsplan-Stunden. Der hier verwendete Arbeitsplan besteht aus fünf unterschiedlichen Aufgabenbereichen und gilt für eine Woche. Die gestellten Übungsaufgaben, die nicht in der Schule erledigt wurden, lösen die Schüler als Hausaufgabe.

Der Arbeitsplan enthält folgende Aufgabenbereiche:

💡	*Einführung des neuen Lerninhalts:* Der neue Lerninhalt wird in der Rechengruppe (drei bis fünf Schüler, die einen ähnlichen Leistungsstand im Rechnen haben) an einem gesonderten Ort im Klassenzimmer (z. B. Gruppentisch) oder im angrenzenden Differenzierungsraum eingeführt. Währenddessen sind die anderen Rechengruppen mit ihrem Arbeitsplan beschäftigt.
📖	*Übung und Anwendung:* Zu dem neu eingeführten Lerninhalt müssen Aufgaben im Rechenbuch gelöst werden.
✍	*Übung und Anwendung:* Zu dem neu eingeführten Lerninhalt müssen Aufgaben im Arbeitsheft oder auf Arbeitsblättern gelöst werden.
💻	*Übung und Anwendung:* Die Schüler arbeiten in unterschiedlichen Rechenprogrammen am Computer. Inhalt kann entweder die Sicherung des Gelernten oder die Wiederholung sein.
🎲	*Übung und Anwendung:* Auch die Rechenspiele können entweder zur Sicherung oder Wiederholung eingesetzt werden.
Sonstiges	Außerdem kann der Arbeitsplan zusätzliche Übungsaufgaben, z. B. notwendige Wiederholung oder knifflige Rechenrätsel, beinhalten.
☺	Sind alle Aufgabenbereiche bearbeitet, darf der Schüler sich selbst Aufgaben aussuchen.
👤 oder 👥 oder 👥👥👥	Der Arbeitsplan gibt vor, in welcher Sozialform die Schüler die gestellten Aufgaben lösen müssen.

Abb. 59: Übersicht der Aufgabenbereiche und zugehöriger Symbole

Wer arbeitet mit welchem Arbeitsplan?

Idealerweise können in einer Klasse drei mehr oder weniger homogene Rechengruppen, jeweils bestehend aus drei bis fünf Schülern, gebildet werden. Diese Gruppen werden im Klassengespräch benannt und sie sind für alle anhand von Bildern oder Namen (z. B. auch durch eigene Vorschläge der Schüler) erkennbar. Ein Wechsel zwischen den Rechengruppen ist problemlos möglich.

Die Schüler einer Rechengruppe erhalten immer den gleichen Arbeitsplan.

Wie bindet man die Selbsteinschätzung und die individuelle Rückmeldung ein?

Auf dem Arbeitsplan müssen die Schüler in der dritten Spalte ihren Lern- oder Übungsprozess selbstständig bewerten. Damit erhält der Lehrer eine individuelle Einschätzung durch die Schüler.

In die letzte Spalte kleben sich die Schüler einen Punkt, wenn sie die Aufgabe erledigt haben. Danach zeigen sie die gelösten Aufgaben (z. B. Rechenaufgaben im Buch, gelegte Spielkarten o. a.) der Lehrkraft. Dies ermöglicht eine individuelle Würdigung der individuellen Leistung und erlaubt es, offene Fragen zu klären und Fehler zu beseitigen. Es ist aber nicht möglich, alle gelösten Aufgaben auf der Stelle zu korrigieren.

Am Ende jeder Arbeitsplan-Stunde findet als Austausch und zur Einschätzung der eigenen Leistung ein Klassengespräch statt.

Wie sieht der Unterricht mit dem Arbeitsplan innerhalb der Rechengruppen aus?

Der ersten Rechengruppe wird der neue Lerninhalt vermittelt, die anderen Rechengruppen beginnen mit den Übungsaufgaben auf ihrem Arbeitsplan. Sobald die erste Rechengruppe ihre Einführung beendet hat, beginnt der turnusmäßige Wechsel: die erste Rechengruppe beginnt mit Sicherungs- oder Übungsaufgaben und der zweiten Rechengruppe werden die neuen Lerninhalte vermittelt. Da meist nicht allen drei Rechengruppen neue Lerninhalte zur gleichen Zeit vermittelt werden müssen, lässt sich der Wechsel im Alltag gut organisieren.

Akustische Signale, um an das leise Arbeiten zu erinnern (wie etwa eine Glocke) oder zum Stundenende (z. B. ein Musikstück), bieten sich an.

Wie binde ich die Eltern ein?

Dringend nötig ist es aus meiner Sicht, das Arbeitsplan-Konzept an einem Elternabend vorzustellen. Die Eltern helfen ihren Kindern bei der Erledigung der Hausaufgaben und müssen deshalb das Procedere des Arbeitsplans verstanden haben. Dabei ist hervorzuheben, dass die Einführung der neuen Lerninhalte nicht von den Eltern geleistet wird, sondern nur in der Schule stattfindet.

Die Eltern sind meist von dem Arbeitsplan-Konzept, das auf der individuellen Förderung ihres Kindes basiert, begeistert. Deshalb sind sie auch häufig bereit, Rechenmaterialien herzustellen.

Wie stelle ich das benötigte Material (z. B. Rechenspiele o. a.) her und wie organisiere ich die Materiallagerung im Klassenzimmer?

Am Anfang erfordert die Materialbeschaffung und -herstellung auf jeden Fall einen größeren Zeit- und Arbeitsaufwand. Käuflich erwerbbare Materialien eignen sich zwar meistens gut, jedoch sind sie nicht immer gut handhabbar für Schüler mit feinmotorischen Schwierigkeiten (z. B. Multiplikationsbrett: Perlen fallen häufig herunter) und in der benötigten Menge teuer. Annähernd alle Schulbuchverlage bieten Bastelvorlagen für Spiele. Meist müssen sie etwas adaptiert werden, sind dann aber gut verwendbar. Das Internet ist auch eine gute Fundgrube. Wie schon erwähnt sind Eltern häufig bereit, Materialien zu basteln, z. B. Perlen aufzuziehen oder laminierte Blätter auszuschneiden.

Ist in der Klasse schon der Wochenplan etabliert, bietet es sich an, die Regalfächer für Mathematik auch für den Arbeitsplan zu verwenden. Ansonsten sind geeignete Orte, die nicht anders genutzt werden, im Klassenzimmer zu finden, z. B. Fensterbänke, Regale, Tische, die farblich gekennzeichnet werden können.

Wie erhalten die Schüler während des Arbeitens am Arbeitsplan Hilfe?

Bei auftretenden Fragen sind die Gruppenmitglieder verpflichtet, sich gegenseitig zu helfen oder Gruppenmitglieder anderer Gruppen zu befragen. Konnte kein gefragter Schüler weiterhelfen, klammern die Schüler eine Wäscheklammer mit ihrem Namen an eine im Klassenzimmer aufgehängte Fragekarte. Die Schüler erhalten dann der Reihe nach Hilfestellung durch die Lehrkraft.

Welche räumliche Ausstattung benötigt man?

Wünschenswert wäre ein Klassenzimmer mit angrenzendem Differenzierungsraum, jedoch auch ein Klassenzimmer mit Lernecken oder Gruppentischen eignet sich. Hilfreich sind auch zwei oder drei Computer, um daran Rechenspiele zu lösen.

Wie kommen die Schüler zurecht?

Die Schüler arbeiten nach meiner Erfahrung begeistert in den Arbeitsplan-Stunden, wohl auch, weil sie in ihrem eigenen Tempo rechnen können. Sich gegenseitig Lerninhalte zu erklären, festigt das Gelernte, stärkt das Selbstbewusstsein und fördert den Klassenzusammenhalt.

Wie sehen meine Erfahrungen mit dem Arbeitsplan aus?

Nach zwei Jahren Mathematik mit dem Arbeitsplan bin ich der Meinung, dass das Konzept für heterogene Klassen gut geeignet ist. Dem individuellen Leistungsstand des Einzelnen kann präziser Rechnung getragen und er kann dementsprechend adäquater gefördert werden.

Welche Kehrseiten zeigen sich?

Die unterschiedlichen Arbeitspläne jede Woche zu konzipieren und die dazu notwendigen Materialien zu beschaffen oder herzustellen, nimmt viel Zeit in Anspruch. Auch die Durchführung des Unterrichts mit dem Arbeitsplan fordert viel Organisationstalent und die Fähigkeit, den Überblick über alle rechnenden Schüler zu behalten. Die Versprachlichung der Rechenoperationen kann nicht im Klassenunterricht erfolgen. Dies muss schwerpunktmäßig in den Gruppen geleistet werden.

Im Besonderen dann, wenn schulorganisatorisch keine äußere Differenzierung möglich ist, bietet sich der Arbeitsplan als Mittel der Wahl an. Versuchen Sie es!

4.4 Beispielhafte Wochenpläne in der Grundschulstufe

Claussen (1996) schlägt die Differenzierung von Wochenplänen anhand der „graduellen Freiräume für eigenes aktives Entscheiden und Handeln" (2) vor. Er spricht dabei von zwei Arten:

- „Einsteigermodell": Er empfiehlt den Einstieg in die Wochenplanarbeit dann, wenn die Schüler einfache Arbeitsanweisungen/Aufgaben sinnerfassend lesen und umsetzen können (zu Beginn oder im Verlaufe des 2. Schuljahres im Grundschulniveau).
- „Entwickeltes Modell": Bei entsprechend günstigen Entwicklungen können immer umfangreichere Anteile offener Aufgabenstellungen in den Wochenplan implementiert werden. Claus-

sens Ziel ist die „schrittweise und systematische Weiterführung in Richtung auf noch offeneren Unterricht" (3).

Der Hinweis sei angefügt, dass Claussens Modelle in konzeptioneller Hinsicht interessant sind, jedoch der entscheidende Aspekt darin liegt, für die eigene Klasse oder Lerngruppe das individuell-passende Modell zu finden. Das kann strukturierter sein (analog Claussens Einsteigermodell) oder auch freiere Arbeitsformen beinhalten (analog Claussens Entwickelten Modells), ohne eine prinzipielle qualitative Wertung.

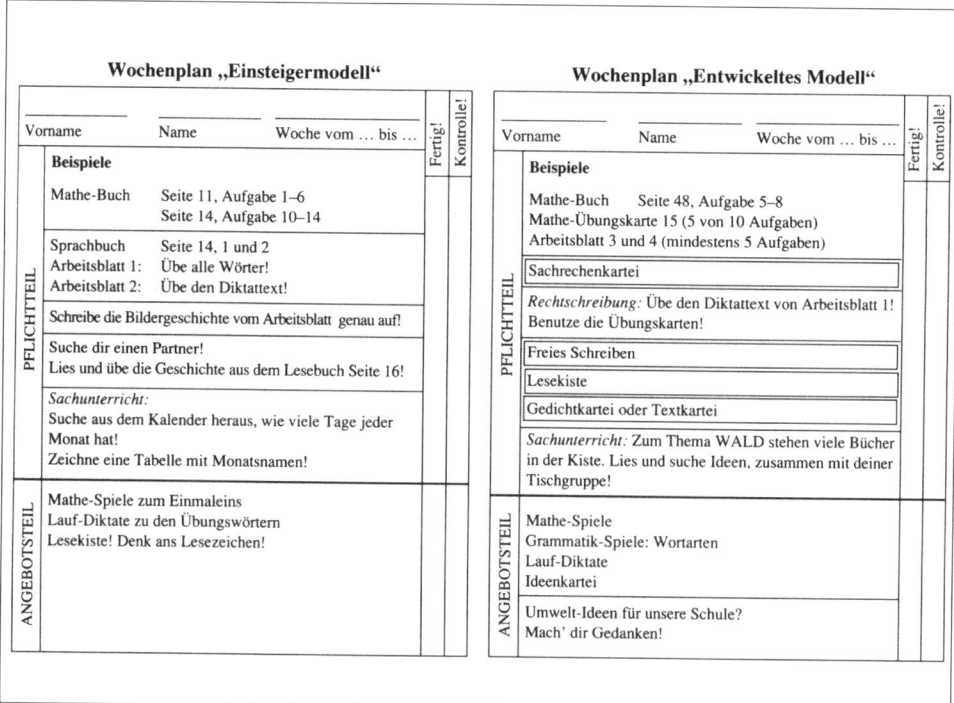

Abb. 60: Differenzierung in „Einsteigermodell" und „Entwickeltes Modell" (Claussen 1996, 3)

Thema Bäume – Exemplarisches Wochenplanthema

Ein exemplarisches Wochenplanthema (3./4. Schuljahr) und ihre Umsetzung von Lawrenz (1995, 14–17) soll vorgestellt werden. Da die Aufgaben für die Grundschule sind, kann dies für Schüler mit Förderbedarf nur eine Anregung sein, die Adaption bedarf hinsichtlich Einsatzmöglichkeiten (Jahrgangsstufen) und Aufgabenstellungen.

Lawrenz organisiert den Wochenplan so, dass er Pflicht- und Wahlaufgaben enthält:

- Innerhalb der Pflichtaufgaben wählen die Schüler frei, mit wem sie zusammenarbeiten wollen, sowie die Reihenfolge der Aufgaben, ebenso, was sie zu Hause oder lieber in der Schule bearbeiten möchten.
- Die Wahlaufgaben sind völlig frei. Auch sind sie themengebunden. Immer haben die Schüler jedoch die Möglichkeit, unter der Rubrik „Eigene Ideen" Aufgabenstellungen zu erfinden.

Oft erwächst bei Lawrenz der Wochenplan aus dem Sachunterricht. Gerade wenn Themen des Sachunterrichts Beobachtungsaufgaben oder Experimente fordern. Diese selbst durchzuführen, sich aus der Beobachtung des Ablaufes Fragen zu stellen oder Erkenntnisse zu gewinnen, dazu brauchen Schüler unterschiedlich lange Zeit. Im traditionellen Unterricht kann diese Zeit, so Lawrenz, „organisatorisch nicht eingeräumt werden. Während der Wochenplanarbeit ist dies gut möglich. Auch der Austausch von Meinungen und Vermutungen verläuft während dieser Arbeit effektiver, und es gibt viele Kinder, die von sich aus ein und denselben Versuch immer wieder durchführen und mit anderen darüber reden wollen" (14).

Ideen für vorausgehende Begegnung mit dem Thema Bäume:

- Eine Unterrichtsstunde im *Schatten eines Baumes auf dem Schulhof*: Wir schauen ins Blätterdach und beschreiben, was wir sehen und empfinden; wir bilden einen großen Kreis – so weit reicht unser Blätterdach. Nachmessen des Umfangs
- *Wir schreiben unserem Baum kleine Briefe und lesen sie dem Baum vor*. Gesprächskreis: Ob unser Baum immer so aussieht wie heute?
- *Erlebniswandertag in den Wald* mit Sammelaufgaben (Blätter, Früchte, Rindenstücke)
- Ordnen der Fundstücke für die *Waldausstellung*: Einführung in die Arbeit mit Bestimmungsbüchern, Zuordnen von Blättern und Früchten, Rätselspiele

Pflichtaufgaben des Wochenplans

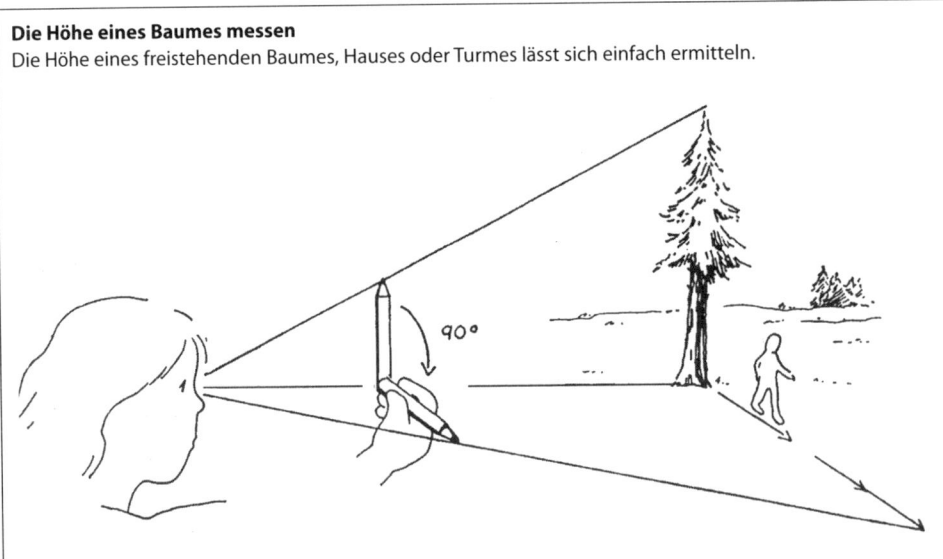

Die Höhe eines Baumes messen
Die Höhe eines freistehenden Baumes, Hauses oder Turmes lässt sich einfach ermitteln.

Ein Kind stellt sich an das zu messende Objekt, hier einen Baum. Ein zweites Kind entfernt sich vom Baum. Es hält einen Bleistift (Ast) senkrecht in Augenhöhe. Es geht so weit zurück, bis sich die Höhe des Baumes mit der Länge des Stiftes deckt. Es kippt jetzt den Stift um 90°. Der Drehpunkt ist die untere Kante des zu messenden Gegenstandes. Das Kind am Objekt geht nun im rechten Winkel (parallel zum Stift) so weit, bis es aus der Sicht des bleistifthaltenden Kindes das Stiftende erreicht hat. Die zurückgelegte Strecke entspricht der Höhe des Baumes.

Abb. 61: Wochenplanaufgabe Höhe des Baumes (Lawrenz 1995, 16)

- *Bäume und Sträucher auf unserem Schulgelände:* Schließt Euch zu Partnern zusammen! Wählt Euch einen Baum oder Strauch aus! Bearbeitet die Aufgaben:
  a) Schaut in den Bestimmungsbüchern nach, wie Euer Baum/Strauch heißt! Schreibt den Namen sehr groß auf ein Zeichenblockblatt.
  b) Zeichnet einen Zweig! Vergesst auch die Knospen nicht.
  c) Klebt eine Frucht auf oder zeichnet sie ab! Versucht den Samen zu finden.
  d) Macht einen Rindenabdruck! Ich zeige Euch, wie man das macht.
  e) Wie groß ist Euer Baum? Die Abbildung hilft Dir, wie man das mit einem Partner abmessen kann. Helft einander.
  f) In den Büchern habt Ihr sicher noch andere wichtige Dinge über den Baum/Strauch erfahren. Schreibt sie auf!

Partnerdiktat: Der Wald

In unserem Wald stehen viele verschiedene Laubbäume und Nadelbäume. Alle Bäume haben Wurzeln, einen Stamm, Äste, Zweige. Alle Bäume tragen Früchte.

Die Eiche trägt Eicheln. Der Esskastanienbaum trägt Esskastanien. Der Ahorn trägt Propeller. Die Nadelbäume tragen Zapfen. Im Herbst färben sich die Blätter unserer Laubbäume bunt. Die meisten Nadelbäume behalten ihre grünen Nadeln auch im Winter. Nur die Lärche wirft ihre gelben Nadeln ab.

Abb. 62: Partnerdiktat (Lawrenz 1995, 16)

- *Das Alter eines Baumes anhand der Jahresringe zählen:* Nehmt eine der Baumscheiben und zählt die Jahre!
- *Das neue Partnerdiktat gemeinsam einüben nach unseren Regeln*
- *Schreibe zu diesen Wörtern die Mehrzahl auf!* Die Wurzel, das Blatt, der Ast, die Frucht, der Zweig, der Stamm, die Rinde
- *Schreibe mit diesen Wörtern Sätze in dein Heft!*
  Alle Laubbäume haben Wurzeln.
  Alle Laubbäume haben …
- *Alle Bäume tragen Früchte: Die <u>Eichel</u> trägt <u>Eicheln</u>.* Schreibe solche Sätze für Buche, Ahorn, Kastanie, Birke, Kiefer, Fichte, Tanne und Lärche in dein Deutschheft.
- *Die Merkwörter zum Diktat für die Kartei eintragen (Partner)*

- *Ein Rätselbaum:* Kannst du die Blätter und Früchte richtig zuordnen?
- *Lesetext „Das Bäumchen":* Lesen und das Arbeitsblatt bearbeiten (Partner/alleine)
- *Bäume sehen verschieden aus:* Kreuzworträtsel (Partner/alleine)

Wahlaufgaben des Wochenplans:

- *Gestalte einen Baum mit Wörtern!* Ein Vorschlag liegt aus.
- *Allerlei Spiele zum Thema Wald/Bäume* (Partner/Gruppe)
- *Rätseltreppen*
- *Blätterpuzzle*

Zur Inspiration weiterer Wochenpläne

Engelbrechtsen (1995) lässt ihre Schüler zu Wort kommen: „Ich finde Wochenplanarbeit gut,

- weil ich da mehr machen kann als im normalen Unterricht",
- weil ich da die Fächer aussuchen kann, wie ich es will",
- weil ich mir aussuchen kann, mit wem ich arbeite". (23)

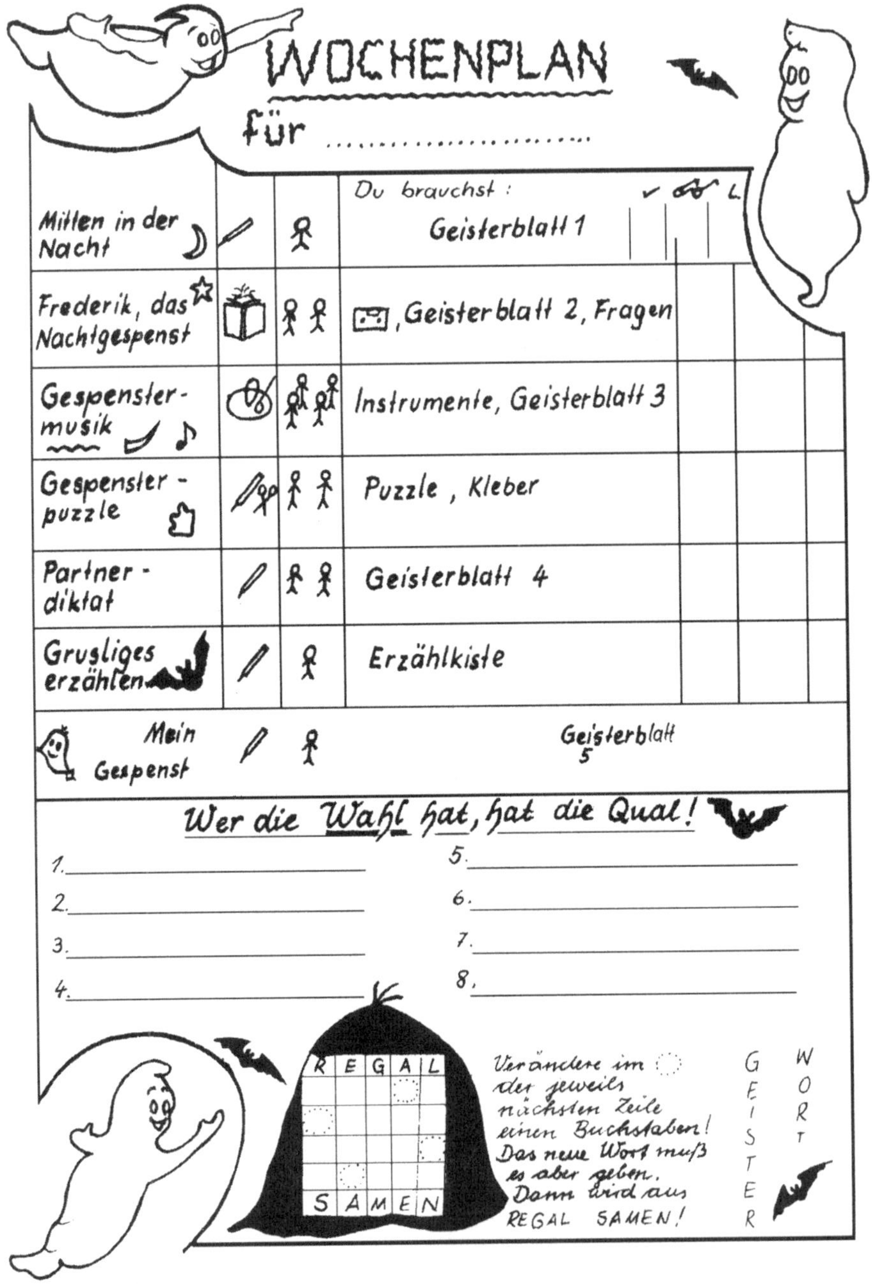

Einsatz in der Grundschulstufe

			Du brauchst:	✓	⌀	L
Mitten in der Nacht 🌙	✎	👤	Geisterblatt 1			
Frederik, das Nachtgespenst ⭐	📦	👤👤	📼, Geisterblatt 2, Fragen			
Gespenster-musik ♪	🎧	👤👤👤	Instrumente, Geisterblatt 3			
Gespenster-puzzle	✂	👤👤	Puzzle, Kleber			
Partner-diktat	✎	👤👤	Geisterblatt 4			
Grusliges erzählen 🦇	✎	👤	Erzählkiste			
Mein Gespenst	✎	👤	Geisterblatt 5			

WOCHENPLAN für ....

Wer die Wahl hat, hat die Qual!

1. _____ 5. _____
2. _____ 6. _____
3. _____ 7. _____
4. _____ 8. _____

REGAL … SAMEN

Verändere in der jeweils nächsten Zeile einen Buchstaben! Das neue Wort muß es aber geben. Dann wird aus REGAL SAMEN!

GEISTER WORT

Abb. 63: Wochenplanbeispiel – Thema „Geist" (Engelbrechtsen 1995, 23)

Beispielhafte Wochenpläne in der Grundschulstufe

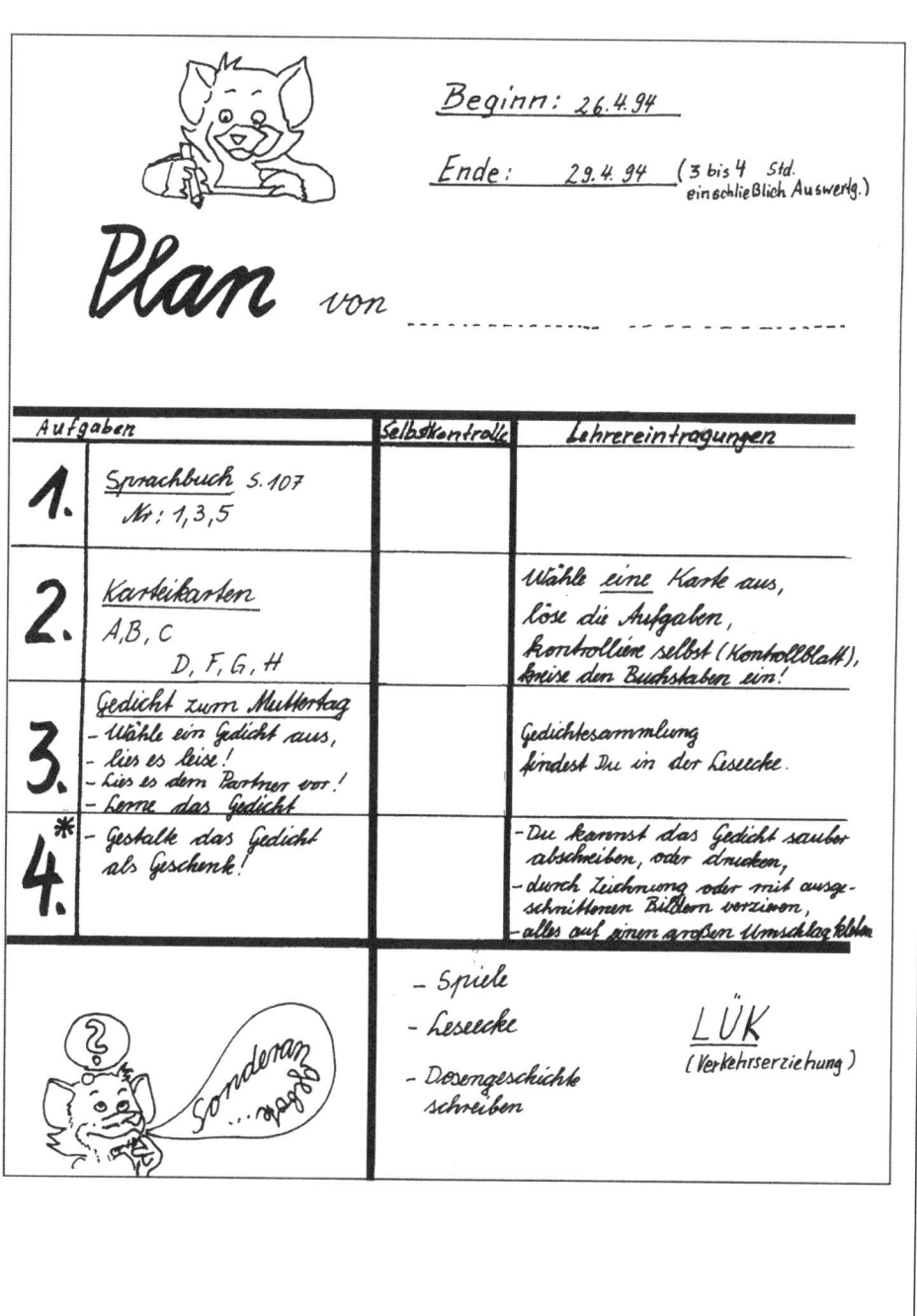

Abb. 64: Wochenplanbeispiel (Kratzsch 1996, 7)

Diese beiden Wochenpläne sind Beispiele dafür, dass – gerade in der Grundschulstufe – die Wochenpläne auch gut mit dem Stift gestaltet werden können und nicht unbedingt mit dem Computer.

Auch eine Kombination aus zeichnerisch gestalteten und computerunterstützten Anteile kann neben Klarheit eine persönliche Note hinzufügen.

Wochenpläne können und sollten sich – wie die Beispiele von Hieronimus, Setten und Böhl zeigen – stark einer Symbolunterstützung bedienen. Dies ist gerade für die erste und zweite Klasse besonders wichtig.

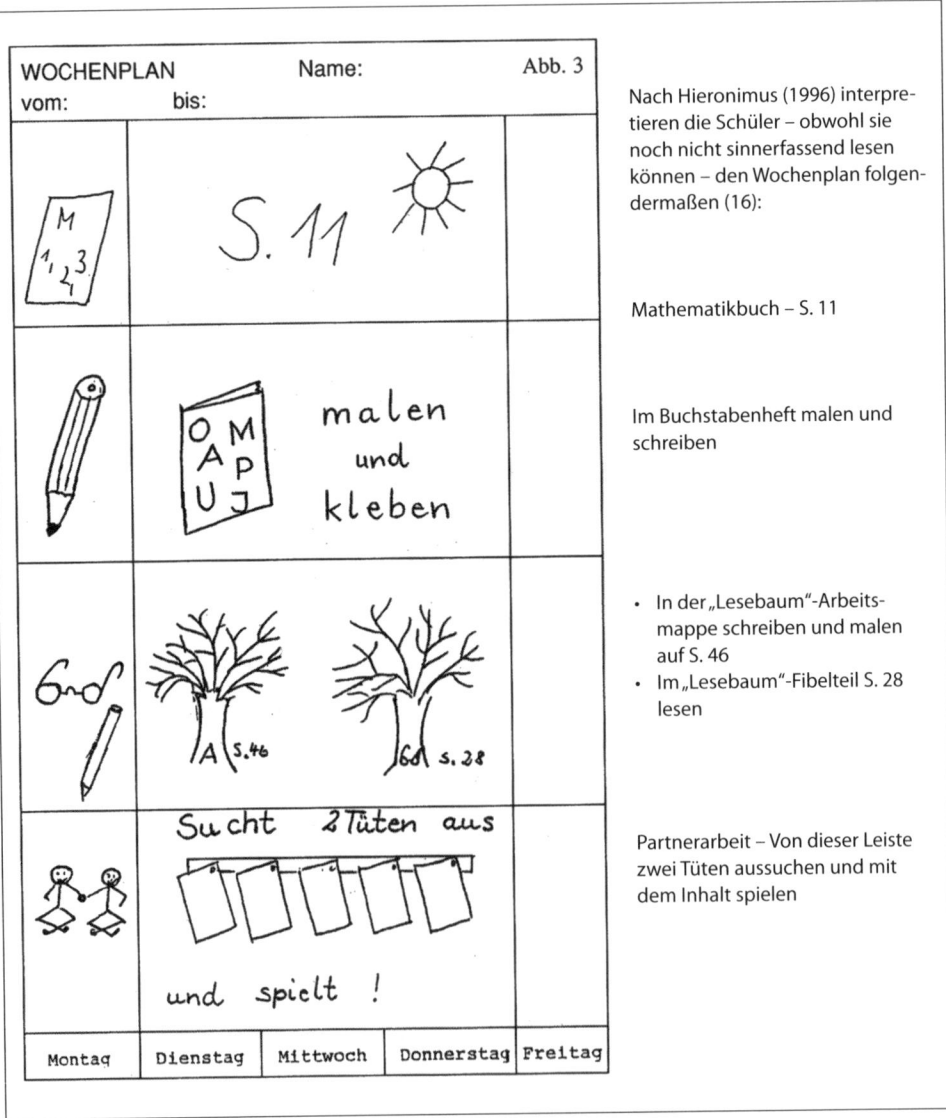

Abb. 65: Wochenplanbeispiel mit starker Symbolorientierung (Hieronimus 1996, 16)

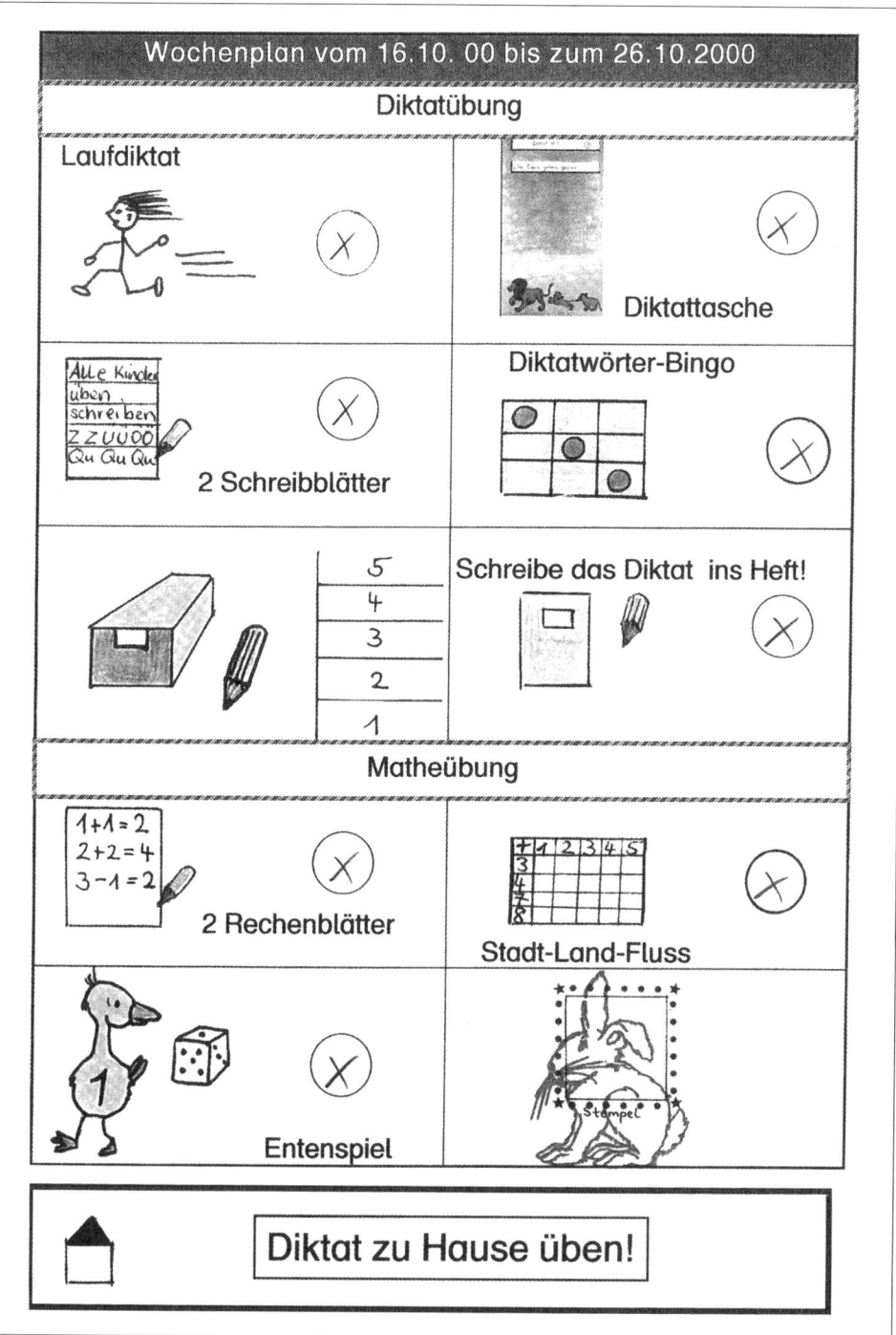

Abb. 66: Wochenplanbeispiel (Stetten 2004, 19)

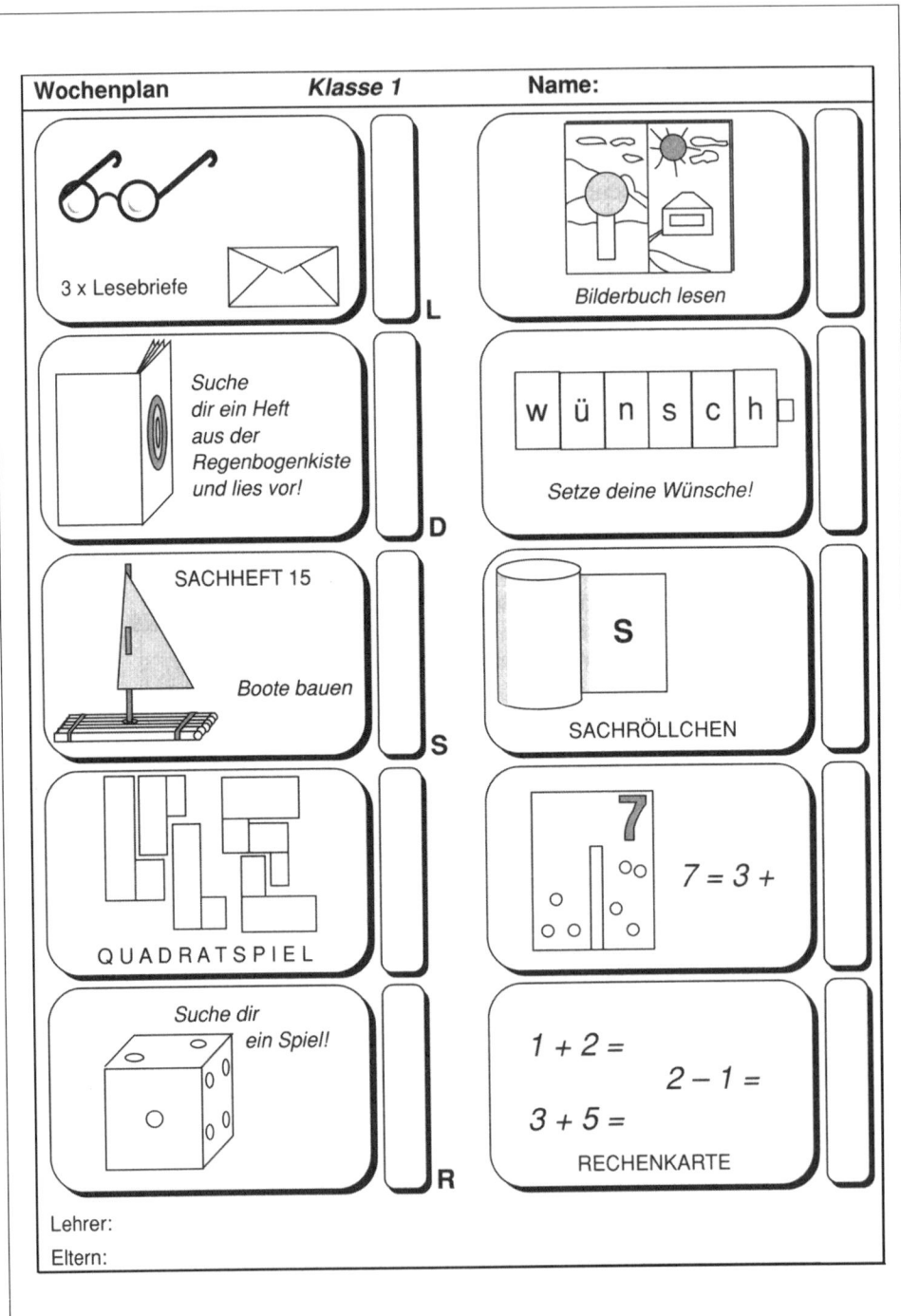

Abb. 67: Wochenplanbeispiel mit starker Symbolorientierung (Böhl 1996, 14)

Beispielhafte Wochenpläne in der Grundschulstufe

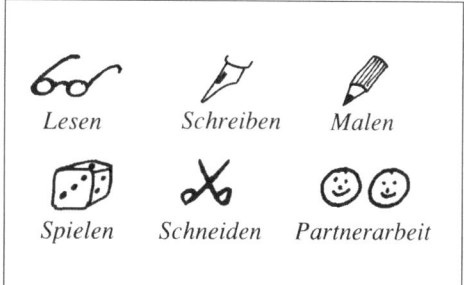

Abb. 68: Wochenplansymbole (Kratzsch 1996, 7)

Abb. 69: Wochenplansymbole (Hieronimus 1996, 16)

Hilfreiche Symbole

Für den Wochenplan der Grundschulstufe ist die Verwendung von Symbolen besonders sinnvoll. Zwischen zwei Arten von Symbolen lässt sich dabei unterscheiden:

- *Fächer- bzw. Aktivitätssymbol*: Sowohl Rechnen und Schreiben als auch Spielen etc.
- *Sozialformsymbol*: Partner- und Gruppenarbeit, Symbol für die Wochenplanarbeit

Diese beiden Beispiele sollen auch zeigen, dass die Symbole nicht nur über Cliparts gefunden werden müssen, sondern sie lassen sich auch leicht selbst skizzieren.

Stillarbeit mit dem Wochenplan und Platz für persönliche Rückmeldungen des Schülers

Gerade für unruhige Schüler führte Kummer (1999, 17) die „Freie Stillarbeit" mit dem Wochenplan ein. Besonderen Wert wird in der Stillarbeit – sie beginnt gleitend mit dem Kommen der Schüler – auf äußerst ruhiges Arbeiten gelegt, dass die Schüler sich sammeln können und in der Schule und im Unterricht ankommen.

Nach der Freien Stillarbeit (1–2 Stunden) versammeln sich alle im Morgenkreis. Sowohl das morgendliche Stillarbeiten als auch die Rückmeldungen (siehe Abb. 70, S. 140) helfen gerade hyperaktiven Schülern.

Ideen für Aufgaben des Wochenplanes in der Grundschulstufe

(vgl. Staatsinstitut für Schulqualität und Bildungsforschung 2007, 77)

Erst- und Zweitklässler:

- Spiele zur phonologischen Bewusstheit (Reimmemory, Silbenlotto, Anlautdomino …)
- Verschriftungsaufgaben lauttreuer Wörter nach einem Trainingsplan

Wochenplan für die Freie Stillarbeit von *Dienstag, den 16.03.* bis *Freitag, den 19.03.99*

Name: Franziska P.

Lernbereich	Pflichtaufgabe	erledigt	So war es für mich
1. Recht- schreiben	Übertrage die Merkwörter aus unserer Nachschrift »Susi kauft ein« auf Karteikarten! Schlage im Wörterbuch nach! Ordne die Merkwörter in deinem Karteikasten nach der Wortart ein!	✓	Ich war schnell fertig.
2. Lesen	Lies dir im Lesebuch S. 126 die Geschichte »Beim Einkaufen« gut durch! Beantworte dann die Fragen zur Geschichte an der Tafel! Schreibe die Antworten in dein Freiarbeitsheft!	✓	Die Geschichte ☺ war echt lustig.
3. Schreiben	Auf dem Arbeitsblatt 1 findest du den Einkaufszettel von Uli. Er ist etwas durcheinander geraten. Ordne die Waren sinnvoll und schreibe den Einkaufszettel für Uli noch einmal in dein Freiarbeitsheft!	✓	Ich habe es gemacht mit Lui es war gut!
4. Mathe	Übe das Einmaleins mit 4! Rechne dazu im Rechenbuch S. 55, Nr. 3 und 5! Schreibe die Aufgaben in dein Streifenheft!	✓	Ich mag Einmaleinsrechnen.

Weitere Vorschläge

Mathematik 1 × 1 - Übung	Rechtschreiben Nachschriftübung	HSK Materialiensammlung	Lesen Flohkiste-Schmökern
Spiele auf dem Rechentisch	Druckstation, Laternenspiel	Plakatarbeit: Was kaufe ich wo?	Flohkisten im Leseregal
(ja)/ nein	(ja)/ nein	(ja)/ nein	ja /(nein)
So war's: Das neue Spiel ist gut.	So war's: Ich habe einmal gewonnen	So war's: Ich habe viel ausgeschnitten und geklebt.	So war's:

Abb. 70: Wochenplanbeispiel mit Raum für den Schüler für persönliche Rückmeldungen (Kummer 1999, 18)

- Mengen zählen und Zahlen zuordnen
- Spiele zur Zahlenreihe
- Ziffernschreibkurs
- Mengendarstellung von Steckwürfeln auf Karos im Rechenheft
- Einüben von Druckbuchstaben
- Schwungübungen
- Aufgaben mit geometrischen Flächen und Körpermodellen
- Fertigstellen angefangener Bilder aus dem Kunstunterricht
- Arbeit mit Lernsoftware (Blitzrechnen, Lernwerkstatt, Budenbergprogramm ...)

Zweit- bis Viertklässler (hinzukommend zu den Ideen für die erste/zweite Klasse):

- Arbeit an der Lesekarte
- Erarbeitung der Schreibschriftbuchstaben
- Rechtschriftliche Einübung von Wörtern aus dem Grundwortschatz/eigenen Lernwörtern

- Arbeit mit der Rechtschreibkartei
- Anwendung der Abschreibtechnik
- Freies Schreiben
- Forscheraufträge zu Wort- und Satzarten
- Aufgaben zur Zahlenreihe
- Aufgaben zur Mengenstrukturierung
- Weiterarbeit an eigenen Mappen zu Themen aus dem Heimat- und Sachunterricht
- Übungen an der Hundertertafel bzw. am Tausenderfeld
- Lesekonferenzen
- Forscheraufgaben zum Heimat- und Sachunterricht
- Schreibkonferenzen
- Übung mit der Aufsatzkartei

Das kleine Gedicht von Kratzsch (1996, 5) über die Veränderung ihrer Schüler im Kontext des Wochenplanes schließt dieses Kapitel ab:

Wenn ich nur darf,	Wenn ich aber darf,	Denn schließlich:
wenn ich soll,	wenn ich will,	Die können sollen,
aber nie kann,	dann mag ich auch,	müssen wollen dürfen.
wenn ich will,		wenn ich soll,
dann mag ich auch nicht,		und dann kann ich auch,
wenn ich muss.		wenn ich muss.

5 Einsatz in der Hauptschulstufe

> „Immer mehr wird heute erkannt, dass die Arbeit mit Wochenplänen gerade in der Sekundarstufe in nahezu allen Fächern und Schulformen Möglichkeiten bietet, die Schülerinnen und Schüler zum selbstständigen Lernen zu führen." (Vaupel 2000, 72)

Einige für diese Stufe heraustretenden Zielstellungen verdienen Betonung:

- Die *zeitliche Struktur* erweitert den Horizont von einer Unterrichtsstunde über einen Schultag auf eine Woche. Gerade für Schüler höherer Jahrgangsstufen ist die Förderung einer auf einen längerfristigen Horizont gerichteten Handlungsplanung ein wichtiges Ziel.
- *Klar gesteckte Anforderungen* innerhalb eines verlässlichen Rahmens mit impliziten *Möglichkeiten eigener Entscheidung* bergen für die Jugendlichen Motivation, die gerade in dieser Stufe oft ziemlich leidet.
- Die Schüler sollen die *Strukturierung ihrer Wochenarbeitsleistung* erlernen. Diese Arbeitsleistung verteilt sich auf die Wochenplanstunden, Arbeitszeit am Nachmittag (und evtl. gebundene Stunden). Durch die Wochenplanarbeit kann die klassische Hausaufgabe (bis auf gelegentlich kurzfristige Aufgaben oder Hausaufgaben in Sachfächern) mit Vorteilen für Schüler und Lehrkraft in den Wochenplan integriert werden.
- Die Förderung der *Selbstständigkeit* drückt sich auch in der eigenverantwortlichen Organisation der notwendigen Lernmaterialien aus. Im gebundenen Unterricht erfolgt in der Regel zeitnah eine Ausgabe der Materialien, wie beispielsweise Arbeitsblätter. Bei der Wochenplanarbeit sammelt der Schüler sich diese von den betreffenden Orten zusammen (vom Wochenplantresen an der Rückfront, aus dem Materialregal und -schrank etc.).
- Die *Verantwortlichkeit der Schüler für ihre Arbeitsergebnisse* steht im Vordergrund. Der Schüler hat seine in der vergangenen Woche geleistete Arbeit bei der Abschlussreflexion und -kontrolle darzulegen und ggf. auch zu rechtfertigen.

Für Schüler erweitert sich – innerhalb einer festen Struktur – der Handlungsrahmen im Rahmen der Wochenplanarbeit:

Mit dem Wochenplan können

- Schüler ihr Arbeitstempo innerhalb eines bestimmten Rahmens selbst bestimmen,
- Schüler zum Teil durch Auswahl selbst Schwerpunkte setzen,
- Schüler in einem festen Rahmen selbst ihren Lernrhythmus (Anspannung – Entspannung) bestimmen,
- ihrem eigenen Lerntempo und Lernrhythmus nachgehen,
- individuelle Interessen und Motivationen teilweise berücksichtigt werden (vgl. Bauer 2003, 44).

5.1 Zusätzliche schulstufenbezogene Intention: Förderung von Grundkompetenzen, Arbeitstugenden und Schlüsselqualifikationen

> „Diese für eine umfassende Schulbildung zentralen Kompetenzen
> können im reinen Frontalunterricht nicht aufgebaut werden."
> (Zeindler 2000, 24)

Übereinstimmend werden Grund- bzw. Schlüsselqualifikationen genannt, die Schüler erlernen müssen. Dazu gehören nach Bauer (2001, 191):

- Organisation und Ausführung einer Arbeitsaufgabe
- Kommunikation und Kooperation
- Anwendung von Lern- und Arbeitstechniken
- Selbstständigkeit und Verantwortung
- Belastbarkeit

Einteilen lassen sich die Schlüsselqualifikationen in drei Bereiche:

1. *Methodenkompetenz*: Wesentliche Elemente der Methodenkompetenz sind die Fähigkeit zu logischem Denken, Arbeitsmethodik, Problemlösefähigkeit und Lernfähigkeit.
2. *Sozialkompetenz:* Darunter wird der kooperative und konfliktfähige Umgang mit anderen Personen verstanden. Dazu gehören Kommunikations-, Kooperations-, Konflikt- und Teamfähigkeit.
3. *Selbstkompetenz*: Diese Fähigkeit bezeichnet die Fähigkeit, eigenverantwortlich und selbstvertrauend zu handeln. Unter anderem sind hierzu Eigenschaften wie Entscheidungsfähigkeit, Eigeninitiative, Selbstständigkeit und Verantwortungsfähigkeit zu zählen.

> **Schlüsselqualifikationen:** „Das Wort <Qualifikation> kommt vom lateinischen Wort <qualificatio>: Dies ist zu übersetzen mit <Vorgehensweise>. [...] Schlüsselqualifikationen sind solche Kenntnisse, Fähigkeiten und Fertigkeiten, die relativ unabhängig von praktischen und begrenzten Verwendungsbereichen grundlegende Ausrüstungen des Menschen betreffen.

Abb. 71: Begriffsbestimmung *Schlüsselqualifikationen* (Bönsch 1998a, 139)

Landwehr (1998) sieht die Verankerung der Schlüsselqualifikationen in der Förderung der Lernkompetenz: „In der Förderung der individuellen Lernkompetenz liegt der entscheidende Ansatzpunkt zum Erwerb der so genannten ‚Schlüsselqualifikationen', die zum selbstständigen und eigenverantwortlichen Umgang mit neuen Lernsituationen befähigen und die in einer Gesellschaft des beschleunigten Wandelns zunehmend an Bedeutung gewinnen" (49).

Eine explizite Förderung der Schlüsselqualifikation – das ist ein nicht wegzudiskutierender Fakt – ist schwierig. Diese lassen sich nicht isoliert fördern, sondern finden ihre sinnvolle Umsetzung im Andocken an pädagogische und methodische Umsetzungen. Anders formuliert, die Schlüsselqualifikationen und Arbeitstugenden sind in ihrer Notwendigkeit unumstritten, jedoch „hängen" sie intentional so hoch, dass die Förderung dieser erst in methodisch und unterrichtsorganisatorisch umsetzbare Formen gebracht und an inhaltliche Anforderungen geknüpft werden müssen.

Schlüsselqualifikationen und Wochenplanarbeit

Eine Möglichkeit, grundlegende Schlüsselqualifikationen zu fördern, ist durch den Wochenplanunterricht gegeben: „Beim Lernen mit dem Wochenplan können Schüler Schritt für Schritt zahlreiche Qualifikationen erwerben. So fördert die Wochenplanarbeit die Fähigkeit und Bereitschaft, Probleme und Aufgabenstellungen selbstständig, zielorientiert und sachgerecht zu bearbeiten und das Ergebnis zu beurteilen" (Vaupel 2001a, 33).

Das ist sicherlich abstrakt formuliert, doch die Zielrichtung ist klar: Schon in den kleinen Fragestellungen, wie den folgenden, ist die Auseinandersetzung mit den Qualifikationen angelegt:

- Womit fange ich an?
- Wie teile ich mir meine Zeit insgesamt und für einzelne Aufgaben ein?
- Was bearbeite ich in der Schule, was zu Hause, was an anderen Lernorten?
- Welche Interessenschwerpunkte will ich im Wahlbereich wählen?
- Arbeite ich alleine oder mit Partnern? Mit welchem Partner arbeite ich?
- Bewältige ich die auftretende Schwierigkeit selbstständig oder nehme ich Hilfe in Anspruch?

Es wird durch die Wochenplanarbeit eine „zentrale Schlüsselqualifikation, die Planungskompetenz, in den Vordergrund gerückt" (Zeindler 2000, 23). Detaillierter und mehrdimensionaler betrachtet werden durch Wochenplanarbeit u. a. folgende Schlüsselqualifikationen gefördert und gefordert:

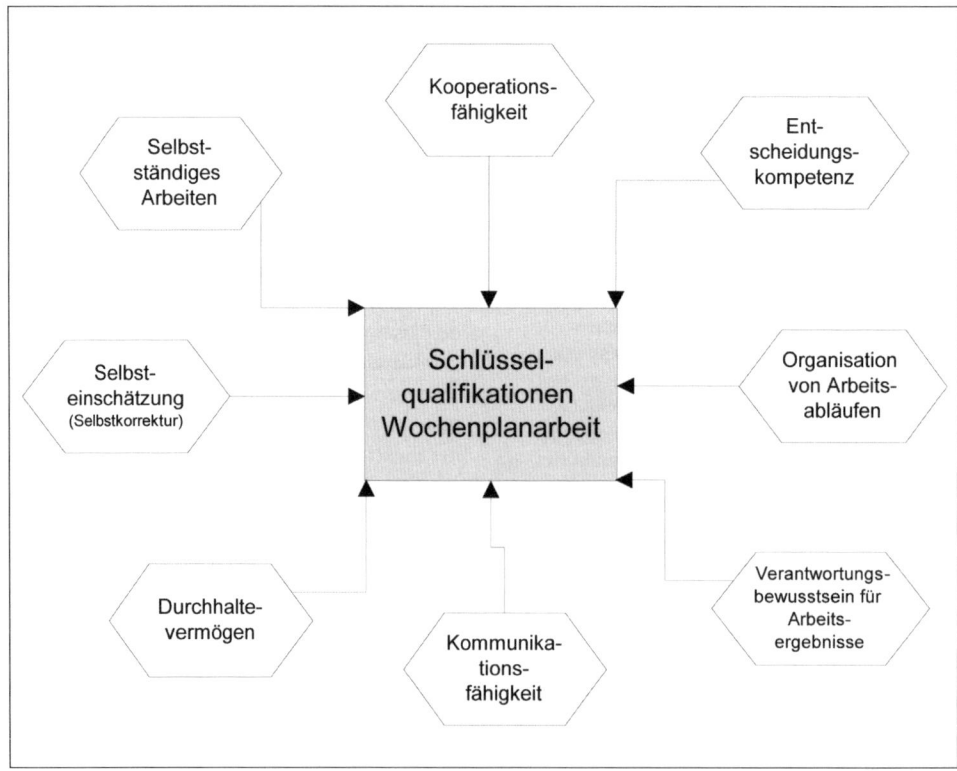

Abb. 72: Schlüsselqualifikationen der Wochenplanarbeit

Qualifikationen und ihre Handlungsfelder

Hebel/Zipfel (1995) formulieren einige der Qualifikationen der Wochenplanarbeit, sie lassen sich mit beispielhaften Handlungsfeldern verknüpfen:

Qualifikationen, die bei der Wochenplanarbeit und im offenen Unterricht angebahnt werden (Auswahl aus Hebel/Zipfel 1995, 7)	Lern- und Handlungsfelder
Lern- und Arbeitstechniken einsetzen und trainieren	*Beispiel:* Informationen einholen und auswerten, Umgang mit Nachschlagewerken
Mit verfügbarer Zeit umgehen lernen	*Beispiel:* Es verbleiben 20 Min. der Wochenplanstunde, welche Aufgaben lassen sich zeitlich sinnvoll bearbeiten?
Über Selbsttätigkeit zur Selbstständigkeit gelangen	*Beispiel:* Über das selbsttätige Arbeiten in der Wochenplanstunde die selbstständigen Verantwortung für den eigenen Wochenplan erreichen.
Konzentriert, ausdauernd und zielgerecht arbeiten	*Beispiel:* Zu Beginn der Wochenplanstunde darauf achten, dass vor dem visuellen und auditiven Startimpuls alle Schüler gesammelt und arbeitsbereit sind.
Eigene Ideen einbringen (kreativ sein)	*Beispiel:* Kreative Aufgaben stellen; Vorschläge der Schüler für Wochenplanaufgaben/-themen fördern
Ordnungen anerkennen und einhalten	*Beispiel:* Wenige Regeln aufstellen; durch konsequente Reaktion bei Missachtung die Bedeutung dieser Struktur für die Schüler verdeutlichen.
Formen des sozialen Lernens	*Beispiel:* In Partnerform arbeiten, dem Mitschüler helfen und eine Aufgabe/einen Unterrichtsinhalt nochmals erklären
Ergebnisse darstellen und mitteilen	*Beispiel:* Ausgewählte Arbeitsergebnisse in der Klasse aufhängen/Arbeitsaufgaben als Vorbereitung für den gebundenen Unterricht stellen; Ergebnisse vor der Klasse vorstellen lassen.
Leistung selbstkritisch einschätzen	*Beispiel:* In der Wochenplanreflexion eine deutlich von der Realität abweichende Selbsteinschätzung des Schülers korrigieren und detailliert begründen.

Für Seidl (1996) leistet die Wochenplanarbeit aufgrund der impliziten Anforderungen im Bereich der Arbeitstugenden für Schüler der Klassen 7–9 sogar „einen Teil der beruflichen Qualifikation" (79).

Erweiterte Lehrerrolle

Die Wochenplanarbeit erfordert eine erweiterte Sicht der Lehrerrolle. Zeindler (2000) beschreibt die Schwierigkeit dieser erweiterten Lehrerrolle: „Lehrpersonen, in denen Tausende von Frontalstunden – selber schon als Schüler erlebt – tiefe Spuren hinterlassen haben, müssen erst ein neues *Rollenverständnis* aufbauen. Bereits ein an sich banales *Aus-dem-Mittelpunkt-Treten* – das so unverzichtbar ist, soll der Lerner sein eigenes Arbeiten und Lernen selber in die Hand nehmen – bereitet vielen beträchtliche Mühe" (26).

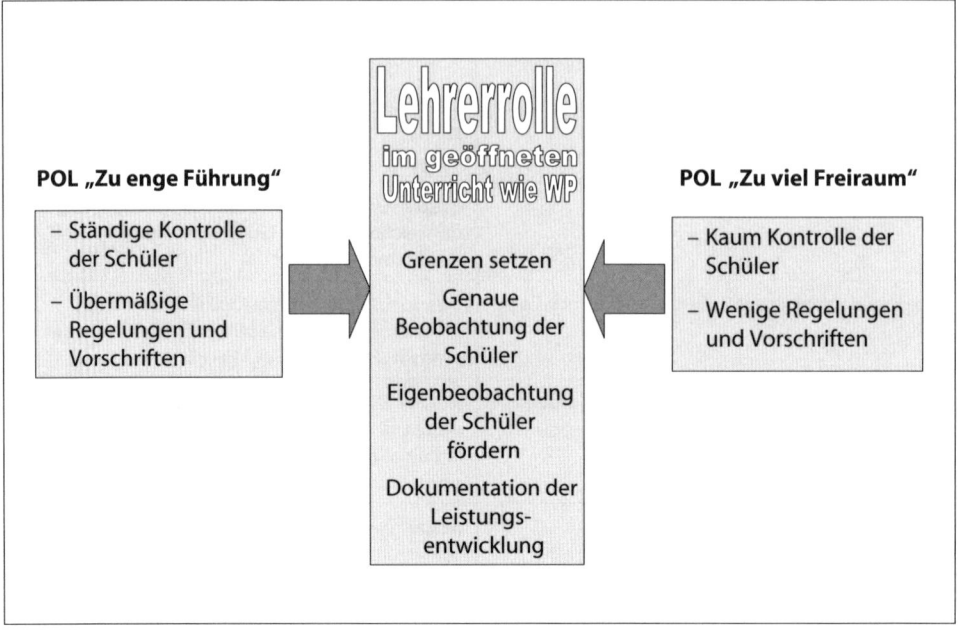

Abb. 73: Zur Lehrerrolle im geöffneten Unterricht (bspw. Wochenplanunterricht)

Die Schwierigkeit der Lehrerrolle im Wochenplanunterricht liegt in der ausbalancierten Mitte zweier Pole (siehe Abb. 73). Bauer (2007) postuliert – auf der Basis von Erkenntnissen der Neuropsychologie – eine Balancierung der Lehrerrolle zwischen *„verstehender Zuwendung und Führung"* (54). Diese Zielrichtung lässt sich auch auf den Wochenplanunterricht übertragen. *Verstehende Zuwendung* bedeutet sowohl individuelle Aufgabenstellung als auch die zuwendende Hilfestellung bei Schwierigkeiten der Aufgabenbearbeitung. Sowohl in der Wochenplanstunde als auch im – wenn auch kurzen – Einzelgespräch in der Wochenplanabschlussstunde zur geleisteten Arbeit kommt diese direkte Ansprache zum Tragen. Der Part der *Führung* im Rahmen der Lehrerrolle zeigt sich in der undiskutierbaren Setzung der Struktur und Rahmenbedingung der Wochenplanarbeit durch die Lehrkraft.

Während des Aufbaus der Wochenplanarbeit spricht Morawietz (1997) von entstehenden „Rollenproblemen" (255) aufgrund einer Ausbildung im Studium primär für den Lehrgangsorientierten Unterricht: „Besonders in der Anfangszeit sind viele Lehrer zu aktiv. Sie lenken und überprüfen die Schüler häufig, drängen zu viel Hilfe und Beratung auf, verraten bei Fehlern die Lösungen und ‚stören' insgesamt einige Schüler bei der Arbeit. Durch zu viele Regelungen und Vorschriften kann die Wochenplanarbeit geschlossener werden als schülerbezogener Frontalunterricht, bei dem der Lehrer auf die Schülerfragen und Schülerwünsche eingeht. Andere Lehrer sind zu passiv und verwechseln Wochenplanarbeit mit dem Laissez-faire-Stil. Sie stellen zu wenige oder ungeeignete Arbeitsmaterialien bereit oder sie vereinbaren mit den Schülern zu wenige oder unpassende Arbeitsregeln. Sie ziehen keine Grenzen bei den von Schülern vorgeschlagenen Themen, sie geben zu wenig Hilfen und Beratungen, sie haben keine Übersicht über Lernerfolge und Misserfolge, sie übersehen untätige Schüler eine lange Zeit, sie machen sich keine Aufzeichnungen über Schülerarbeiten oder sie korrigieren falsche Schülerarbeiten nicht" (256).

5.2 Aspekte und Anregungen der Durchführung der Wochenplanarbeit

Im Rahmen dieser Methode ist die Freiheit – „Die Abfolge der Erledigung [wird] freigestellt" (Bauer 2003, 43) – implizit mit Verbindlichkeit und Anforderung verbunden: „Der Endzeitpunkt der Gesamtfertigstellung ist festgelegt" (ebd.).

Die didaktische Reflexion hebt immer deutlicher die Notwendigkeit einer geöffneten Form des Unterrichts hervor. Die Wochenplanarbeit reiht sich in die Ziele des Offenen Unterrichts ein. Primär im Hinblick auf das Ziel, „beim Lernweg eine eigene Struktur und Abfolge zuzulassen und dadurch zu öffnen" (Bauer 2003, 20). Diese notwendige Offenheit im Zulassen nicht vorher normierter Abfolgen von Arbeiten begründet Bauer wie folgt: „Wer möchte, findet immer eine Begründung für die ‚richtige' Abfolge bei der Erarbeitung und Erledigung von Aufgaben. Als Lehrkräfte argumentieren wir oft mit der Stoffstruktur, z. B. mit der zeitlichen Abfolge in Geschichte, mit vorhandenen oder noch nicht vorhandenen Vokabeln. Dabei gehen wir meist unausgesprochen und vielleicht auch unbewusst einfach von unserer eigenen Lernart und unserer eigenen Erfahrung mit dem Lerninhalt aus. Mein Wunsch ist einfach, Lernwege und strukturelle Zugänge zu relativieren und vor allem andere Zugänge oder einfach mal andere Reihenfolgen zuzulassen. Wer aus eigener Erfahrung seinen Lernweg findet, hat mit Sicherheit einen viel größeren Lerneffekt erzielt als derjenige, der, ohne sich eigene Gedanken zu machen, einen vorgegebenen Weg nimmt" (ebd.).

Im gleichschrittigen Vorgehen im Unterricht „sind Vorgehensweise und ‚Schrittlänge' bestimmt. Freiheit in der Abfolge bedeutet, dass jemand mit dem beginnen kann, was ihm am wichtigsten oder schon vertraut ist oder mit dem, was bei ihm Neugierde erzeugt hat. Jeder kann damit Neues individuell in seine vorhandene Struktur einfügen, individuelle ‚Anker setzen' oder an vorhandenen Strukturen anknüpfen" (21). Beim Wochenplanunterricht – das ist einer seiner größten Vorteile – lässt sich das Lernen und der Unterricht „zugleich offen gestalten […] und dennoch […] strukturieren" (Hass-Hausmann/Schütz 2000, 7): Zielgerichtetheit und Freiraum!

Rahmenbedingungen einer Umsetzung der Wochenplanarbeit

Im Folgenden werden Struktur und Rahmenbedingung einer Form der Wochenplanarbeit skizziert (14 Schüler, 9. Klasse, Bezugslehrpläne Förderschwerpunkt Lernen und Hauptschullehrplan), diese Aspekte können als Anregung dienen für eigene Planungen.

- **Beginn und Ende der Wochenintervalle des Wochenplanes**

Am Dienstag ist in diesem Falle der Wochenplanwechsel. Dies birgt folgende Vorteile:

– Die Schüler stoßen am Montag, dem Anfang der Woche, darauf, welche Aufgaben sie noch bis Dienstag fertig machen müssen.
– Das Wochenende ist – gerade in dieser Stufe – für eine Bearbeitung nicht ausgeschlossen.

- Die oft unter Konzentrationsschwäche leidende letzte Stunde des Nachmittagsunterrichts eignet sich gut für die *Wochenplanabschlussstunde*.
- Die Lehrkraft hat die Möglichkeit, die neuen Wochenpläne am Montagnachmittag zu erstellen.

Während der Woche haben meine Schüler die Möglichkeit, während sechs Stunden (vier Tage die Woche eine Stunde, einen Tag eine Doppelstunde) am Wochenplan zu arbeiten. Die Anzahl der Wochenplanstunden ist an die Klasse und Lerngruppe anzupassen; sie kann variieren zwischen 2 und 10–12 Stunden (siehe ausführlicher Kapitel 3.2).

- **Differenzierung**

„Wochenpläne bieten sinnvolle und praktikable Differenzierungsmaßnahmen" (Haas-Hausmann/Schütz 2000, 7). Damit die Differenzierungsmaßnahmen in gutem Sinne umgesetzt werden können, bietet sich – durch qualitative Differenzierung – die Einteilung in Differenzierungsgruppen an. Besondere Fördernotwendigkeiten und Akzentsetzungen beim einzelnen Schüler lassen sich durch quantitative Differenzierung und ergänzende qualitative Differenzierung praktizieren (siehe auch Kapitel 3.5).

In den Hauptfächern werden im Rahmen der Wochenplanarbeit folgende Differenzierungsgruppen verfolgt:

- *Deutsch*: In den Bereichen Rechtschreibung und Sprachbetrachtung bilden sich zwei Differenzierungsgruppen; die Aufgaben zur Textproduktion können alle – entsprechend ihrem jeweiligen Leistungsstand – erfüllen.
- In *Mathematik* sind drei Differenzierungsgruppen notwendig. Aufgrund der hohen Klassenstufe extrapoliert sich eine große Breite der Lern- und Leistungsstufen heraus.
- Auch im Fach *Englisch* ist eine Differenzierung in zwei Gruppen notwendig.

Die Arbeitsaufgaben erstrecken sich auf selbst zu erarbeitende Aufgaben und Übungsaufgaben. Die passende Mischung aus diesen beiden Aufgabentypen und fein justierte Schwierigkeitsanforderungen machen das Geheimnis aus: „Der Arbeitsauftrag beschränkt sich auf selbst zu erarbeitende Inhalte (lehrgangsbetont und projektartig) und selbstverständlich auf Übungsteile, die ohne direkte Anweisung der Lehrkraft erledigt werden können. Auch reproduktive Arbeiten oder praktische Arbeiten finden hier ihren angemessenen Stellenwert" (Bauer 2003, 43). Gerade die selbst zu erarbeitenden Inhalte sind dosiert und mit der genauen Abstimmung der Leistbarkeit für die Schüler einzubauen; die Erfahrung zeigt, dass man bei selbstständig zu erarbeitenden Aufgabenstellungen zu schnell überaus schwierige Anforderungen stellt.

- **Pflicht- und Wahlaufgaben**

In der Regel ist der Wochenplan durch „Pflicht- und Wahlaufgaben zu anstehenden Unterrichtsinhalten" (Hass-Hausmann/Schütz 2000, 6) gekennzeichnet. Da die Schüler aufgrund zweijähriger Kontinuität mit der Methode mittlerweile gut vertraut sind und ihr motivational positiv gegenüber stehen, wurden die Wahlaufgaben sehr reduziert und finden mittlerweile nur mehr eine sporadische Verwendung. Dies vor dem Hintergrund, dass im Zuge der Berufsvorbereitung in der Abschlussklasse (9. Klasse) – wenn möglich – die Wahlmöglichkeiten bezogen auf die aufgetragenen Arbeitsaufgaben ausgeblendet werden sollten, damit die Schüler schon zur Schulzeit erlernen, dass die anfallenden Arbeitsaufgaben im Berufsalltag zu erledigen sind.

- **Einzel- und Partnerarbeit**

Aufgaben des Wochenplanes beziehen sich auf eigenständig und mit einem Partner zu erledigende Aufgaben. Ein Schwerpunkt der Aufgabenstellungen auf die Einzelarbeit bewährte sich jedoch in den Abschlussklassen, da der Wochenplan sich in guter Weise dazu eignet, dass die Schüler die selbstständige Erledigung einer Arbeitsaufgabe (deckungsgleich mit der Arbeitstugend des eigenständigen Arbeitens) erlernen, inklusive der Organisation der Arbeitsmaterialien. Partneraufgaben ergänzen diese Intention und lockern in dosierter Form die Arbeitsstruktur auf. Zur umfassenden Förderung einer Arbeit im Team eignet sich der alltägliche Einsatz der Methodik der Gruppenarbeit im gebundenen Unterricht in guter Weise.

- **Mit dem Wochenplan „arbeiten" – ihn leben lassen!**

Die Lebendigkeit des Wochenplans als akzeptiertes Arbeitswerkzeug und geschätzte „Unterrichtsklammer" gewinnt dadurch, dass er im Schulalltag immer wieder zur Hand genommen wird. Zunächst erfolgt das gemeinsame Studium in der Klasse bei der Ausgabe des neuen Wochenplans. Bei Bedarf werden sofort Anmerkungen oder Informationen notiert oder Hervorhebungen vorgenommen. Der neue Wochenplan wird durch dieses Ritual in Besitz genommen.

Durch ein tägliches in die Hand nehmen des Wochenplans im Rahmen des Unterrichts (zu Beginn oder am Ende des Unterrichtstages oder als Einstieg/Abschluss der Wochenplanstunden) transportiert sich für die Schüler die Wertigkeit des Wochenplans. Diese tägliche Befassung kann sich durch verschiedene Aufgaben ausdrücken: Notieren von Informationen, Aufschreiben zusätzlich durchgeführter Aufgaben, Kennzeichnen von persönlichen Schwierigkeiten einzelner Aufgaben, Vermerken leichter Aufgaben, usw. Darüber hinaus bewährte sich bei der Erstellung des Wochenplans der Einbau von Feldern, die durch die Schüler zu beantworten sind (bspw. Fragen nach Themen-, Aufgabenwünschen für einen der nächsten Wochenpläne; Abfrage des persönlichen Monatsziels; Selbsteinschätzung zur Ausführung des Klassenamts etc.).

Der Kreativität sind keine Grenzen gesetzt, wichtig ist, dass der Wochenplan „lebt"! Die fortlaufende Balance aus Ritual und Beständigkeit und neuen Impulsen und Lebendigkeit ist – im Besonderen über einen langen Zeitraum des Einsatzes des Wochenplans – gar nicht so einfach und eine Herausforderung.

Schließlich tragen auch die Nummerierung der Wochenpläne und das Herausstellen (ggf. Feiern) des 5., 10. und 20. Wochenplans zur Lebendigkeit der Wochenplanarbeit bei. Kreative und variationsreiche Arbeiten mit dem Wochenplan verhindern motivationszersetzende Umsetzungen der Wochenplanarbeit im Sinne eines reinen „Abarbeitens eines Lernprogrammes" (Vaupel 2000, 82) und fördern das selbstständige Lernen mit diesem Hilfsmittel.

- **Unbedingte strukturelle Klarheit**

Das Überblicken einer gesamten Woche mit einer Einteilung der Arbeitsaufgaben für die Wochenplanstunden und einer Bearbeitung am Nachmittag, gekoppelt ggf. mit Zeiten am Wochenende, stellt eine große Herausforderung und Leistung für Schüler dar, speziell für Schüler mit sonderpädagogischem Förderbedarf. In der Einführung der Wochenplanarbeit sollte die Anzahl und Komplexität der Aufgaben sukzessive gesteigert werden, damit Schüler das Überblicken und die Einteilung erlernen können.

Das Wochenplanbeispiel in Abb. 74 bietet für den Schüler m. E. keine ausreichende strukturelle Klarheit. Bei Durchführung eines Projektes und Vermittlung des damit verbundenen strukturellen Rahmens außerhalb der Wochenplanarbeit erscheint der Einbezug in den Wochenplanunterricht wenig sinnvoll.

In grundsätzlicher Hinsicht ist dem Schüler das Recht zuzugestehen, dass dieser aufgrund des Übertrags von inhaltlicher und organisatorischer Verantwortlichkeit auf ihn einen Anspruch auf strukturelle Klarheit der Rahmenbedingungen des Wochenplanunterrichts und der Gestaltung der Wochenpläne hat. Der Schüler muss die Chance haben, sowohl die Aufgaben einschätzen und überblicken als sich auch auf verlässliche Strukturen einlassen zu können.

- **Ablauf der Wochenplanstunden**

In den Wochenplanstunden (in diesem Schuljahr sind es sechs Unterrichtsstunden: vier Einzelstunden und eine Doppelstunde) entscheiden sich die Schüler selbstständig und individuell, welche Aufgaben sie in welcher Reihenfolge erledigen wollen. Sie bestimmen nicht nur die Reihenfolge der Arbeit, sondern auch ihr Arbeitstempo, ggf. auch, mit welchem Partner sie zusammenarbeiten wollen.

Abb. 74: Ungünstiges Wochenplanbeispiel (Räuber 1996, 7)

So lernen sie nach und nach, nicht nur ihre Arbeit selbstständig zu organisieren und einzuteilen, sondern auch, sich auf ihre individuelle Arbeit zu konzentrieren, während gleichzeitig andere Schüler anderen Tätigkeiten nachgehen.

Das Einhalten der Regeln einer ruhigen (bewährte Regel: *Es wird nur flüsternd miteinander gesprochen*) und konzentrierten Arbeitsatmosphäre (*Jeder arbeitet konzentriert an seinen Aufgaben*) durch die Lehrkraft ist Grundbedingung für den erfolgreichen Ablauf der Wochenplanstunden.

- **Persönliche Ansprache, den einzelnen Schüler sehen**

Bastian/Merziger (2007) verweisen richtigerweise deutlich auf die Notwendigkeit der personalen Ansprache des Schülers durch die Lehrkraft. Die Gestaltung von Prozessen, bei der Schüler in höherem Maße selbstregulativ lernen, „erfordern eine besondere Haltung, in der der Lehrende am Lernen des einzelnen Schülers interessiert ist und darüber so in einen Dialog eintritt, dass eine am Individuum und der Sache orientierte Unterstützung möglich wird" (11).

Der einzelne Schüler sollte das Gefühl haben, dass die Lehrkraft auf sein Lernen individuell eingeht. Das kann sowohl in den Wochenplanstunden erfolgen als auch in der Wochenplanreflexionsstunde.

- **Wochenplanabschlussstunde/Wochenplanreflexion**

Mit Braun (2001) bin ich der Ansicht, dass „feste, ritualisierte ‚Kommunikationsplätze'" (85) von besonderer Bedeutung sind. Diese können in Abschlussrunden nach offenen Phasen bzw. Wochenplanstunden, in Gesprächskreisen, dem Klassenrat und Morgenritual gegeben sein.

Ein jede Woche wiederkehrender Anker für die Schüler ist die Wochenplanabschlussstunde am Dienstag während des Nachmittagsunterrichts. In dieser Stunde findet die Reflexion des abgeschlossenen Wochenplanes statt. Auf der einen Seite durchdenkt jeder Schüler mit Hilfe des „Reflexionsbogens der Woche" (siehe Anhang) seine Arbeitsleistung eigenständig. Auf der anderen Seite führe ich mit jedem Schüler ein kurzes, jedoch konzentriertes Vier-Augen-Gespräch, bei dem die erledigten (und eventuellen unerledigten) Aufgaben des Wochenplanes besprochen werden. Grundsätzlich hat jeder Schüler die Aufgaben seines Wochenplanes zu erledigen, bei besonderen Vorkommnissen und Widrigkeiten – die der Schüler während des Gespräches ansprechen kann – können begründet einzelne Aufgaben erlassen werden. Sonst werden die nicht erledigten Aufgaben mittags nachgearbeitet oder zusätzlich dem neuen Wochenplan zugerechnet.

Die Schüler erleben die Reflexionsphase als wichtigen Bestandteil der Wochenplanarbeit. Intention dahinter ist die Förderung der Selbsteinschätzung der Schüler und die mit dem Ausbau dieser Phase noch einen Schritt gesteigerte Übernahme der Verantwortung der Schüler für ihre ge-

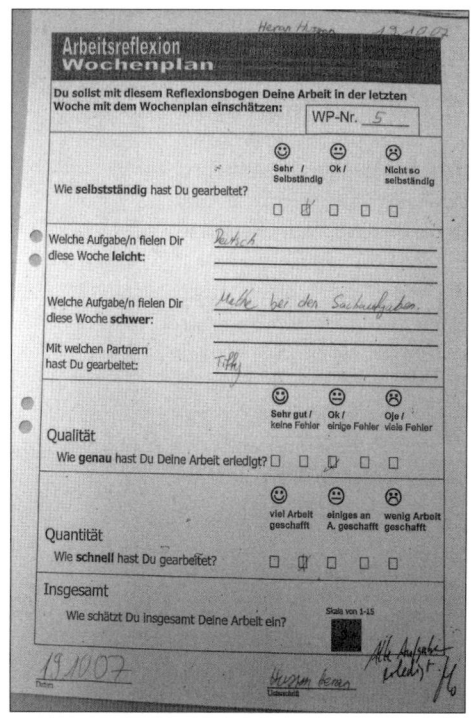

Abb. 75: Reflexionsbögen – blanko und schülerbezogen – zur Arbeitsrückschau

leistete Arbeit; dabei steht nicht nur die erledigte Menge (quantitativer Aspekt), sondern auch die Sorgfalt und Wertigkeit im Vordergrund (qualitativer Aspekt).

Damit die Dokumentation auf diesem Bogen ein bewusster Akt des Nachdenkens bleibt und nicht zu einer Routineleistung degeneriert, werden notierte Einschätzungen unmittelbar im kurzen Austausch des Schülers mit der Lehrkraft (der Wochenplanabrechung) thematisiert oder bei Bedarf zu einem anderen Zeitpunkt aufgegriffen und angesprochen.

Die Bewertung im Rahmen der Reflexionsphase/Arbeitsrückschau erfolgt hinsichtlich eines individuellen Maßstabs, den jeder Schüler bei sich selbst anlegt im Hinblick auf einen Qualitäts- und einen Quantitätsaspekt; die Stufung ist durch Smilies skaliert.

☺ Sehr gut/keine Fehler bzw. viel Arbeit geschafft
😐 O.K./einige Fehler bzw. einiges an Arbeit geschafft
☹ Oje/viele Fehler bzw. wenig Arbeit geschafft

Die übergreifende Frage „Wie schätzt Du Deine Arbeit insgesamt ein?" erfolgt anhand einer Skala von 1–15.

Die Einschätzung der eigenen geleisteten Arbeit ist eine Leistung, die der Schüler erst im Laufe der Zeit erlernt. Es ist ein längerfristiger Prozess, bis sich Facetten der Selbstaufmerksamkeitsfähigkeit ausbilden (vgl. Steins 2005, 137).

- **Dokumentation der geleisteten Arbeit der Schüler**

Das „Abrechnungsblatt" – wie es die Schüler scherzhaft nennen – dient zur Dokumentation der geleisteten Arbeit. In laminierter Form (siehe Abb. 76) lässt es sich immer wieder abwischen und erneut verwenden. Bevor diese Dokumentation abgewischt wird, erfolgt der Übertrag von Beobachtungen und Anmerkungen auf das durch die Schüler ausgefüllte Blatt des Wochenplanreflexionsbogens. So bleiben die Informationen auf einem Bogen gesammelt und der entstehende Papieraufwand der Dokumentation hält sich in Grenzen.

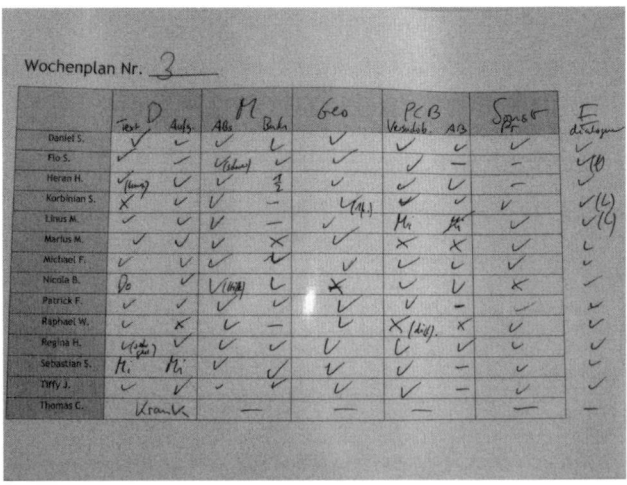

Abb. 76: Dokumentationssystem

- **Hausaufgaben**

Die Hausaufgaben „sind ein wichtiger und sehr empfindlicher Bestandteil der Planarbeit" (Landwehr 1998, 31). Es besteht die Chance, dass im Laufe der Hauptschulstufe die Hausaufgaben in den Wochenplan integriert werden können, vielleicht noch nicht in der 5. Klasse, sicherlich aber ab der 7. Klasse. Der Planungshorizont für die Schüler erweitert sich, genauso wie der (gefühlte) Freiraum der Schüler.

Ein großer Vorteil für die Lehrkraft liegt darin, dass man sich nicht jeden Schulmorgen mit den (nicht gemachten) Hausaufgaben „rumärgern" muss. Dies beschränkt sich auf eine Abrechungsstunde die Woche. Erfahrungen zeigen, dass der Grad der erledigten Hausaufgaben im Rahmen des Wochenplans tendenziell höher ist, da sich die Schüler vermeintlich weniger gegängelt fühlen. Außerdem bieten die eingebauten Hausaufgaben für die Wochenplanstunden einen Ansporn; der von Landwehr geäußerte Trick bestätigt sich: Für die Schüler hat das den Effekt, „dass ein intensives Arbeiten dadurch belohnt wird, dass zu Hause weniger Zeit für die Hausaufgaben aufgewendet werden muss" (1998, 24).

- **Klassenraum und Material**

- *Der Wochenplanunterricht ist materialintensiv:* Es braucht daher eine Vielzahl von Materialablageflächen, die den Schülern gut zugänglich ist.
- *Der Wochenplanunterricht muss unterschiedliche Aktivitäten zulassen:* Es braucht daher Schülerarbeitsplätze, die unterschiedliche Arbeits- und Sozialformen zulassen.
- *Die Schüler an der Umgestaltung des Klassenraumes beteiligen:* Landwehr (1998) empfiehlt: „Beziehen Sie die Schülerinnen und Schüler in die Umgestaltung des Klassenraumes mit ein – beispielsweise indem sie die Wünsche der Klasse sammeln und ein Projekt ‚Klassenraumgestaltung' lancieren" (11).
- *Die Gänge nutzen:* Oft mit einfachen Mitteln lassen sich die Gänge (oder andere brachliegende Verkehrsflächen) des Schulhauses nutzen (ebd.).

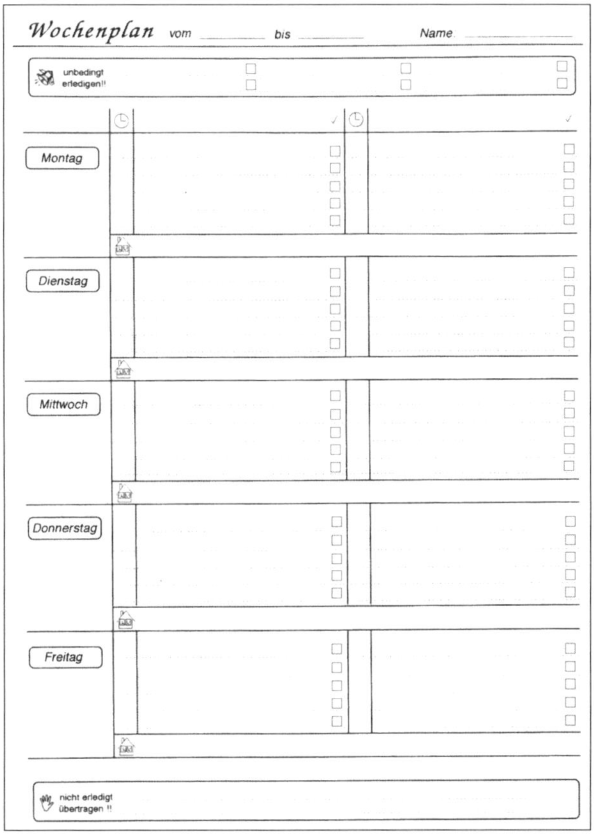

Besondere Akzente der Wochenplanarbeit

- **Ansprechend gestaltete Wochenpläne**

Einer Entwicklung der Umwelt kann man sich kaum verschließen: Sowohl die Umgebung aus aktuellen Schulbüchern und Arbeitsmaterialien als auch – in übergreifender Hinsicht – Zeitschriften, Zeitungen, Bücher, Werbung, Fernsehen und Co., erscheinen zunehmend geprägt durch grafische Gestaltung und Design. In der Folge sind die allgemeinen visuellen Ansprüche an „Gedrucktes" gestiegen. Bei Kindern in der Grundschulstufe ist das noch nicht so prägend, die Jugend lässt sich übermäßig von Design, Marke und Image leiten.

Abb. 77: Einförmiger Wochenplanvordruck (Zeindler 2000, 23)

Diesem Trend sollte die Form der Gestaltung von Wochenplänen nicht nachlaufen, jedoch auch diese Entwicklung nicht ignorieren. Folgende ausgewählte Aspekte in diesem Zusammenhang lassen sich anführen:

– Wenig ansprechende Wochenplanvordrucke (beispielsweise Abb. 77) führen zu Monotonie und Motivationsverlust, da sie leicht zu reinen „Abarbeitungsplänen" verkommen.
– Textverarbeitungsprogramme (wie Word) bieten eine gute Plattform, um einen digitalen Wochenplanvordruck in überschaubarem Zeitbedarf kreativ zu gestalten.
– Ansprechende Wochenpläne müssen nicht im Computer gestaltet sein: Geschriebene (und gezeichnete) Wochenpläne drücken eine individuelle Note aus.
– Eingearbeitete Fotos, Zeichnungen, Abbildungen und Cliparts lockern den Wochenplan auf und betonen den subjektiven Bezug des Schülers zum Wochenplan bzw. der Wochenplanarbeit.

Hinweise für die Erstellung von Wochenplänen mittels Computerunterstützung:

1. Öffnen des verwendeten Wochenplangrundrasters (extra abgespeichert).
2. Formulierung der „Zeilen zur Woche" bzw. des Wochenplanthemas/-mottos.
3. Nutzung der Copy-Paste-Funktion: Evtl. fortlaufende Aufgabenformate aus dem vergangenen Wochenplan kopieren.
4. *Phase des Fundamentums:* Einfügen von Aufgaben, die alle Schüler zu erledigen haben (Wahl- und Pflichtaufgaben).
5. Abspeichern des Grundrasters des neuen Wochenplans.

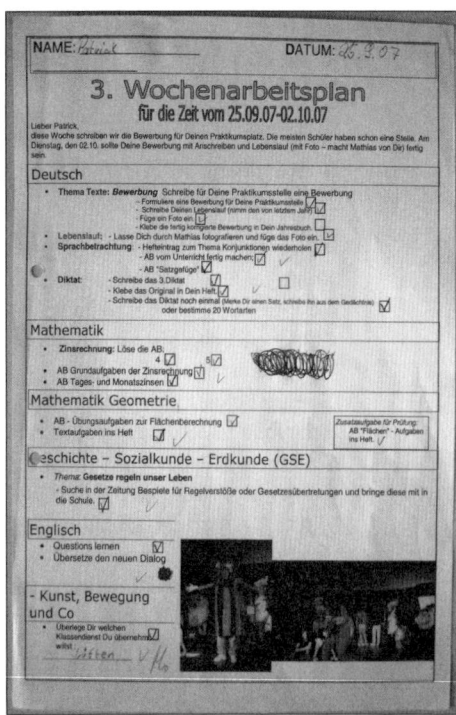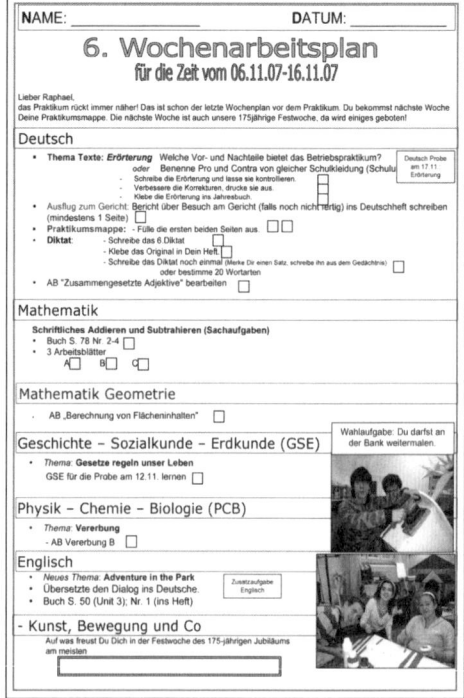

Abb. 78: Zwei Wochenplanbeispiele

6. *Differenzierungsgruppenbezogene Phase:* Einfügen der Aufgaben (Einzel- oder Partnerarbeit) der Differenzierungsgruppen (bspw. in Mathematik, Deutsch, Englisch).
7. Abspeichern der Wochenpläne mit den Aufgaben der Differenzierungsgruppen.
8. *Schülerbezogene Endphase:* Erstellen des Wochenplans – auf der Grundlage des Grundrasters des neuen Wochenplans – eines jeden einzelnen Schülers durch Abstimmen und Einfügen der betreffenden Differenzierungsgruppenaufgaben und individueller Aufgaben.

- **Ein herausstehender „Knackpunkt" dieser Stufe: Die Motivationsentwicklung**

Um einer heterogenen Schülerschaft, die in allen Klassen anzutreffen ist, gerecht zu werden, ist eine differenzierte Vorgehensweise im Unterricht notwendig. Durch die Wochenplanarbeit bleibt der Lehrkraft viel mehr Zeit, sich um die Belange der einzelnen Schüler zu kümmern (vgl. Haas-Hausmann/Schütz 2000, 7): „So ist die verbale Belehrung, insbesondere der Frontalunterricht, immer weniger effektiv, weil die Jungen und Mädchen die dabei überwiegende rezeptive Haltung bis zum Überdruss bereits vor dem Fernsehgerät praktizieren, dessen Programme vergleichsweise attraktiver sind. Allgemein kann man auch feststellen, dass es kein Lehrerverhalten gibt, das alle Klassenmitglieder gleichermaßen motiviert – während es den einen begeistert, lässt es den zweiten gleichgültig oder löst beim dritten sogar Ablehnung aus" (Susteck 1998, 7).

Für eine positive Motivationsentwicklung können einige Aspekte förderlich sein:

- Multimodaler Unterricht (siehe Kapitel 6)
- Prinzipien Variation und Kontinuität (siehe nächsten Abschnitt)
- Klar umrissene (und begrenzte) Mitentscheidungsmöglichkeiten der Schüler
- Verhaltensauffällige und motorisch unruhige Kinder – im Besonderen unterer Jahrgangsstufen – kommen mit dem Schulalltag besser zurecht, wenn sie offene Formen des Lernens angeboten bekommen, wie bspw. Wochenplanarbeit und gelenkte Freiarbeit (vgl. Haas-Hausmann/Schütz 2000, 8).
- Wochenplanarbeit bedeutet eine Entlastung. Oft mühsamer und unnötiger Frontalunterricht, den Sie sicher alle kennen, findet nicht mehr statt. Gemeinsamer Klassenunterricht reduziert sich auf tatsächlich notwendige Unterrichtsstunden (ebd.).

- **Variation und Kontinuität**

Die Schüler arbeiten gerne mit ihrem Wochenplan. Bedingung dafür ist – so meine Erfahrung –, dass auf der einen Seite in mehrerer Hinsicht Abwechslung durch den Wochenplan geboten ist, auf der anderen Seite auch eine Kontinuität und Routine Beachtung findet.

Kontinuität durch bekannte Materialien, Arbeitsformen und thematische Zugänge bildet das stabilisierende Fundament für die Schüler, um positiv auf Variationen zugehen zu können.

Die Variation ist einerseits durch ein oder zwei Rahmenthemen des Wochenplanes gegeben, der im Einführungstext zur Sprache kommt. Zur Erhaltung der Lernfreude ist andererseits auch eine variantenreiche methodische und inhaltliche Akzentsetzung der Aufgabenstellungen eine Grundbedingung.

Die beiden dipolen Aspekte sind aus meiner Sicht eine Grundnotwendigkeit der Erhaltung einer positiven Lernmotivation in den Abschlussklassen, die – so die Klage vieler Lehrkräfte – gerade in den 8. und 9. Klassen nicht selten ausgesprochen leidet.

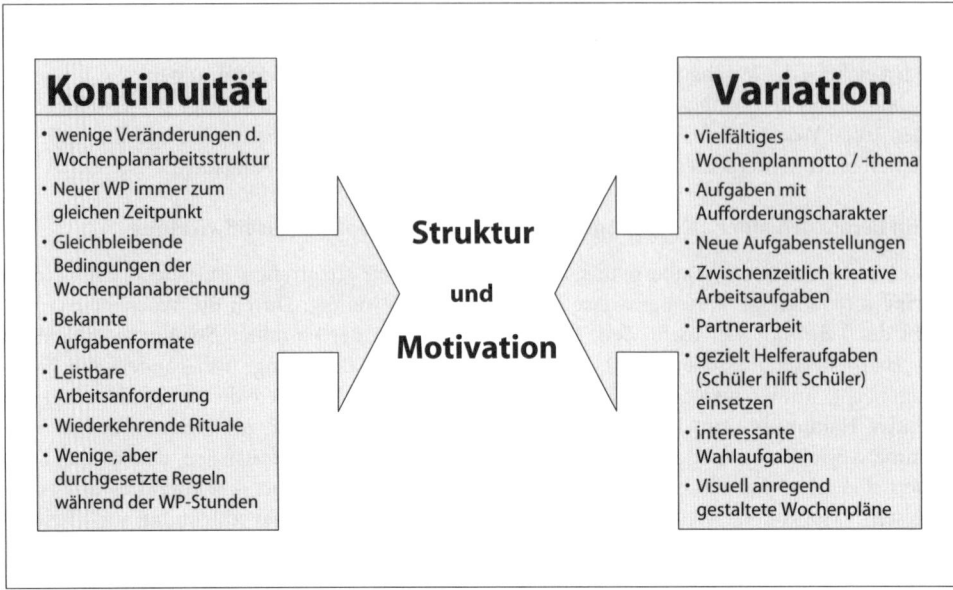

Abb. 79: Dipolige Intention: Variation und Kontinuität

- **Meldesystem während der Arbeit mit dem Wochenplan**

Zunächst – bei überschaubaren Rückfragen – sollen die Schüler (nur flüsternd!) ihre Mitschüler fragen. Das Meldesystem für die Lehrkraft steht unter der leitenden Zielrichtung, dass die Schüler Hilfe durch die Lehrkraft anfordern können, ohne in der Fortführung ihrer Arbeit innehalten zu müssen. Aus diesem Grunde eignet sich die normale Form des „Meldens" nicht, da dann sowohl die Aufmerksamkeit der Schüler kaum auf die Arbeitsaufgabe zu richten ist, als auch schnell eine Ermüdung eintritt. Als eine Möglichkeit hat sich die Fixierung von kleinen Holzschienen (mit Doppelklebeband) auf den Tischen erwiesen, in denen sich Kärtchen mit kleinen Fragezeichen befinden. Stellen die Schüler das Fragezeichen aufrecht, so dokumentieren sie eine Meldeanfrage an die Lehrkraft.

Die Schüler sollen mit diesem System – durch das Aushalten einer zeitlich verzögerten Hilfestellung – auch die verzögerte Reaktion der Umwelt auf ihre momentane Bedürfnislage nach Rückfrage und Hilfestellung akzeptieren lernen.

Einschränkung: Die Etablierung ist nicht einfach, da die Schüler zunächst damit spielen und zu Beginn manch einer dieses Meldesystem als Wurfgeschoss missbrauchten.

Abb. 80: Eine Möglichkeit eines Meldesystems

Mit konsequenter Rückmeldung und Strukturierung, Gewöhnung und nachlassendem Spielinteresse der Schüler bewährte es sich. Infolge des bequemen Meldeeffektes für den Schüler in den Wochenplanstunden und einer „Aufnahme in den eigenen Besitzstand" (vergleichbar mit Tisch und Stuhl) sorgten fast alle Schüler in der weiteren Entwicklung eigenständig für die Funktionsfähigkeit ihres jeweiligen Meldesystems.

- **Weiterentwicklung: Erweiterung des Freiraumes**

Einige Aspekte für eine Weiterentwicklung nennt Zeindler (2000) unter dem intentionalen Leitziel der „Erweiterung des Freiraumes". Von besonderer Bedeutung ist jedoch, dass jede Erweiterung bzw. Steigerung des Anspruchs der Wochenplanarbeit in Abhängigkeit von Lerngruppe bzw. der Klasse steht. Eine Freiraum-Erweiterung kann manche Lerngruppe leisten, für eine andere ist es eine Überforderung. Deshalb meine Bitte: Nicht zu früh experimentieren, viel bedeutsamer ist zunächst eine breit fundamentierte und tief verankerte Wochenplanarbeit in der Klasse, die notwendige Strukturierungselemente für die Schüler bereitstellt.

Aspekte der Erweiterung des Frei- und Entscheidungsspielraumes können sein (in Anlehnung an Zeindler 2000, 25):

– *Verantwortung vermehrt auf den Schüler übertragen:* Die Selbstkontrolle und Eigenverantwortung wird betont.
– *Individuelle Auswahl und Gestaltung der Inhalte und Methoden:* Im Wochenplan können Dokumentationsbereiche („Freie Tätigkeiten") eingerichtet werden, in denen die Schüler selbstgestellte Arbeitsaufträge festhalten.
– *Einbezug der Schüler in Planung und Aufgabenformulierung:* Neue Themen und Schwerpunktsetzungen des kommenden Wochenplanes können in der Wochenplanbesprechungsstunde zur Verhandlung kommen.
– Weiterentwicklung der Wochenplanarbeit von der *Stoff- und Auftragsorientierung* hin zur *Zielorientierung*: Werden zunehmend Ziele (z. B. das Üben der Addition im Bruchrechnen) unter Bereitstellung umfangreicher Übungsmaterialien formuliert (anstatt fixer Aufträge), ermöglicht dies eine erweiterte Selbstdifferenzierung (durch den Lernen selbst). Jedoch setzt dies einen hohen Kompetenzgrad voraus.

5.3 Ergänzende Umsetzungsideen zur Wochenplanarbeit in der Hauptschulstufe

- **Einbezug von selbstständigen Arbeiten der Schüler innerhalb einer Schülerfirma**

Die Methode der Schülerfirma kann folgendermaßen skizziert werden: „In der Schülerfirma *arbeiten und wirtschaften* Schüler in einem ihrer Altersstufe und ihren Lernvoraussetzungen angemessenen Grad an *Selbstständigkeit* und *Selbstverantwortung* über einen *längeren Zeitraum* hinweg in einem *festen organisatorischen Rahmen* und nach *wirtschaftlichen Grundsätzen* während der Unterrichtszeit oder außerhalb der Unterrichtszeit in einer Schule *für einen Markt* an und/oder außerhalb dieser Schule" (Pfriem 2005, 171).

Damit ist die Schülerfirma eine Methode, die wesentliche Grundsätze handlungsorientierten Unterrichts und offenen Unterrichts auf sich vereinigt:

- Sie überwindet das zeitliche „Stundenplankorsett" des Unterrichtsvormittags und verlangt eine räumliche und organisatorische Öffnung von Schule.
- Sie bietet, da sie real am Markt agiert und sich dort zu behaupten versucht, eine Form der Realbegegnung mit wirtschaftlichen Gesetzmäßigkeiten und mit Leistungsanforderungen an und durch („Erwerbs-")Arbeit in verschiedensten Bereichen, die allenfalls noch von gut organisierten und betreuten Praktika erreicht werden kann.
- Sie verlangt Selbsttätigkeit, Selbstverantwortung und Teamfähigkeit, bietet entdeckendes Lernen, Lebensweltbezug und motiviert durch einen gewissen „Ernstcharakter".

Kociubski (2001) beschreibt die didaktischen Intentionen treffend: „Die Erfahrungen mit Schülerfirmen zeigen, dass ein solches Projekt hervorragend geeignet ist, [den] Defiziten [mangelnde Vorbereitung auf die berufliche Wirklichkeit und fehlendes tragfähiges Grundwissen über ökonomische Zusammenhänge] in der schulischen Ausbildung entgegenzutreten. […] Gerade die Öffnung der Schule nach außen schafft auch bei den Schülern Lernsituationen und Möglichkeiten der Erkenntnisgewinnung, die der traditionelle Unterricht nicht zu leisten im Stande ist. Das Fach Arbeitslehre wird hierdurch in seinem Praxisbezug noch weiter gestärkt, die theoretischen Inhalte werden mit Leben erfüllt und so für den Lernenden begreifbar" (146).

An die Wochenplanarbeit lässt sich das selbstständige Arbeiten in der Schülerfirma andocken, wenn Planungs-, Durchführungs-, Dokumentationsaufgaben in diesen Rahmen eingebaut werden.

Die Schülerfirma „coffee cafe" betreibt am Dienstagvormittag ein Schülercafé in der Landesschule. Jeder Schüler arbeitet dabei in mehreren der sechs Abteilungen:

- Einkaufen
- Küche
- Verkauf
- Kasse
- Buchhaltung
- Werbung

Unsere Schülerfirma coffee cafe
- Wie erfolgt die Aufteilung des Gewinns laut der 3. Gesellschafterversammlung?
  ____ Spende   ____ Mitarbeitergehälter   ____ Klassenkasse

Englisch
- Test am Mi: Bisherige Vokabeln
- **sports** (group 1)   AB 19
                            AB 20
                            AB 24

Unsere neue Schülerfirma coffee cafe
- Was hast Du diese Woche in der Schülerfirma gearbeitet?_____

Abb. 81: Zwei Beispiele für Aufgabenstellung und Dokumentation im Wochenplan

- **Präsentation von Arbeitsergebnissen**

Ergebnisse der Wochenplanarbeit lassen sich auch in den gebundenen Unterricht einspeisen. Durch das Verknüpfen einer Arbeitsaufgabe (günstig erwies sich eine Partnerarbeit) mit dem Vermerk der Präsentation des Arbeitsergebnisses im gebundenen Unterricht (genaue Angabe des Tages) lassen sich die beiden Unterrichtsmethoden verknüpfen. Besonders geeignet für diese Form sind Sachfächer.

Wenn die Schüler eingeführt sind in die Verknüpfung der Präsentation von Arbeitsergebnissen in Unterricht und Wochenplanarbeit und für die Schüler eine stabilisierende, vergleichbare Rahmenstruktur für diese Vorstellung gefunden ist, dann zeigte sich, dass viele Schüler ihre Absprachen auch außerhalb der Wochenplanarbeit (in eigenständiger Weise vor dem Unterricht, in der Pause und nach dem Unterricht) vornehmen.

- **Wochenplanbegleitende Idee: Führen eines Persönlichen Kalenders durch den Schüler**

Das unterrichtsbegleitende Führen eines Kalenders trägt zur Förderung des zeitlichen Überblicks des Schülers bei. In kleine Taschenkalender (bspw. kostenlose Taschenkalender von UNICEF) sollen Schüler Eintragungen u. a. zu folgenden Bereichen vornehmen:

– Geburtstage der Mitschüler
– Wichtige Termine: Schullandheim, Praktikum, Proben
– Wiederkehrende Erinnerung: Wechsel im wöchentlichen Sport-Schwimmen-Rhythmus
– Abgabetermine (bspw. für die Praktikumsmappe)
– Ferien und schulfreie Tage
– Persönliche Termine.

Durch das wiederkehrende, kurzzeitige Aufnehmen des *Persönlichen Kalenders* im Rahmen des Unterrichtstags (bspw. einmal in der Woche), z. B. durch Planungen in der Klasse mit Hilfe des Kalenders oder durch Eintragungsaufgaben, die im Wochenplan vermerkt sind, schärft sich die selbstständige Nutzung durch den Schüler.

- **Verschiedene Wochenplantypen**

Wochenplan vom 11. bis 15. Mai 1998 für Klasse 5		Abb. 1
Rechnen	Buch, S. 7, Nr. 1, 2, 9, 15 S. 8, Nr. 38 S. 9, Nr. 10, 11, 12, 13, 14, 15, 16, 17, 18 Arbeitsblatt, Aufgabe Nr. 7 1 x 8 bitte wiederholen	
Schreiben	Sprache und Sprechen Bd. 2, S. 36 als Wiederholung Sprache und Sprechen Bd. 3, S. 35 ganz Arbeitsblatt Nr. 9	
Lesen	Lesebuch, S. 83 Sachbuch, S. 100 Arbeitsblatt Nr. 8 und Nr. 10	
Sachunterricht	Testblatt zum Sachbuch (s. Wochenplan der Vorwoche)	
Sonstiges	Nimm bitte jeden Tag etwas als Hausaufgabe mit!	
Vorschläge, Anregungen		

Abb. 82: Wochenplan – Form A (Bönsch 1998b, 6)

Wochenplan vom 25. bis 29. Mai 1998 für Klasse 5		Abb. 2
Name:		
	fertig	kontrolliert
Sprache Übe die Rechtschreibung mit einem Arbeitsblatt (Kontrollblatt)!		
Mathematik Auf dem Arbeitsblatt Nr. 2 findest du Aufgaben zur Wiederholung und Übung. Schreibe die Lösungen auf das Arbeitsblatt! Prüfe die Lösungen sorgfältig mithilfe des Kontrollblattes am Info-Brett. Dort finden fixe Rechner Zusatzaufgaben!		
Sachunterricht: Haustiere In dieser Woche beschäftigen wir uns mit dem ältesten Haustier, dem Hund. Du kennst ihn als Helfer und treuen Gefährten des Menschen, als Wachhund, Spürhund, Blindenhund. Vielleicht kennst du den Hund auch als verzärtelten Schoßhund oder als verwahrlosten Straßenhund. Weißt du, wie der Hund vor 10 000 Jahren zum Haustier wurde? Weißt du, was Hunde von Natur aus können und was sie erst lernen müssen? Auf den Arbeitsblättern findest du weitere Informationen. Bücher über Hunde sind in der Klassenbücherei. Beachte auch den Aushang am Info-Brett.		
Mo 1./2. Std.	Di 3. Std.	Mi 3./4. Std.	Fr 5. Std.

Abb. 83: Wochenplan – Form B (Bönsch 1998, 6)

Verschiedene Aufgabentypen für Wochenpläne unterscheidet Bönsch (1998b, 6). Die Grobunterscheidung der Aufgaben erfolgt in Pflicht-, Wahlpflicht-, Alternativ- und frei zu wählende Aufgaben:

– *Pflichtaufgaben* sind in der ausgewiesenen Zeit zu bearbeiten. Sie können für alle Schüler einer Klasse gelten oder differenziert sein für Gruppen oder gar einzelne Schüler (Individualisierung). In der Regel gehören sie zur Gruppe der Arbeitsaufträge und sind häufig Übungs-, Wiederholungs- und Anwendungsaufgaben.
– *Wahlpflicht- oder Alternativaufgaben* gruppieren sich nach Fachanliegen und geben verschiedene Aufgaben in einem klar definierten Pflichtrahmen zur Wahl.

In jedem Fall sollen die Schüler einen Teil des Unterrichts selbst gestalten lernen. Der Anregungsgehalt liegt in der Verknüpfung von Aufgabentypen mit entsprechenden Materialangeboten (Arbeitsblätter und Kontrollbögen, Bücher, Lernkarteien, Arbeitshefte u. a. m.), in der Verbindung von Informationsangeboten wie auch Handlungsaufgaben.

Zwei beispielhafte Wochenpläne stellt Bönsch (1998b, 6–7) vor:

- Wochenplan A weist eine relativ geschlossene Form auf. Seine Aufgaben dienen schwerpunktmäßig dem Üben, Festigen und Wiederholen. Er könnte mit den Notizen im Hausaufgabenheft verglichen werden. Differenzierungen fehlen; nur mit der letzten Zeile erfolgt eine Anregung der Schüler zu eigenen Überlegungen.
- Wochenplan B führt einige Arbeitsaufträge als Pflicht auf. Kontrollblätter für die Selbstkontrolle und Zusatzaufgaben für schnelle Rechner sind Möglichkeiten der Wahl- und Leistungsdifferenzierung.

5.4 Beispielhafte Umsetzung der Wochenplanarbeit in der Hauptschulstufe

Wochenplan vom	bis	
Fach	**Pflichtaufgaben**	**Wahlaufgaben**
Deutsch	Vorbereitung Wörterdiktat durch Lernzirkel zum Dehnungs-h: Erfülle die Aufgaben auf dem Laufzettel (E)	
Englisch	Stelle für den Themenbereich ‚At the station' Action cards her. Die Anleitung findest du im Buch S. 17. Du benötigst kleine Karteikarten und deinen Kasten.	GA: Schreibt auf dem Computer einen Brief an British Rail in Birmingham, um Infomaterial anzufordern: Adr.: British Rail Travel Centre New Street Station BG – Birmingham B2 4QA
Mathe	S. 12, Aufg. 1–3	GA: Bereitet zu viert ein Rollenspiel vor, das ihr am Freitag vorspielt (siehe Aufg. 3 auf S. 109)
GK	S. 108/109 lesen und die Fragen 1 und 2 schriftlich beantworten	
Geschichte	Weiterarbeit THEMENHEFT	
WL		
Biologie	S. 14 im Buch lesen und deine Mundschleimhaut mikroskopieren. Übertrage Abb. 3 auf S. 14 in dein Heft.	
Erdkunde	Weiterarbeit THEMENHEFT	GA: Fordert INFO-Material zum Eurotunnel an. Verfasst einen Brief auf Englisch und schreibt ihn nach der Korrektur auf dem Computer. Adr.: Eurotunnel Exhibition Centre St. Martin's Plain Folestone GB – Kent CT 19 4QD
Musik		

Abb. 84: Wochenplan (Hittinger 2001, 144)

Die Erfahrungen Hittingers in einer 8. und 9. Klasse

Hittinger sieht die Wochenplanarbeit als Einstieg in offene Arbeitsformen. Das Ziel Hittingers ist, dass die Schüler am Ende von Klasse 9 die Schule verlassen und

- sich selbst für eine Arbeit entscheiden können,
- ihre eigenen Stärken und Schwächen einschätzen können,
- selbstständig und selbstbewusst sind,
- sich eigene Ziele setzen und erreichen können,
- konfliktfähig und kompromissfähig sind und
- eine gestärkte Persönlichkeit haben (2001, 143).

Der Wochenplan bietet den Schülern „die Möglichkeit, die Aufgaben nach eigener Reihenfolge und mit flexibler Zeiteinteilung zu erledigen. Sie können alleine, mit einem Partner oder in der Gruppe arbeiten. Leistungsstärkere Schüler erhalten die Möglichkeit, anspruchsvollere oder mehr Aufgaben zu erledigen, der Lehrer wiederum hat Zeit, sich den leistungsschwächeren Schülern zuzuwenden. Sehr bald pendelt sich das wöchentliche Pflichtaufgabenpensum auf ein Maß ein, das alle Schüler erreichen können. Es hat sich bewährt, mit vier Stunden pro Woche für Wochenplanarbeit zu beginnen und dabei hauptsächlich Übungsaufgaben und -material anzubieten. Nach und nach kann man die Stunden, den Umfang der Aufgaben und die Anzahl der integrierten Fächer ausdehnen. Gegen Ende des 7. Schuljahres wurden wöchentlich neun Stunden am Plan gearbeitet, es waren alle von mir unterrichteten Haupt- und Nebenfächer integriert und es wurde nicht nur geübt, sondern auch mal etwas neu erarbeitet. Neben den Wochenplanstunden gab es Einführungsstunden in Mathematik, Deutsch und Englisch, Stationenarbeit mit verschiedenen Inhalten und kleinere Sachfachprojekte" (146).

Die Umsetzung an der Helene-Lange-Schule

Die integrative Helene-Lange-Schule (Versuchsschule und UNESCO-Projektschule) in Wiesbaden setzt in einem ihrer konzeptionellen Bestandteile auf die Wochenplanarbeit, da „es sowohl individualisierendes als auch selbstständiges Arbeiten fördert" (Becker et al. 1997, 49).

An dieser Stelle soll diese Konzeption aus zwei Gründen vorgestellt werden. Zum einen verknüpft die Helene Lange Schule das *Projekt* mit dem Wochenplan, zum anderen legt sie einen wichtigen Schwerpunkt auf das *Wochenthema*.

Aufgrund des hohen vorausgesetzten Grades an Selbstständigkeit auf Seiten der Schüler kann diese Konzeption an der Förderschule nicht ohne Modifikationen umgesetzt werden (trotz integrativer Beschulung und einer heterogenen Schülerschaft an der Helene Lange Schule); als Anregung können Aspekte dieser Konzeption eine gute Funktion übernehmen (s. Abb. 85).

- **Die Einführung der Wochenplanarbeit**

Die Einführung in die Wochenplanarbeit beginnt am Anfang des 5. Schuljahres und dauert acht bis zwölf Wochen. Am Beispiel der Rechtschreibung in Deutsch erlernen die Schüler die grundlegenden „Techniken" im Umgang mit dem Wochenplan. Die Arbeitsmittel, die sich für eine solche exemplarische Einführung eignen, sind zum Beispiel Übungshefte mit Selbstkontrollmöglichkeit oder einzelne Aufgabenkarten mit Lösungskarten, die in Form von Karteikartensystemen in genügender Anzahl im Klassenraum vorrätig sein müssen.

In der ersten Phase der Wochenplanarbeit erhalten alle Schüler die gleichen Aufgaben mit ungefähr gleichen Schwierigkeitsgraden. Sie gewöhnen sich daran, die Reihenfolge der Aufgaben

Beispielhafte Umsetzung der Wochenplanarbeit in der Hauptschulstufe

WOCHENSTUNDENPLAN **KLASSE** 8c

vom 15. Juni bis 28. Juni
8./9. Woche des Projekts/der Unterrichtsreihe: Leben in der Stadt

Zeit	Dienstag	Mittwoch	Donnerstag	Freitag	Samstag	Montag
1	Wahl-Pflicht-Unterricht	Lineare Funktionen	Lineare Funktionen (Fortsetzung)	Wochenplan/ Projekt	20. Juni bis 26. Juni Klassenfahrt nach Burg Ludwigstein	aktuelle Stunde/ Wochenplan
2	Wahl-Pflicht-Unterricht	Bestimmung Steigung ...				
3	Wasseraufbereitungs-exkursion	Vortragen der speeches	präsentation Islam	Wochenplan/ Wiederholung voc./unit 6		Offenes Lernen Spezialthemen zum Projekt/ Außentermine?
4						
5	Gruppen-Lightshow-szenen	Sport	Ozon	Wahl-Pflicht-Unterricht		
6		Sport		Wahl-Pflicht-Unterricht		Klassenrat

WOCHENTHEMA: Klassenfahrt (Packliste)
Wasseraufbereitung / Mein Thema ...
Meine Arbeit dazu/Material: Notizblock, Video ...
Montagsrunde:
Vorbereiten: Klassenfahrt: alle
Sonstiges: Moritz: Elisabeth von Thüringen (Vortrag: Burg Ludwigstein)
aktuelle Stunde: Susan, Julia
Vorbereiten:
Sonstiges: André: Wartburg (Vortrag: Burg Ludwigstein)

für das Fach:	MEINE WOCHENPLANARBEIT	erledigt
Projekt	Spezialthemen/Bilanz	
Klassenfahrt	Abendprogramm in Gruppen überlegen	
Englisch	Wiederholung: voc. unit 6	
Mathematik	Wiederholung: Bruchgleichungen, Buch S. 106	
	Wiederholung: Bruchterme, Buch S. 45 ff.	

HAUSAUFGABEN

Di	Aussentermine: Projekt Spezialthemen, Lightshow: weiße Kostüme
Mi	Mathematik: Heft Bruchterme wiederholen, Englisch: beendet haben: speeches
Do	Religion: Präsentation Islam, Mathematik: Buch S. 48, 1–7; S. 50, 2–4
Fr	Projekt: Bericht: Wasseraufbereitung, Projekt: Stadtökologie-Ordner weiterführen
Sa	Klassenfahrt: an alles denken, Texte „Werraland" nicht vergessen
Mo	Klassenfahrt: Tagebücher mitbringen (Elternabend vorbereiten), Englisch: Abgabe: reading diary

Fach	LÄNGERFRISTIGE AUFGABEN	zu erledigen bis
Projekt	Präsentation Spezialthemen	Mo., 5. Juli
Deutsch	Klassenarbeit: Phantastische Literatur	Fr., 13. Juli
Musik/Kunst	Aufführung Lightshow	Fr., 16./23. Juli

Abb. 85: Beispiel eines Wochenplans an der Helene Lange Schule (Becker et al. 1997, 51)

und das Tempo der Arbeit selbst zu steuern. Dabei machen sie erste Erfahrungen damit, dass die Mitschüler unterschiedliche Aufgaben zur gleichen Zeit bearbeiten.

Eine Schwierigkeit besteht zunächst darin, dass viele Schüler aus der Grundschule gewöhnt sind, bei auftretenden Fragen sofort ihre Lehrkraft um Hilfe zu fragen. Demgegenüber sollen sie sich jetzt daran gewöhnen, erst den Nachbarn, dann die Tischgruppe und erst zuletzt die Lehrkraft um Rat zu fragen. Schon in dieser Phase ist es wichtig, das Helfersystem einzuführen (jeder hilft jedem, nicht nur die Starken den Schwachen).

Nach einem halben Jahr haben die Schüler sich meist ziemlich gut in die Wochenplanarbeit eingearbeitet. Während der Wochenplanstunden hat die Lehrkraft die Möglichkeit, sich einzelnen Schülern intensiver zuzuwenden; so gewinnt er/sie einen genaueren Überblick über Begabungen, Fertigkeiten und Schwächen der einzelnen Schüler.

Die Helene-Lange-Schule setzt den Wochenplan schwerpunktmäßig in den Klassen 5 bis 7/8 ein:

- **Bestimmte Verhaltensweisen, die bei der Wochenplanarbeit zu etablieren sind:**
  – Auf das Arbeitsmaterial konzentrieren
  – Gespräche nur flüsternd führen
  – Zuerst die Aufgabe bearbeiten und dann die Lösungskarte holen und die Ergebnisse vergleichen
  – Benutztes Material zurückbringen
  – Die erledigten Aufgaben auf dem Blatt markieren, damit man immer weiß und auch der Lehrer sehen kann, wie viel in den einzelnen Aufgabenbereichen schon erledigt ist.

- **Erstellung des Wochenplanes**

In ein vorgedrucktes Formular (siehe Abb. 85) tragen die Schüler am Montag nach der Erstellung des Stundenplanes für die Woche die Aufgaben ein, die in dieser Woche zu erledigen sind. Im Laufe der Woche markieren die Schüler die schon erledigten Aufgaben und geben am Ende der Woche Rechenschaft darüber ab, ob sie alles erledigt haben oder warum sie ggf. bestimmte Aufgaben nicht lösen oder bearbeiten konnten.

Die Wochenpläne beinhalten in diesem Konzept nicht die Hausaufgaben, diese werden von Tag zu Tag vermerkt.

- **Wochenplanstunden**

Für die Bearbeitung der Aufgaben steht ein Pool von drei Stunden, in manchen Unterrichtsphasen bis zu sieben Stunden zur Verfügung, die in der Regel von den Fächern Deutsch, Mathematik und Englisch genommen werden und im Stundenplan der Schüler mit *Wopla* gekennzeichnet sind.

- **Kontrollen**

Die verwendeten Arbeitsmaterialien sollten eine Selbstkontrolle durch die Schüler ermöglichen. Die Formen der Selbstkontrolle und der Kontrolle durch Mitschüler müssen immer wieder trainiert werden. Neben der Eigenkontrolle der Schüler ist aber auch die stichprobenartige Kontrolle durch die jeweiligen Fachlehrer notwendig.

Am Ende der Woche vergewissern sich die Lehrkräfte, ob die Schüler alle Aufgaben ihres Wochenplans erledigt haben und zeichnen dies auf den jeweiligen Arbeitsplänen ab, die in einem Infoheft der Schüler gesammelt und in regelmäßigen Abständen den Eltern vorgelegt werden.

- **Projekt**

Jeder Schüler dokumentiert seine Arbeiten am gerade laufenden, längerfristigen Projekt im Wochenplan. Für beispielhafte Projekte siehe Abb. 86.

Beispiel für bereits durchgeführte Projekte der Jahrgangstufe 5/6:		
	Themenstichwort	Beteiligte Fächer
1.	Schule	GL, AL, M, D, Ku, Mu
2.	Tiere	Nawi, GL, D, Ku
3.	Theater	D, Ku, Mu, AL, GL, E
4.	Wald	Nawi, D, AL, M, GL
5.	Klassenreise	GL, D, AL
6.	Gesund essen	Nawi, GL, D, AL
7.	Spiele	GL, AL, D, Ku
8.	Kinder in der Welt	GL, D, E
9.	Urgesellschaft	GL, D, Nu, Nawi, AL, M
10.	Indianer	D, GL, Ku, AL, Rel, Mu
Beispiel für bereits durchgeführte Projekte der Jahrgangstufe 7/8:		
	Themenstichwort	Beteiligte Fächer
11.	Fahrrad	AL, Nawi, Sp
12.	Wasser	Nawi, M, GL, D
13.	Römer	GL, D, Ku, Lat, Rel
14.	Müll	Nawi, GL, D
15.	Jugend	GL, D, Ku, M, PT, E
16.	Gesundes Essen	GL, D, Nawi, AL
17.	Kleider machen Leute/ Leute machen Kleider	D, GL, AL, Ku
18.	Medien	D, GL, AL, Ku, Mu
19.	Stadt	GL, D, Nawi

Abb. 86: Beispiele für bereits durchgeführte Projekte an der Helene-Lange-Schule (Becker et al. 1997, 65)

- **Wochenthema**

Das Wochenthema kennzeichnet die thematische Struktur der Woche. Auf der einen Seite organisatorisch geprägte Themen (z.B. Vorbereitung der Klassenfahrt), auf der anderen Seite größere Unterrichtsvorhaben (Wasseraufbereitung).

Das Wochenthema ist, wie schon verdeutlicht, eine wichtige unterrichtliche Klammer, die für die Schüler ein Verbindungselement innerhalb der Woche ausmacht (vgl. Becker et al. 1997, 49–58).

Stundenplan

Montag	Dienstag	Mittwoch	Donnerstag	Freitag
Deutsch 3				
	Erdkunde 4			
			Deutsch 1	
			Deutsch 1	Bil.Kunst 2

Wochenplan

Zeit ca. 9 Stunden Name:	erledigt	kontrolliert
Thema: Asien		

Pflichtaufgaben:

- **Deutsch:** 1. Schreibe ein japanisches Gedicht, ein **Haiku**, (ein siebzehnsilbiger Dreizeiler). Gestalte das Blatt
  2. »Das Reich der Mitte« Ein Bericht von Marco Polo (Aufgabe 1)
  oder 3. Die letzten Löwen Asiens 5 Fragen zum Text; Berichte
- **Gestalten:** Male ein Mandala aus.
- **Erdkunde:** Zwei Arbeitsblätter »Asien« - Topographie
  oder: Erdkundebuch S. 98/99, Nr. 1, 2, 3

Arbeite an Deinem Spezialgebiet! (Zeit: 5 Wochen)

Freiwillige Aufgaben:

- Erdkunde: Puzzle »Asien«
- Englisch: Wortrommé
- Englisch: Stöpselkarten
- Konzentrationsspiele
- Lesen: Tausendundeine Nacht
- Rechtschreibübung nach deiner Kartei

Eigenes Vorhaben (Freie Arbeit): ....

....

Bitte arbeite sehr sorgfältig – bereite Deinen Vortrag vor! **Viel Spaß und Erfolg!**

Bemerkungen:

Abb. 87: Wochenplan (Hebel/Zipfel 1995, 6)

Beispielhafte Wochenpläne

Hebel/Zipfel (1995) gliedern den Wochenplan in vier Bereiche:

- *Pflichtaufgaben*
- *Spezialgebiet:* „Das Spezialthema sollte innerhalb von circa fünf Unterrichtswochen in einem Kurzreferat [...] oder in einer Kurzdokumentation im Klassenverband vor- und ausgestellt werden“ (7).
- *Freiwillige Aufgaben*
- *Freie Arbeit:* „Das eigene Vorhaben konnte eine ‚kleine‘ Arbeit für die Woche sein oder im Laufe von höchstens vier Wochen bearbeitet werden. Freies Schreiben, Entwerfen von Spielen, Einüben und Vorführen von Sketchen waren beliebt“ (ebd.).

Das Aufführen des Zeitbedarfs auf dem Wochenplan ist fraglich. Auf der einen Seite ist – nach eigener Erfahrung – eine genaue Einschätzung äußerst schwierig, auf der anderen Seite müsste man bei individualisierten Wochenplänen die Zeitplanung für jeden Schüler vornehmen. Letztlich führt es mit manchem Schüler nur zu unnötigen Diskussionen.

Dieser Wochenplan ist so weit geöffnet, dass auch *Eigene Vorhaben* (selbstgestellte Arbeitsaufgaben) Berücksichtigung finden. Außerdem wird explizit auf Bemerkungen, die eingefügt werden können, hingewiesen.

Der Wochenplan von Sadewasser (1996) impliziert einige interessante Ideen (Abb. 88):

- Der fächerübergreifende Bereich *Forschen*
- Das Wochenthema spiegelt sich in verschiedenen Fächern bzw. Bereichen wieder
- Für Talentierte: die zeichnerischen Illustrationen

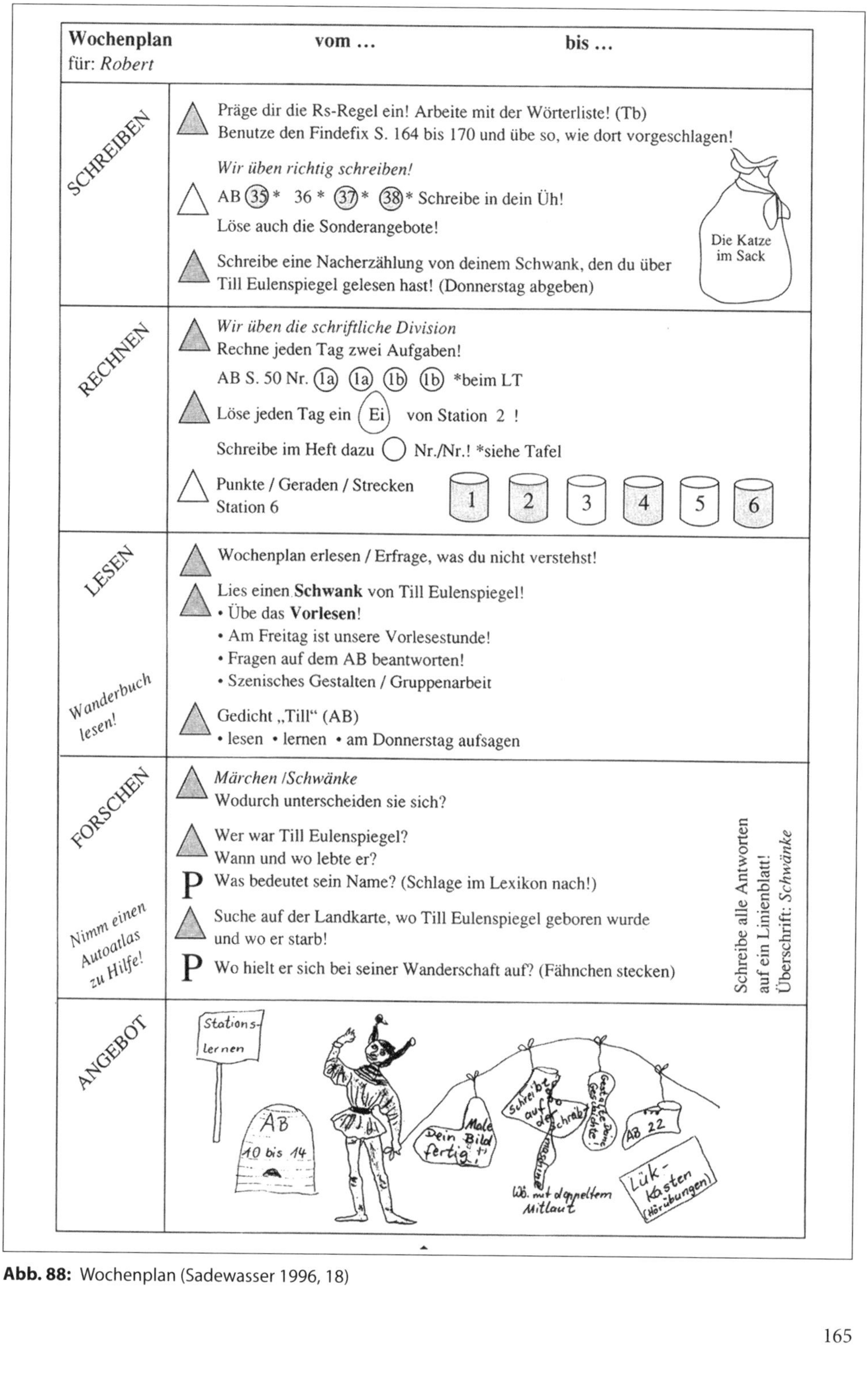

_____ Beispielhafte Umsetzung der Wochenplanarbeit in der Hauptschulstufe

| Wochenplan vom … bis … |
| für: *Robert* |

SCHREIBEN

▲ Präge dir die Rs-Regel ein! Arbeite mit der Wörterliste! (Tb)
Benutze den Findefix S. 164 bis 170 und übe so, wie dort vorgeschlagen!

Wir üben richtig schreiben!

▲ AB ③⑤ * 36 * ③⑦ * ③⑧ * Schreibe in dein Üh!
Löse auch die Sonderangebote!

▲ Schreibe eine Nacherzählung von deinem Schwank, den du über Till Eulenspiegel gelesen hast! (Donnerstag abgeben)

Die Katze im Sack

RECHNEN

▲ *Wir üben die schriftliche Division*
Rechne jeden Tag zwei Aufgaben!
AB S. 50 Nr. ⓐ ⓐ ⓑ ⓑ *beim LT

▲ Löse jeden Tag ein (Ei) von Station 2!
Schreibe im Heft dazu ○ Nr./Nr.! *siehe Tafel

△ Punkte / Geraden / Strecken
Station 6   1 2 3 4 5 6

LESEN

▲ Wochenplan erlesen / Erfrage, was du nicht verstehst!

▲ Lies einen **Schwank** von Till Eulenspiegel!
• Übe das **Vorlesen**!
• Am Freitag ist unsere Vorlesestunde!
• Fragen auf dem AB beantworten!
• Szenisches Gestalten / Gruppenarbeit

▲ Gedicht „Till" (AB)
• lesen • lernen • am Donnerstag aufsagen

Wanderbuch lesen!

FORSCHEN

▲ *Märchen /Schwänke*
Wodurch unterscheiden sie sich?

▲ Wer war Till Eulenspiegel?
Wann und wo lebte er?
P Was bedeutet sein Name? (Schlage im Lexikon nach!)

▲ Suche auf der Landkarte, wo Till Eulenspiegel geboren wurde und wo er starb!
P Wo hielt er sich bei seiner Wanderschaft auf? (Fähnchen stecken)

Nimm einen Autoatlas zu Hilfe!

Schreibe alle Antworten auf ein Linienblatt!
Überschrift: *Schwänke*

ANGEBOT

Stationslernen
AB 10 bis 14
Male Dein Bild fertig!
Üb. mit doppeltem Mitlaut
AB 22
Lük-Kästen (Hör-übungen)

Abb. 88: Wochenplan (Sadewasser 1996, 18)

Der nebenstehende von Vaupel (2001) vorgestellte Wochenplan enthält durch die hohe Textlastigkeit wenig motivierende Elemente. Auch wenn es der erste Wochenplan ist, die Darstellung der Ablaufbedingung der Wochenplanarbeit auf dem Wochenplan hat einen enormen Platzbedarf; unveränderliche Rahmenbedingungen und Regeln lassen sich gut im Klassenzimmer aufhängen.

Seidl (1996) verwendet ein Begleitblatt zum Wochenplan (Abb. 90). Auf diesem vermerkt er Hinweise zu folgenden Bereichen:

- Aufbau der Aufgabenstellungen
- Funktionsweise der Wochenplanarbeit
- Dokumentation der benötigten Arbeitsmaterialien

Einschränkend lässt sich anmerken, dass zusätzliche Blätter zum Wochenplan (auch wenn es nur eine Seite ist) einen enormen – unter Umständen unnötigen – Papierberg auslösen. Außerdem lassen sich viele grundsätzliche Aspekte den Schülern durch die eigene Person vermitteln und zum Wiederaufgreifen und ggf. Nachlesen im Klassenzimmer festhalten.

Abb. 1: Der erste Wochenplan einer 7. Klasse

Wochenplan Klasse 7

für die Zeit vom ______ bis zum ______

In dieser Woche werdet ihr mit einem Wochenplan arbeiten. Einige werden erste Erfahrungen mit dieser Arbeitsform sammeln, andere haben schon öfters mit solchen Plänen gearbeitet. Bei der Wochenplanarbeit sollst du über die Reihenfolge, in der du die Aufgaben bearbeitest, selbst entscheiden. Wichtig ist, dass du am Ende der festgelegten Zeit alle Pflichtaufgaben erledigt hast. Wenn du dann noch Lust und Zeit hast, kannst Du an den Wahlaufgaben weiterarbeiten. Du kannst bei den Wahlaufgaben darüber entscheiden, mit wem Du zusammenarbeiten willst.

Beachte bitte unbedingt folgende Punkte während der Wochenplanstunden:

- Arbeite **ruhig und konzentriert**, dann fällt dir alles leichter und du kommst zu besseren Ergebnissen.
- Wenn du bei einzelnen Aufgaben mit jemandem zusammenarbeiten willst, unterhaltet euch im Flüsterton und **stört andere nicht** bei der Arbeit. Denkt daran: Zusammenarbeiten bedeutet nicht, voneinander die fertigen Ergebnisse abzuschreiben!
- Versuche die **Qualität deiner Ergebnisse** zu verbessern. Es geht nicht darum, alles einfach nur schnell fertig zu bekommen, sondern in erster Linie darum, zu **guten Ergebnissen** zu kommen.

Das musst du erledigen (Pflichtaufgaben)

- **P1:** Mache ein **Anagramm** von deinem Namen, entweder mit einzelnen Wörtern oder mit ganzen Sätzen. Benutze dazu ein DIN A-3-Blatt. Gestalte die Anfangsbuchstaben besonders sorgfältig und achte insgesamt auf die Gestaltung deines Blattes. Die Anagramme sollen nach Fertigstellung im Klassenraum ausgehängt werden.
- **P2:** Wähle einen der Schreibanlässe des Blattes **"Zieh dir fremde Schuhe an"** aus und schreibe dazu eine spannende oder eine lustige Geschichte. Schreibe die Geschichte als Reinschrift auf ein unliniertes Blatt, gestalte das Blatt und ergänze es durch Zeichnungen. Am nächsten Montag sollen die Geschichten vorgelesen, besprochen und zum ersten **Geschichtenbuch** der Klasse zusammengestellt werden.

Hier kannst du auswählen (Wahlaufgaben)

- **W1:** Du kannst einen Titelblattentwurf für unser erstes Geschichtenbuch gestalten.
- **W2:** Vielleicht möchtest du eines der Blätter aus der Kartei **Erzähl und mal** auswählen. Du kannst das Bild fertig malen und dir dabei eine Geschichte ausdenken, die du anschließend auf der Rückseite ausfschreibst.

Wochenplanstunden:

Abb. 89: Wochenplan (Vaupel 2001, 25)

Der Wochenplan von Seidl (1996) gliedert sich in drei Teilbereiche (Abb. 91):

- Das Pflichtprogramm
- Zusätzliches Lernen und Arbeiten
- *fun & action*: „Diese Rubrik ist bei den Schülern am beliebtesten und stellt eine Art Belohnung für erfolgreiches Arbeiten dar“ (81).

Für diesen „Belohnungsbereich“ zeigt er eine Reihe von möglichen Ideen auf (vgl. 81): Quiz-Buch, Origami-Faltspiele, Knoten knüpfen, Hörspiel-CD mit Dokumentation oder Geschichten (Fragen dazu), im Guiness-Buch zehn ausgewählte Höchstleistungen suchen, Kreuzworträtsel, Lernspiele, LÜK-Kasten, Termmagnete, Geschicklichkeitsspiele (Jonglierbälle, Kreisel etc.), 3D-Bilder entschlüsseln, Tangram, Blumen pflanzen und züchten (Beobachtungsprotokoll), PC-Lernprogramme wie Rechtschreibtrainer, Puzzle, Zaubertricks ausprobieren, Brettspiele, Zauberdreieck, Denkspiele wie Solitaire, Mühle etc.

Beispielhafte Umsetzung der Wochenplanarbeit in der Hauptschulstufe

Arbeiten mit dem Wochenplan Abb. 3

1 Aufbau des Aufgabenblattes

Auswahl	Fach	Aufgabe	Material	erledigt
○ 1	Mathe	Brüche addieren und subtrahieren (Mathe-Buch, S. 10, Nr. 5-8)	Buch	

2 So funktioniert die Arbeit mit dem Wochenplan
1. Du erhältst dein eigenes Aufgabenblatt: Fülle die Kopfleiste aus.
2. Lies dir die Aufgabe ganz genau durch.
3. Bereite die notwendigen Arbeitsmaterialien vor. Beschrifte die Arbeitsblätter. Ordne sie in deinen Ordner ein.
4. Bearbeite die Aufgaben selbständig. Konzentriere dich. Beginne am besten mit Aufgabe Nr. 1.
   Bei Unklarheiten wende dich an mich oder an die Tutoren. Es gilt: Du meldest dich - ich komme.
5. Wenn du eine Aufgabe gelöst hast, kontrolliere die Ergebnisse. Kennzeichne dies bei »erledigt«.
6. Dein Aufgabenblatt wird eingesammelt und bewertet.

3 Das brauchen wir für den Wochenplan Nr. 42 an Arbeitsmaterialien

Mathematik: _____
Deutsch: _____
Weitere Fächer: _____

Sechs richtige Schritte:

1) Aufgabenblatt 2) Durchlesen 3) Arbeitsmaterialien 4) Wochenplanarbeit 5) Kontrolle und »erledigt« 6) Bewertung

Abb. 90: Wochenplanbegleitblatt (Seidl 1996, 81)

Wochenplanarbeit fach			Vorname Name name		V nr	8 kl	. 96 datum
			Woche Nr. 49				
1. Pflichtprogramm							
	○	1	Mathe	Rechenausdrücke vereinfachen Berechne im Buch die Aufgaben: S. 40, Nr. 4+5!		Buch blaues Heft	
	○	2	Mathe	Rechenausdrücke umformen Berechne im Buch die Aufgaben: S. 42, Nr. 3+4 und Nr. 6 a+b!		Buch blaues Heft	
	○	3	Deutsch	Da ist viel drin … Suche in der Zeitung vom 27.11. die einzelnen Sparten!		AB 1 Zeitungsheft	
	○	4	Deutsch	Vom Aufmacher zum Redakteur Suche in der Zeitung vom 30.11. die Fachbegriffe!		Eintrag Nr. 3 Zeitungsheft	
2. Lernen & Arbeiten							
	○	5	Mathe	Rechenausdrücke vereinfachen Berechne im Mathe-Buch die Aufgaben: S. 43, Nr. 2+3+6!		Mathe-Buch blaues Heft	
	○	6	Deutsch	Meine Meinung dazu Suche in der Zeitung vom 4.12. die Leserbriefe und lies drei Briefe!		Zeitung Zeitungsheft	
	×	7	Hefte	Überprüfe deinen Klassenordner! Überprüfe und vervollständige deine Deutsch-Einträge Nr. 11-20!		Ordner	
	×	8	Klasse	Erledige deine Klassenaufgabe!			
3. fun & action							
	○	9	fun	Joseph Roth: Ein Journalist Hör dir die Cassette an und lies den Text dazu!		Cassette Text	
	○	10	action	Zeitungs-Origami Falte aus Zeitungspapier einige lustige Figuren!		Origamibuch Papier	
Abb. 4			* + ○ −				

Abb. 91: Wochenplan (Seidl 1996, 82)

6 Der Wochenplan – eingebettet in einen Multimodalen Unterricht

6.1 Überlegenheit eines Methodenmixes

Ein guter Unterricht ist durch eine sinnvolle Variationsbreite gekennzeichnet. Es sind „methodische Variationen einzusetzen, die eine Anpassung des Unterrichts an die individuellen Unterschiede erlauben" (Weinert 1997, 50). Aufgrund der „vorfindbaren Vielfalt an Persönlichkeits-, Lernstil-, Fähigkeits-, Motivations- Verhaltens- und Leistungsunterschieden von Schülerinnen und Schülern [ist] eine Mono-Lehrkultur nicht nur unangemessen, sondern sogar unfair (Helmke 2007, 65). Ergebnisse der empirischen Unterrichtsforschung zeigten auch, dass verschiedene Lernziele zwingend unterschiedliche Lehrmethoden erfordern. In diesem Zusammenhang geht es um zweierlei: „Um das *Gewusst-Wann* (welche Unterrichtsziele und curricularen Inhalte eignen sich für welche Unterrichtsmethode?) und das *Gewusst-Für-Wen* (welche Schülergruppe profitiert von einer bestimmten Unterrichtsmethode oder leidet unter ihr?)" (ebd.).

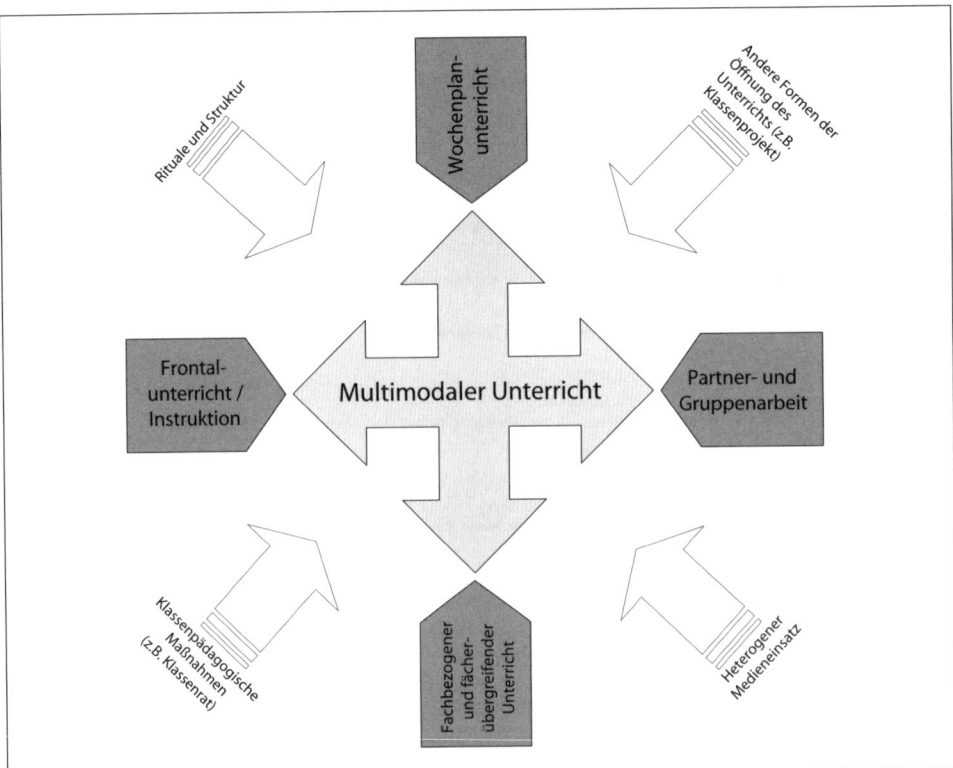

Abb. 92: Elemente eines *Multimodalen Unterrichts*

Der jeweilige Einsatz methodischer Variationen bedingt sich durch Zielsetzungen auf zwei Ebenen:

- *Übergeordnete didaktische Ebene:* Die Überlegungen dieser Ebene strukturieren übergeordnete didaktische Fragen im Hinblick auf die Planung des Unterrichtsjahres, -trimesters und der Unterrichtswoche. Dazu gehört die Aufteilung der Grundstrukturen des geöffneten und gebundenen Unterrichts, Verknüpfung von Fächern, Lerngruppeneinteilung, Stoffverteilung etc.
- *Methodische Ebene des Unterrichtsvorhabens:* An der Zeiteinheit einer Unterrichtswoche lässt sich eine didaktisch-methodische Schnittstelle festmachen. Es fließen zwar immer auch übergeordnete didaktische Reflexionen in die konkrete Unterrichtsstunde mit ein, doch die intentionalen Entscheidungen sind vorher getroffen worden. Auf der methodischen Ebene steht die Frage im Vordergrund, wie Unterrichtsvorhaben in ein methodisches Vorgehen gegossen werden. Beispielsweise ist auf dieser Ebene auch die Frage bedeutsam, welche Unterrichtsinhalte in die Wochenplanarbeit passen, welche in den gebundenen Unterricht und welche sich auch für eine Gruppenarbeit eignen.

Die Zeitspanne einer Woche erscheint für die methodische Planung passend, da die alleinige Fokussierung auf eine Unterrichtsstunde oder einen Unterrichtstag die Gefahr eines unzusammenhängenden, unstrukturierten Vorgehens birgt.

Der Einbezug dieser beiden Reflexionsebenen und der passende Einsatz einer unterrichtlichen Variationsbreite lässt sich durch den Begriff eines *Multimodalen Unterrichts* beschreiben:

> **Zum Begriff des *Multimodalen Unterrichts*:**
> „Modal" bedeutet in diesem Zusammenhang, „den Modus, die Art und Weise betreffend" (Duden 2005, 669). Durch den Begriff „multimodal" wird die Intention transportiert, dass, jeweilig der Art und Weise der Zielstellung entsprechend, auf den jeweilig passenden Methodenmix zurückgegriffen wird.

Jürgens (2003) bringt die Intention auf den Punkt: Wochenplanunterricht und Klassenunterricht „sind ergänzende Organisationsformen" (52).

Das individuelle, in höherem Maße selbstgesteuerte Lernen, das während des Wochenplanunterrichts im Vordergrund steht, ist gut geeignet, um Fertigkeiten zu trainieren, um Kenntnisse anzueignen und auch entdeckend Lerninteressen (z. B. im Sachunterricht) zu verfolgen.

Daneben gibt es nach wie vor Inhalte, für die der gebundene, lehrergesteuerte Klassenunterricht besser geeignet ist, nach Landwehr (1998, 102) beispielsweise für

- Erkenntnisse, die durch Auseinandersetzung mit den vielfältigen Schülerauffassungen und -standpunkten, die in der Klasse vorhanden sind, entstehen sollen;
- Lernen, bei dem das Experten-Modell im Vordergrund steht;
- die Lehrperson, die einen Inhalt engagiert vertritt, so dass ihre persönliche Begeisterung auf die Schüler überzuspringen vermag.

Einige Stärken der Gruppenarbeit im Unterricht und des Frontalunterrichts werden im Folgenden aufgeführt:

Stärken des Frontalunterrichts

Es lassen sich einige Vorteile und Stärken des Frontalunterrichts nennen (vgl. Gudjons 2000a, 18 ff.):

- *Effektive Unterrichtsform:* Diese Form des Unterrichts benötigt für die Vermittlung von Sachverhalten weniger Zeit, ist zeitökonomisch.
- *Die „lebendig" erlebte Lehrkraft:* Gegenüber der Arbeit, z. B. mit schriftlichem Material, erfahren die Schüler die lebendige Interaktion mit der Person der Lehrkraft. Ihre Mimik, Gestik, ihre Bewegungen im Raum, ihre sprachlichen Gestaltungsmöglichkeiten machen den Kontakt lebendig.
- *Unmittelbare und direkte Rückkopplungen sind möglich:* Die Lehrkraft kann nachfragen, die Schüler hören die Aussagen aller anderen mit. Die Wahrnehmung von problematischen Verläufen ist sehr direkt, die Lehrkraft kann unmittelbar reagieren (z. B. etwas genauer erklären, wenn sie merkt, dass die Sache zu kompliziert wird).
- *Entlastung der Schüler:* Nach anstrengenden Phasen der Selbsttätigkeit mit hoher Eigenverantwortung und erheblichem Zeiteinsatz, nach konflikthafter oder unbefriedigender Gruppenarbeit, nach der Fertigstellung von Projektprodukten unter Zeitdruck usw. freuen sich die Schüler gelegentlich darauf, dass nun wieder jemand anderer die Verantwortung übernimmt.
- *Gesprächskultur aufbauen:* Im Frontalunterricht kann langfristig eine Gesprächskultur aufgebaut werden: zuhören, ausreden lassen, aufeinander Bezug nehmen, sachlich bleiben, argumentieren lernen etc.
- *Breite Palette unterschiedlichster Lehrtechniken ist möglich:* Demonstrieren, Veranschaulichen, komplexe Sachverhalte zerlegen, ein Rollenspiel inszenieren, Impulse zum Nachdenken oder Problematisieren geben, eine Fülle von Fragearten, gezielte Sachinformation, strukturierte Hilfen zum Üben und Wiederholen, Mobilisierung von Kontroversen in Diskursen, Metakommunikation im Unterricht u. a. m.
- *Nutzung des Pluralismus der ganzen Klasse:* Die Potentiale der ganzen Klasse zur Problemlösung im Unterricht mit unterschiedlichsten Ideen und Fähigkeiten werden besser genutzt, als dies eine kleine Gruppe leisten kann.

Gudjons (2000a) betont die Bereicherung des Unterrichts durch einen konstruktiven Verbund von Frontalunterricht mit anderen schülerorientierten Verfahren, wie Offener Unterricht: „Nur unter der Voraussetzung dieses sinnvollen Wechselbezuges mit anderen Unterrichtsformen ist seine Funktion als systematische Vermittlung von Sach-, Sinn- und Problemzusammenhängen bei Steuerung der Arbeits-, Interaktions- und Kommunikationsprozesse durch den Lehrer sinnvoll, ja unverzichtbar" (27).

Stärken der Gruppenarbeit im Unterricht und des Kooperativen Lernens

Das Stichwort zur Gruppenarbeit im Unterricht bildet gegenwärtig das *Kooperative Lernen*. Im klassischen, lehrerzentrierten und frontal geführten Unterricht lässt sich immer wieder beobachten, dass „nur einzelne Schülerinnen und Schüler am Unterrichtsgeschehen aktiv teilnehmen, auf Lehrerfragen antworten oder am Unterrichtsgespräch beteiligt sind. Viele Schüler folgen eher passiv dem Lernangebot" (Brüning/Saum 2006, 12). Aus diesen Gründen wird schon seit langem die Methodik der Partner- und Gruppenarbeit eingesetzt. Doch auch diese beinhalten Klippen einer unwirksamen Durchführung: „Auch im herkömmlichen Gruppenunterricht haben wir ähnliche Erfahrungen und Beobachtungen gemacht. Einzelne Schüler erledigen die ganze Arbeit, die eigentlich in der Gruppe gemeinschaftlich erfolgen soll" (ebd.).

Deshalb lässt sich durch die Weiterentwicklungen des Kooperativen Lernens die Gruppenarbeit innovativ gestalten. Der Grundprozess erweitert sich beim Kooperativen Lernen über die Arbeit in der Gruppe auf drei Elemente (vgl. Brüning/Saum 2006, 17):

1. *„Denken"*: In dieser Phase arbeiten alle Schüler alleine.
2. *„Austauschen"*: Während dieses Elements findet der Vergleich von Ergebnissen, die Diskussion abweichender Resultate etc. in Partnerarbeit oder in der Kleingruppe statt.
3. *„Vorstellen"*: Die Gruppenergebnisse werden in der Klasse vorgestellt und diskutiert.

Es findet – die Prinzipien des Kooperativen Lernens verdeutlichen es – dann eine facettenreiche Gruppenarbeit statt, wenn einige Nachteile eindimensionaler Gruppenarbeit aufgehoben werden. Diese Prinzipien nach Brüning/Saum (2006, 15–16) zeigt Abb. 93.

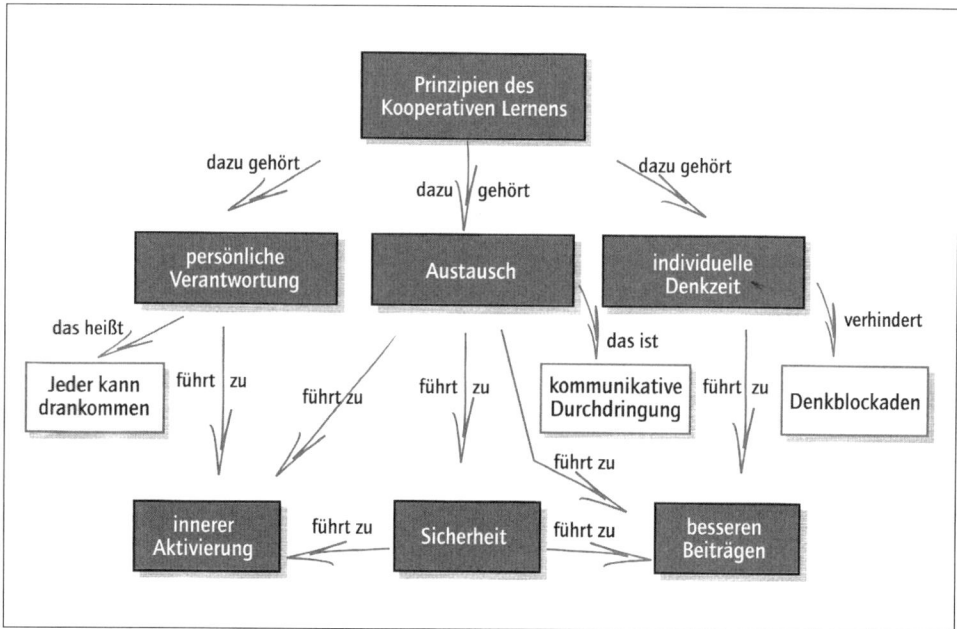

Abb. 93: Prinzipien des Kooperativen Lernens (Brüning/Saum 2006, 15)

- *Denkzeit:* Alle Lernprozesse beinhalten grundsätzlich eine eigenständige Denkzeit (ohne Partner und Gruppe).
- *Austausch:* Es existiert immer die Möglichkeit sich auszutauschen, bevor Einzelne oder die Gruppe ihre Ergebnisse vor der ganzen Klasse vorstellt.
- *Persönliche Verantwortung:* Alle Schüler müssen sich darauf vorbereiten, ihre Ergebnisse vorzustellen; keiner kann sich ausruhen, da niemand zu Beginn der Arbeit weiß, ob er nicht das Ergebnis vorstellen muss.
- *Innere Aktivierung und Beteiligung:* Die Arbeitsaufträge sind so gestaltet, dass potentiell alle Schüler aktiviert werden und sich beteiligen können.
- *Sicherheit und Angstreduzierung:* Während der individuellen Denkzeit muss keiner damit rechnen, eine Antwort oder einen Beitrag für die Klasse liefern zu müssen; durch den nachfolgenden Austausch gewinnen die Schüler Sicherheit und Mut.

- *Qualität der Beiträge*: Viele Schüler werden bessere Beiträge liefern können, da sie sich gegenseitig stützen und verbessern.

Die Vorteile der Gruppenarbeit nach Rinschede (2005, 206) sind:

- Die Qualität der geleisteten Arbeit und der Lernzuwachs der Schüler (Behaltenswert und Arbeitstechniken) sind höher im Vergleich zu anderen Sozialformen
- Förderung der Schüleraktivität und Kooperationsbereitschaft
- Schaffen der Voraussetzungen für produktive und kreative Problemlösungen
- Positive Rückwirkungen auf die Einzelarbeit der Schüler
- Größere emotionale und soziale Arbeitszufriedenheit der Schüler
- Erhöhung des Sprachenanteils des einzelnen Schülers im Unterricht
- Förderung des kritischen Umgangs mit Lerninhalten, Meinungen, Vorurteilen
- Übungsfeld für soziales Lernen: zuhören, sich durchsetzen, nachgeben, Kompromisse schließen, argumentieren, Konflikte fair austragen
- Überwinden der Angstschwelle, vor dem Plenum der Klasse zu sprechen
- Verminderung der lenkenden Lehrermaßnahmen zugunsten der Beratertätigkeit des Lehrers.

Wie jede Unterrichtsmethode sind auch bei der Gruppenarbeit Nachteile zu verzeichnen (Rinschede 2005, 206):

- Gefahr autoritärer Fehlentwicklungen der Gruppe durch die Dominanz einzelner Schüler bzw. die Gefahr eines ineffektiven Dauerrollenkampfes.
- Zunahme der Disziplinprobleme, wenn keine gemeinsam vereinbarten Umgangsregeln eingeübt werden.
- Entmutigung der Schüler bei Überforderung und Leerlaufhandlungen bei Unterforderung.
- Aufwendiger als andere Sozialformen hinsichtlich Vorbereitung, Organisation und Bedarf an Unterrichtszeit.
- Problem der Sicherstellung, dass alle Schüler die wichtigsten Ergebnisse erhalten. Dieser Nachteil lässt sich jedoch durch die Methodik des Kooperativen Lernens (siehe eben dargestellte Prinzipien) minimieren.

6.2 Unterrichten mit dem Jahresbuch

Jeder kennt das alte Problem mit der geleisteten Arbeit der Schüler, sei es als Arbeitsblatt oder im Heft: Es wird später nie mehr angeschaut und früher oder später entsorgt! Dieser Umstand kann letztlich nicht behoben werden, teilweise ist die Aussortierung auch nötig, um Platz für Neues zu schaffen. Doch besteht das Dilemma, dass sich im Laufe der Schuljahre häufig nichts Bleibendes erhält; an dieser Stelle setzt die Konzeption des Jahresbuchs an.

Mit dem Jahresbuch ist auf der einen Seite die Intention verbunden, dass am Ende eines Schuljahres ein für den Schüler bedeutsames Ergebnis entsteht, in das der Schüler immer wieder gerne hineinschaut und dieses auch über das Schuljahr hinaus erhält. Dieses Ziel lässt sich auch mit einer Steigerung des Bezuges des Schülers zu eigenen Ergebnissen beschreiben. Auf der anderen Seite wirkt das Jahresbuch für Unterrichtsaufgaben motivierend. Darüber hinaus bildet das Jahresbuch eine zeitliche Klammer, gerade in Verbindung mit der Wochenplanarbeit, über das gesamte Schuljahr.

Geeignet ist das Jahresbuch – mit unterschiedlichen Ausrichtungen und Anlässen – für die 2. bis 9. Jahrgangsstufe.

Wie führe ich das Jahresbuch ein?

Bewährt als Ausgabe des Jahresbuches haben sich so genannte *Kladden* (siehe Abb. 94/95). Das sind kartonierte DIN A4-Hefte mit ca. 100 Blatt. Das Papier sollte eine 80 g-Ausprägung aufzeigen, somit entfallen häufig die „China-Kladden" (60 g, schwarz mit roten Ecken), da sonst beim Malen oder Einschreiben das Papier unpassend durchscheint.

Für die ganze Klasse (ca. 3–4 €) lässt es sich im günstigen Schreibwarenhandel und – in diesen größeren Mengen oft unmittelbar lieferbar – im Internet bestellen. Neben dem Begriff *Kladde* erfolgt die Bezeichnung auch mit *Geschäftsbuch, Notizbuch* etc. Eine durchgehende Linierung hat sich bewährt, da Schüler so auch direkt einschreiben oder etwas malen können; eine Karierung als Hintergrund ist zu unruhig.

Das wichtigste Element zur Einführung liegt darin, den subjektiven Bezug zum eigenen Jahresbuch zu stärken und es zu individualisieren. Je nach Jahrgangsstufe lässt sich dieses Ziel u. a. durch einen beispielsweise im Fach Kunst gestalteten Einband (siehe Abb. 94, Klasse 5) oder auch durch ein mit Hilfe des Computers (im Rahmen Informationstechnischer Grundbildung) gestaltetes Cover (siehe Abb. 95, Klasse 8) umsetzen. Dieses Cover lässt sich gut auf der Vorderseite mit Hilfe einer selbstklebenden Folie fixieren.

Für Schüler unterer Klassenstufen baut sich ein Bezug zu ihrem Jahresbuch oft über viele selbstgemalte und gezeichnete Bilder auf.

Älteres Schüler binden sich in einer ersten Phase an ihr Jahresbuch intensiv durch ausgedruckte Fotos (mit ihnen selbst und der Klasse abgebildet, im schulischen Kontext) und Dokumentationen ihrer Interessen und Hobbys.

Abb. 94: Jahresbücher der 8. Klasse

Abb. 95: Jahresbücher der 5. Klasse

Bewährt haben sich zur Aufbewahrung der Jahresbücher der Klasse – einerseits damit es im Schulranzen übers Jahr nicht zu sehr leidet, andererseits aufgrund der Reduzierung der Gefahr des Verlierens – Steh- bzw. Zeitschriftensammler. Von dieser „Heimat" der Bücher im Klassenzimmer aus können die Schüler ihr Jahresbuch für Hausaufgaben und evtl. die Wochenplanarbeit immer wieder auch bei Bedarf mit nach Hause nehmen.

Welche Unterrichtsinhalte lassen sich im Jahresbuch ausdrücken?

Die Arbeit mit dem Jahresbuch lässt sich mit vielen Fächern verbinden. Sprach- und sachgebundene, genauso wie musische Fächer eignen sich gut zur Verknüpfung mit dem Jahresbuch. Die Abbildungen sollen nur mögliche Beispiele darstellen, wichtig ist eine Adaption der Anlässe auf die Klassenzusammensetzung und -stufe.

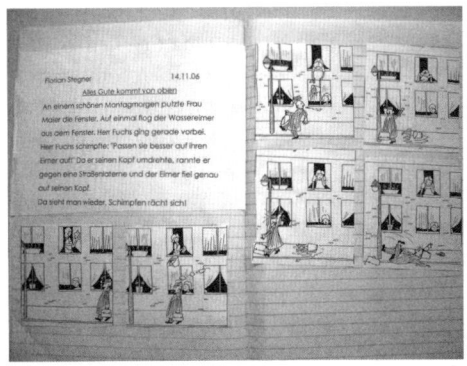

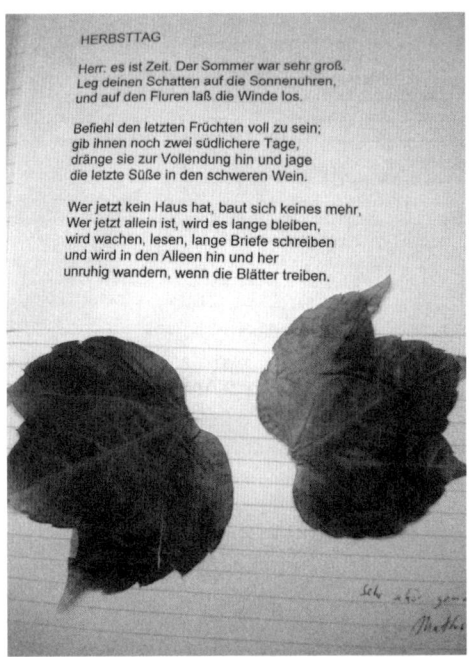

Abb. 96: Beispielhafte unterrichtliche Anlässe in Deutsch für den Einbezug des Jahresbuches

Fach	Anlässe für die Einbeziehung des Jahresbuches
Deutsch	• Schreibanlässe zu eigenen Geschichten • Freies Schreiben • Bildergeschichten (Bilder mit ins Jahresbuch kleben) • Berichte von Ferien, Wochenenden, Ausflügen, Betriebserkundungen etc. • Eigene Gedichte (bspw. Elfchen) zur Geltung kommen lassen bzw. Gedichte, die im Unterricht behandelt wurden, einkleben und gestalten. • Buchvorstellungen in der Klasse • Klassenlektüre
Sachfächer	• Interessante Auszüge der behandelten Sachthemen einbeziehen (ggf. einkleben) • Referate einfügen
Kunst/Musik	• Erstellte Bilder und Zeichnungen einkleben • beliebte Liedtexte aus dem Unterricht
Fachübergreifend	• „Ziele stecken": Selbstgesetzte Ziele im Jahresbuch festhalten • Ausgedruckte Fotos von Ausflügen, besonderen Aktionen, Geburtstagen und Festen usw. • Jahreszeitliche Feste (Weihnachten, Fasching und Co.) ausdrücken • Ergebnisse von Tokensystemen (pos. Verstärkersysteme) fixieren • Auswertung von Praktika

Im Prinzip sind unzählige Ideen denkbar, wie fachunterrichtliche und fächerübergreifende Aufgaben mit dem Jahresbuch verbunden werden können.

Als eine sinnvolle Verbindung hat sich aus meiner Sicht eine Verknüpfung mit der Wochenplanarbeit erwiesen. In diesem methodischen Rahmen bewährte es sich, jede Woche mindestens eine Aufgabe unter Einbezug des Jahresbuches zu stellen.

Wie lässt sich bei den Schülern durch die Arbeit mit dem Jahresbuch die Motivation fördern?

Ein Motivationskreislauf, den ich durch den Einsatz des Jahresbuches erleben konnte, sei durch folgende Übersicht dargestellt:

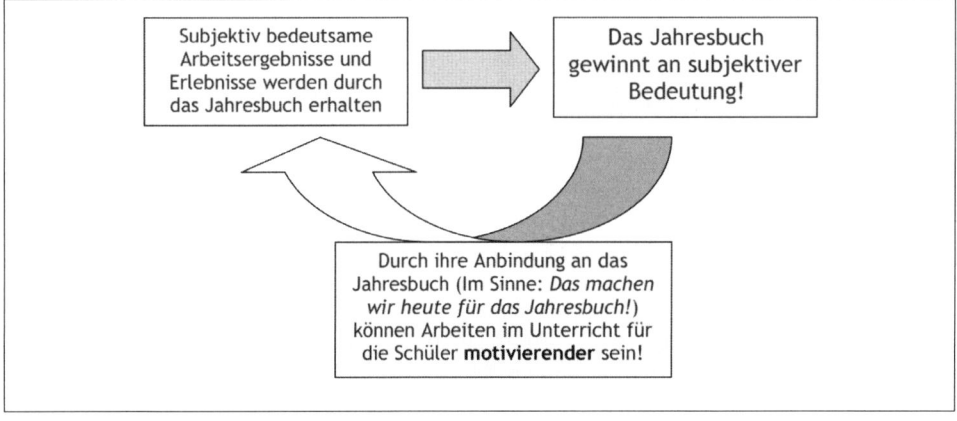

Abb. 98: Motivationskreislauf

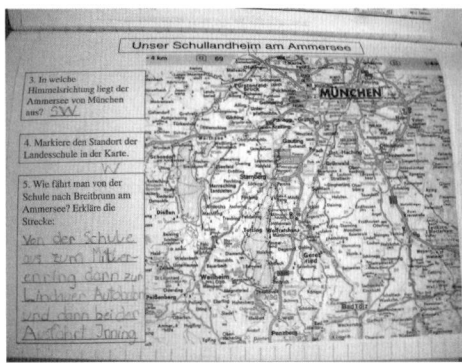
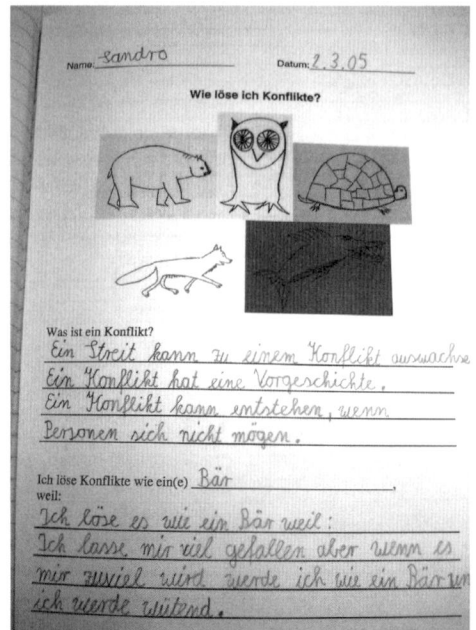
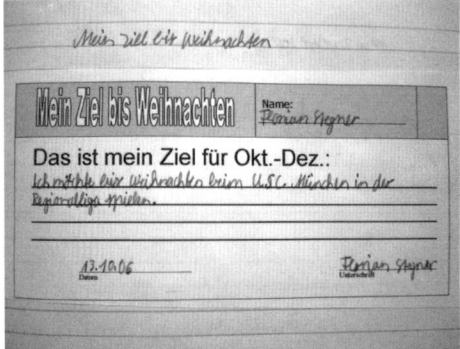

Abb. 97: Beispielhafte fachübergreifende Anlässe für den Einbezug des Jahresbuches

Ein wichtiger Grundsatz liegt darin, dass das Jahresbuch unterrichtlich – auch eingebunden in die Wochenplanarbeit – mindestens einmal in der Woche in die Hand genommen wird. Sei es nur zum Einkleben eines subjektiv bedeutsamen Arbeitsergebnisses des Unterrichts, Bildes etc. So können die Schüler immer wieder an ihr Jahresbuch andocken und es als schuljahresbegleitend wahrnehmen.

Einige Schüler – in meinen Klassen ausnahmslos Mädchen – nutzten von sich aus das Jahresbuch als eine Art Tagebuch. Manche nur zu sporadischen Einträgen, andere regelmäßig; diese Schüler hatten ihr Jahresbuch ein Stück weit ins Herz geschlossen.

Durch kontinuierliches Arbeiten mit dem Jahresbuch besteht die Chance, dass Schüler unbewusst im Jahresbuch einen eigenen Ausdruck finden, einen eigenen Stil, und sich durch ihr Buch ein wenig in ihrem „Das bin ich!" spüren. Schülern mit sonderpädagogischem Förderbedarf tut dieses Gefühl gut, gerade vor dem Hintergrund ihres oft reduzierten Selbstwertes. Meine mittlerweile dreijährige Arbeit mit dem Jahresbuch in zwei unterschiedlichen Klassen zeigte, dass annähernd jeder Schüler einen engeren oder weiteren Bezug zu seinem Jahresbuch aufbaute; beim überwiegenden Teil bin ich mir sicher, dass es als Erinnerung an die Klasse, ein Schuljahr, Veranstaltungen und Ereignisse, selbst geschriebene Geschichten, selbst gemalte Bilder und Zeichnungen, Referate und Praktika, interessante Sachthemen etc. lange erhalten bleiben wird.

6.3 Einbezug von handlungsorientierten, fachübergreifenden Unterrichtsprojekten. Beispiel Bankgeschäfte

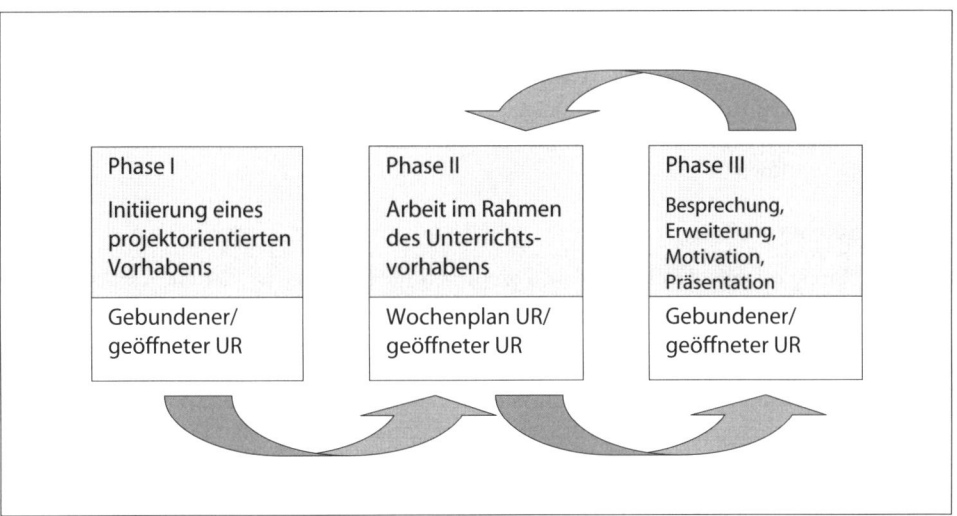

Abb. 99: Verknüpfung projektorientierter Vorhaben mit dem Wochenplanunterricht

In die Wochenplanarbeit können auch immer wieder die Vorgänge längerfristiger fachübergreifender Unterrichtsprojekte eingebaut werden. Durch eine Phasensteuerung mit gebunden und geöffneten Anteilen, mit Formen gruppen- und selbstgesteuerter Bearbeitung, lässt sich ein fachübergreifendes, projektorientiertes Vorhaben motivationsfördernd rhythmisieren.

Das an dieser Stelle skizzierte projektorientierte Vorhaben zur Erlernung von Bankgeschäften richtet sich an Schüler der Jahrgangsstufen 7–9.

Banküberweisung, Online-Überweisung, EC-Karte und Kontoauszug – Ein Unterrichtsprojekt mit einer „echten" Bank

Das handelnde Kennenlernen von Bankgeschäften erleichtert vielen Förderschülern das Verständnis für diese Vorgänge. Im Speziellen stehen im Folgenden die Bereiche des Erlernens der korrekten Ausführung einer Banküberweisung und Online-Überweisung und das Lesen und Überprüfen des Kontoauszuges im Vordergrund.

Moderne Lehrpläne gehen zunehmend auf diesen Bereich ein. Der Lehrplan der bayerischen Hauptschule (2004) beispielsweise führt als Lerninhalt die Aufgaben und Bedeutung der Geldinstitute auf. Dieser bezieht sich u. a. auf die „Abwicklung des Zahlungsverkehrs herkömmlicher Art und über elektronische Bankdienstleistungen" (275), im Speziellen wird auf die „Simulation des Online-Bankings hingewiesen" (ebd.).

Hinweis: Hilfreiche Vorlagen (Kontoeröffnungsantrag, Kontoauszug) und eine programmierte Simulation zur Online-Überweisung können kostenfrei unter der Homepage der Bayerischen Landesschule für Körperbehinderte www.baylfk.de geladen werden (siehe Kapitel 8).

1. Schritt: Gründung einer Bank

Es hilft den Schülern ungemein, wenn eine vermeintlich reale Bank gegründet wird, bei der die Schüler eine Kontonummer zugewiesen bekommen und sich ihr Status in einer EC-Karte (diese kann durch ein vorbereitetes Formular und anschließendem Laminieren leicht hergestellt werden, siehe Download-Hinweise) und einem Kontoauszugsheft wiederspiegelt. In unserem Falle generierten sich Umsätze auf dem Konto durch kleine Gewinnanteile der Klassen-Schülerfirma „bread and coffee" im Bereich des Pausenverkaufes. Aber auch sonst lassen sich durch gegenseitige Überweisungen der Klassenmitglieder untereinander oder sonstiger Ideen Bankbewegungen erzeugen.

Unsere klassenbezogene Bank wurde „Landesschulbank" getauft. Im Vorfeld müssen die Schüler ein Konto eröffnen:

2. Schritt: Konto eröffnen

Diese Eröffnung erfolgte durch ein Word-Formular (downloadbar), bei der die Schüler entsprechend eines Original-Kontoeröffnungsantrages ihren Namen, Adresse und Telefon, Geburtstag, Nationalität, Beruf, Familienstand und Gesetzlichen Vertreter angeben müssen. Es bietet sich an, diese Angaben, genauso wie die Bedeutung einer gesetzlichen Unterschrift allgemein und im Besonderen im Zusammenhang mit einem Konto, im Unterricht zu erarbeiten.

Auch die Unterrichtsstunde der Ausgabe der EC-Karte für jeden Schüler lässt sich mit der Vermittlung der Funktionen einer EC-Karte, ihrem Einsatz in Geschäften und die Vorgangsweise des Geldautomaten verbinden. Aktuell sind die Gefahren des Ausspähens der PIN-Nummer ein großes Problem.

3. Schritt: Die Überweisung und Online-Überweisung

Bei der Unterhaltung eines Girokontos ist die Überweisung der zentrale Vorgang. Wurde früher ein Großteil der Überweisungen mittels Papier (Überweisungsträger) durchgeführt, geht der Trend inzwischen zur Online-Überweisung mittels Online-Banking. Im Besonderen auch deswegen, da das Einreichen eines per Hand ausgefüllten Überweisungsträgers mittlerweile mit einer zusätzlichen Gebühr belastet wird.

Trotzdem ist es zunächst wichtig, die Überweisung mit ihren Bestandteilen im Unterricht durch die Unterstützung mit einem Überweisungsträger einzuführen. Erst wenn die Schüler den Umgang damit gut beherrschen, ist es sinnvoll. dieses auf den digitalen Bereich auszuweiten. Die Simulation hat dabei die Funktion eines Abbaus der Scheu vor einer digitalen Überweisung, dem Umgang des passgenauen Ausfüllens der Formularfelder und einer zusätzlichen Motivation für die Schüler.

Zunächst müssen sich die Schüler bei der Bank mit Name, Kontonummer und Passwort anmelden. Sicherheitsfunktionen beim Online-banking Verfahren im Hinblick auf den Überweisungsvorgang sind hier bewusst weggelassen, da sie sich zu sehr unterscheiden (ein oder mehrere *identifiers* bzw. TANs etc.). Auf einer zweiten Seite sind alle relevanten Daten der Überweisung in die vorgesehenen Formularfelder einzutragen. Nach der Eingabe bestätigen die Schüler durch einen Button. Sollten sich fehlende oder fehlerhafte Eingaben zeigen, fordert das Programm zur korrekten Eingabe auf. Zum Abschluss wird die Aufnahme der Überweisung bestätigt.

4. Schritt: Der Kontoauszug

Die Identifizierung und das Lesen der Informationen auf einem Kontoauszug ist der zweite bedeutsame Vorgang im Zusammenhang mit einem Girokonto. Ein Kontoauszugsheft für jeweils einen Schüler ist – so meine Erfahrung – bei jeder Bank zu bekommen. Eine „Powerpoint-Dateivorlage" hilft bei der Erstellung.

Ein Arbeitsauftrag der Schüler liegt darin, eingehende Kontoauszüge genau zu prüfen. Mindestens einen Fehler füge ich bei einem Kontoauszug eines Schüler ein, um die Schüler zum genauen Studium des Auszuges zu erziehen. Die umgekehrte Form der Erstellung eines Kontoauszuges aufgrund vorgegebener Informationen (siehe Arbeitsblatt, downloadbar) fällt den Schülern schwer, trägt aber zu einem vertieften Lerneffekt bei.

5. Schritt: Die Bank am Leben halten

Der Vorteil eines längerfristigen Laufes der Banksimulation liegt darin, dass durch wiederkehrendes Aufgreifen der Lernerfolg gesichert werden kann. Diese wiederkehrende Aufnahme – auch mit partieller Erarbeitung neuer Aspekte – kann über den Wochenplanunterricht erfolgen.

Durch regelmäßige Bankgeschäfte – die im jeweiligen Wochenplan vermerkt sind – im Rahmen von Überweisungen, regelmäßigen neuen Kontoauszügen, Aufgreifen neuer Unterrichtsinhalte (Sparbuch, Verzinsung, Dispokredit, Konsumenten-, Auto- und Immobilienkredit, Gefahren der Verschuldung), Anknüpfung an eine Schülerfirma der Klasse, beschäftigen sich die Schüler gerne mit Aufgaben zur Bank. Das projektorientierte, fachübergreifende Vorhaben kann somit auf der einen Seite – gerade zur Einführung und Wiederaufgreifen – im Klassenunterricht, als auch auf der anderen Seite – phasenorientiert – im Wochenplanunterricht stattfinden.

6.4 Flankierende Maßnahme des Wochenplanunterrichts: Der Klassenrat

Der Klassenrat ist eine wöchentlich zu einem festen Zeitpunkt stattfindende Besprechung und Konferenz der ganzen Klasse (vgl. Kiper 1997). Nach Landwehr (1998) hat sich gezeigt, dass die Etablierung eines Klassenrats für den Wochenplanunterricht vor allem deshalb ein unverzichtbarer Bestandteil ist, weil er für den Aufbau einer selbstgesteuerten Lern- und Arbeitsdisziplin außerordentlich hilfreich ist: „Nämlich als Forum, in dem das auf Einsicht und Betroffenheit aufbauende Aushandeln von Regeln und das gemeinsame Besprechen von Regelverstößen regelmäßig stattfindet" (57).

Merkmale des Klassenrats

Umschrieben ist der Klassenrat als „eine regelmäßig stattfindende Gesprächsrunde, in der sich Schüler und die Klassenlehrkraft gemeinsam mit konkreten Anliegen der Klassengemeinschaft (z. B. Ausflüge oder Projekte, Organisationsfragen wie Dienste und Regeln, Probleme und Konflikte) beschäftigen und dafür möglichst einvernehmliche Lösungen finden" (Blum/Blum 2006, 10).

Der Klassenrat ist ein „Klassiker aus der Reformpädagogik" (Reich 2007, 6). Folgende Grundgedanken prägen ihn (vgl. ebd.):

- Er findet in regelmäßigen Abständen, meist über eine Schulstunde und wöchentlich statt.
- Verhandlung unterschiedlicher Inhalte: Streitigkeiten, Konflikte in- und außerhalb der Klasse, Unternehmungen der Klasse, Ergebnisse aus Projekten, Planung von Festen usw.
- Für jede Sitzung werden Inhalte gesammelt
- Bestimmte Regeln prägen die Durchführung

Vorteile des Klassenrats – in einer Aufstellung von Blum/Blum (2006) – sind:

Der Klassenrat ermöglicht guten Unterricht durch
- ▶ positives Klassen- und Lernklima,
- ▶ Stärkung der Klassengemeinschaft,
- ▶ Gewaltprävention.

Der Klassenrat entlastet die Lehrkraft durch
- ▶ Vertagen und Konzentration der Anliegen und Probleme auf die Klassenratstunde,
- ▶ Teilen der Verantwortung.

Der Klassenrat vermittelt Kompetenzen:
- ▶ **personale Kompetenzen:**
  Identitätsentwicklung (Selbst- und Fremdwahrnehmung), Emotionalität (Umgang mit Gefühlen), Konzentrationsfähigkeit, Selbststeuerungsfähigkeit, Eigenverantwortlichkeit, Selbstvertrauen (Erfahren von Selbstwirksamkeit).
- ▶ **soziale Kompetenzen:**
  Kommunikationsfähigkeit, Empathie, Konfliktfähigkeit, Teamfähigkeit, Verantwortungsbereitschaft, Toleranz, Akzeptanz.
- ▶ **methodische Kompetenzen:**
  Konfliktlösung, Protokoll verfassen, Gesprächsleitung, Planung von Abläufen.
- ▶ **fachliche Kompetenzen:**
  Inhalte Deutsch (Kommunikationstheorie, Wortschatz).

Abb. 100: Die Vorteile des Klassenrats auf einen Blick (Blum/Blum 2006, 14)

Jedoch hat der Klassenrat auch seine Grenzen: Eine Klasse ist zunächst ein Zweck- und Zwangsverband, deren Mitglieder sich nicht ausgesucht haben. Ein Klassenrat darf daher der Klasse und einzelnen Schülern nicht aufgezwungen werden. In die Klassenratdiskussion dürfen Betroffene nicht gegen ihren Willen einbezogen werden. Es muss für Einzelne immer legitim und nicht rechtfertigungsbedürftig sein, sich einem Gruppendruck zu entziehen. Dies enthebt sie nicht der Verantwortung für ihr Handeln, jedoch bildet der Klassenrat kein Tribunal (Lohmann 2003, 116).

Zu verteilende Ämter im Rahmen des Klassenrats können sein (vgl. 117):

- Der *Diskussionsleiter* achtet auf die Einhaltung der Regeln (Klingel, Klangschale etc.), erteilt das Wort und entzieht es.
- Ein *Zeitwächter* behält die Zeit im Auge, mahnt Redner, wenn sie zeitlich überziehen, unsachlich werden oder vom Thema abweichen.
- Ein *Protokollant* trägt die wichtigsten Dinge in das Klassenratsbuch ein: Themen, Beschlüsse, Anregungen.

Ablauf des Klassenrats

Eine Grundcharakteristik lässt sich hervorstellen, auch wenn unterschiedliche Autoren verschiedene Schwerpunkte setzen (vgl. Lohmann 2003, 118/Blum/Blum 2006, 32):

- *Eröffnung der Runde:* Begrüßung, Erinnerung an den Zweck des Klassenrats (konstruktive Kritik
- *Positive Runde/Anerkennungsrunde:* In einem Blitzlicht sagt jeder Teilnehmer, was in der vergangenen Woche gut gelaufen ist und/oder spricht einem anderen Teilnehmer eine Anerkennung für ein bestimmtes Verhalten aus.

(• Evtl.: *Eine Runde zu Dingen, die in der vergangenen Woche nicht gut liefen.*)
(• Evtl.: *Überprüfung und Rückmeldung zu Beschlüssen.*)

- *Klärung anstehender Probleme*: Zuerst sind die Betroffenen an der Reihe, ihre Sicht der Dinge darzulegen. Dann ist es an den Beteiligten, Lösungsvorschläge zu machen. Auf Anfrage können die anderen Teilnehmer der Runde auch Vorschläge einbringen.
- *Lösungssuche und Vereinbarung:* Variante 1: Die Beteiligten wählen eine ihnen akzeptabel erscheinende Lösung aus. Variante 2: Es wird abgestimmt und der Vorschlag mit den meisten Stimmen ist angenommen.

Je nach Klassenstufe und Schülerzusammensetzung sind Feinjustierungen dieser Punkte möglich und nötig. Jedoch kann schon ab der ersten Klasse (in differenzierter Form) der Klassenrat eingesetzt werden, wie es Blum/Blum (2006, 25) und Morgenthau (2003, 76) betonen.

Regeln des Klassenrats sind (vgl. u. a. Blum/Blum 2006, 3/Lohmann 2003, 117):

- Niemand darf zu einer Rechtfertigung gezwungen werden.
- Im Stuhlkreis muss jeder jeden sehen können, alle Menschen- und Stuhlbeine bleiben auf dem Boden.
- Ich rede nur, wenn ich den Redestein habe.
- Ich höre zu, wenn ein anderer spricht.
- Ich melde mich, wenn ich etwas sagen möchte. Dazu kann ich die verschiedenen Handzeichen verwenden: Melden heißt „allgemeiner Beitrag", Melden mit aufgestütztem Ellenbogen auf dem Knie heißt „Frage/Hinweis zu diesem Thema", gekreuzte Hände für „Einspruch".
- Beleidigungen sind verboten! Ich kehre vor der eigenen Türe und rede über mich und nicht über andere.

Es werden nicht nur Konflikte und Streitigkeiten im Klassenrat besprochen, das würde eine einseitige „Beschwerung" des Rats bedeuten, sondern auch Organisation und Planung von Abläufen, Diensten, Veranstaltungen, Klassenfesten, Schullandheim etc. stehen im Vordergrund. Blum/Blum (2006) bieten viele Anregungen und Kopiervorlagen zur Einführung und Begleitung des Klassenrats.

Letzte Hinweise

Bewährt hat sich m. E. für den Klassenrat freitags die letzte Stunde der Woche. Es muss der Klassenrat auch nicht zwangsläufig wöchentlich stattfinden, es ist auch eine durchschnittliche Durchführung alle zwei Wochen günstig. Zwischen den Wochen mit Klassenrat bietet sich die letzte Stunde der Woche zum Feiern von Schülern an, die während der Woche Geburtstag hatten. Die Freude der Schüler auf den Klassenrat oder das Fest steigert sich auch dadurch, dass zwischenzeitlich in dieser letzten Stunde regulärer Fachunterricht stattfindet.

Ein Aspekt für die Durchführung an der Förderschule, gerade mit Schülern, die Auffälligkeiten im Verhalten zeigen, ist, dass die Leitung und Moderation des Klassenrats durch die Lehrkraft für einen langen Zeitraum der Gewöhnung und Etablierung wichtig ist. Es bildet für die Schüler der Klasse einen stabilen Anker und Schutz. Mit Fingerspitzengefühl können dann Aufgaben des Moderators an wechselnde Schüler weitergegeben werden.

Wichtiger abschließender Hinweis ist, dass Mobbing nicht in den Klassenrat gehört. Mobbing muss außerhalb des Klassenrats konsequent durch die Lehrkraft verfolgt und geahndet werden.

7 Erfahrungen, Möglichkeiten und Grenzen

7.1 Fünf Missverständnisse, die den Wochenplanunterricht belasten können

Durch fünf Missverständnisse oder auch Vorwürfe kann der Wochenplanunterricht belastet sein (vgl. Landwehr 1998, 102):

- *Der Wochenplanunterricht will den herkömmlichen Klassenunterricht ersetzen*

Wie im vorausgegangenen Kapitel schon verdeutlicht, versteht sich der Wochenplanunterricht nicht als Universalmethode, die andere Lehr- und Lernformen verdrängen möchte. Vielmehr ist es eine Erweiterung des unterrichtlichen Methodenrepertoires. Die Betonung ist wichtig, dass die Wochenplanarbeit nur einen Bestandteil eines guten Unterrichts darstellt. „Die Erfahrungen zeigen allerdings, dass es sinnvoll ist, nur einen Teil des Unterrichts im Sinne der Planarbeit zu gestalten und daneben auch andere Unterrichtsformen wie zum Beispiel lehrerzentrierter Klassenunterricht, Projektunterricht, Gruppenunterricht zu pflegen" (Landwehr 1998, 17).

- *Der Wochenplanunterricht ist einzig eine Methode der Unterrichtsorganisation*

Auf einer methodischen Ebene versteht sich der Wochenplanunterricht als eine Methode der Unterrichtsorganisation: Die Methode bietet die Möglichkeit, dass die Lernenden ihr eigenes Lerntempo berücksichtigen, eigene Lernziele und Lernschritte wählen und eigene Lerninteressen verfolgen können.

Auf einer pädagogischen Ebene zeigt sich jedoch noch eine weitergehende Chance, da auch die Lehrer-Schülerrolle tangiert wird. Die Chance liegt darin, dass die Schüler mehr Verantwortung für ihr Lernen übernehmen und eine aktivere Rolle im Unterrichtsgeschehen spielen als im herkömmlichen Unterricht. Gleichzeitig muss sich die Lehrperson während der Wochenplanstunden aus dem Zentrum des Unterrichtsgeschehens zurücknehmen, sie gibt einen großen Teil der direktsteuernden Funktionen ab und räumt im Gegensatz dazu bestimmten Funktionen ein größeres Gewicht ein, die bisher eher im Hintergrund standen (Individuelle Hilfe, Arrangeur einer anregenden Lernumwelt, Qualitative Beobachtung der Schüler und ihrer Lernschwierigkeiten, Persönliche Ansprache etc.). Dieses Rollenverständnis setzt eine pädagogische Grundhaltung voraus, die auf den Aufbau einer Vertrauenskultur sowie auf die konsequente Förderung der Autonomie und Selbstständigkeit ausgerichtet ist.

- *Die Wochenplanunterricht steht im Widerspruch zu einem gemeinschaftsbildenden Unterricht*

Das individuelle und selbstständige Lernen wird durch den Wochenplanunterricht in den Mittelpunkt des Unterrichts gerückt. Damit kann sich die Frage stellen, inwieweit das gemeinschaftsbildende Lernen in diesem Unterrichtskonzept zu kurz kommt. Manchmal wird die Befürchtung geäußert, dass in dieser Art des Unterrichts der einzelne Schüler zu einem „Egoisten" erzogen wird, anstatt Rücksichtnahme auf die (Klassen)Gemeinschaft zu lernen.

In Wirklichkeit ist das Arbeiten mit einem oder mehreren Lernpartnern ein regelmäßiger und unverzichtbarer Bestandteil der Planarbeit. In der Praxis zeigt sich, dass der Wochenplanunterricht gar nicht funktioniert ohne gegenseitige Rücksichtnahme und ohne Regeln, die in der Klasse vereinbart worden sind. Regelungsbedürftige Problemfelder sind beispielsweise der Umgang mit beschränktem Raumangebot, die gemeinsame Nutzung von Lernmaterialien und evtl. computertechnischer Hilfen, die gegenseitige Hilfe bei Fragen und Schwierigkeiten, die Rücksichtnahme auf unterschiedliche Lärmempfindlichkeiten. Ein ausgeprägtes Klassengemeinschaftsbewusstsein fördert einen guten Wochenplanunterricht ungemein.

- *Der Wochenplanunterricht bedeutet „Lernen nach dem Lustprinzip"*

Gerade in der Regelschule wurde der Wochenplanunterricht früher nicht selten gleichgesetzt mit einem Unterricht, in dem die Schüler tun und lassen können, was sie wollen. Selbstbestimmtes Lernen heißt – so wird angenommen – Lernen nach dem Lustprinzip.

Der Wochenplan beinhaltet genauso viel „Ernstcharakter" wie gebundener Unterricht, es liegen die gleichen Lernziele zugrunde. Diese jeweiligen Lernziele transparent zu halten und in der Metakommunikation immer wieder zu verdeutlichen, begegnet diesem vordergründigen Missverständnis. Ist der Wochenplanunterricht erst einmal eingeführt und läuft reibungslos, so sind – dies ist unsere Erfahrung – auch zunächst skeptische Eltern überzeugt.

- *Der Wochenplanunterricht macht die Lehrperson überflüssig*

Der Wochenplanunterricht unterscheidet sich vom gebundenen Unterricht dadurch, dass sich die Lehrperson aus dem Zentrum des Unterrichtsgeschehens herausnimmt. Vielmehr verlagert sich der Tätigkeitsschwerpunkt von der Instruktion zur individuellen Hilfe bei Lernschwierigkeiten, zur Besprechung von Lernergebnissen, zum Nachsehen von erledigten Aufgaben. An der Stelle der Interaktion mit der ganzen Klasse tritt die Interaktion mit einzelnen Schülern. Dies verlangt eine Vielzahl von neuen Fähigkeiten, die zur Routine werden müssen, einerseits um den anfallenden Arbeitsaufwand auf ein erträgliches Maß zu reduzieren und andererseits um die Übersicht und die Kontrolle über die vielfältigen Prozesse, die gleichzeitig ablaufen, nicht zu verlieren.

7.2 Zum Vorwurf der Fremdbestimmung der Schüler

Der Vorwurf Hagstedts „Die Schüler können machen, was ihre Lehrer wollen" (Hagstedt 1987, 4) gegen die „Wochenplanerei" ist sicherlich nicht von der Hand zu weisen. Von einer gewissen Warte betrachtet drängt der Wochenplan die Schüler zu fremdbestimmtem Lernen und versucht den Charakter der Fremdbestimmung zu verschleiern. Dieser – jedoch selten vorgetragene – Vorwurf der Fremdbestimmung kommt bevorzugt von Vertretern einer radikalen Form des selbstbestimmten Lernens, wie beispielsweise der „Freien Arbeit".

Dieser Einschätzung lässt sich entgegenhalten, dass Unterricht immer in fundamentaler Hinsicht auf Lernen und Instruierung angelegt ist, in hohem Maße dadurch (wenn auch nicht ausschließlich) durch die Lehrkraft vorgegeben. Im Gegensatz zu einem ausschließlich gebundenen Unterricht birgt die Wochenplanmethode jedoch neben der klaren Vorgegebenheit der Pflichtaufgaben durch Wahlaufgaben und freierer Zeit- und Aufgabenfolgeneinteilung ein höheres Maß an Selbstbestimmung des Schülers. Die gegenwärtig sich durchsetzende Sichtweise, dass auch der offene Unterricht Strukturierungselemente benötigt (siehe Kapitel 2.7), kommt im Besonderen Schülern mit Förderschwerpunkt entgegen, da diese mit ungeklärten und unstrukturierten Unterrichtsbereichen nur schwer zurecht kommen. Bönsch (2000) verdeutlicht diese veränderte Sichtweise: „Immer ist die Grundidee, dass Freiheiten der strukturellen Verlässlichkeit bedürfen, dass Selbstständigkeit der behutsamen Stützung bedarf. Der Gedanke der konsequent praktizierten Selbstregulierung – besonders wichtig in den 1970er Jahren – ist der Einsicht gewichen, dass nachhaltiges Lernen mithilfe der Balancen von Freiheit und Bindung, Selbstbestimmung und Regelorientierung größere Chancen hat" (369).

Mit Sicherheit liegt es in der Verantwortung einer jeden Lehrkraft – in diesem Punkt kann Hagstedt zugestimmt werden –, dass Wochenpläne nicht als ein „überaus lehrergerechtes, gut handhabbares Steuerungs- und Kontrollinstrument" (1987, 7) missbraucht werden dürfen.

Vaupel (2000) betont einige Aspekte, die einem ausschließlichen „Abarbeiten eines Lernprogrammes" (82) entgegenstehen und das selbstständige Lernen betonen (ebd.):

- Die Pflichtanteile im Wochenplan müssen überschaubar und gut bewältigbar sein, damit dieser Teil die Schüler nicht völlig „verschlingt".
- Die Wochenplanarbeit sollte nicht zu einer materialzentrierten Individualisierungspädagogik degenerieren, die geradezu das Aneinandervorbeileben fördert. Im Wochenplan muss nach Möglichkeiten gesucht werden, Aufgaben zu formulieren, die es erfordern, an gemeinsamen Themen zusammenzuarbeiten. Das Ziel ist, dass die Schüler inhaltliche Arbeit nicht nur als Einzelarbeit empfinden, sondern Lernsituationen erleben, in denen sie miteinander und auch voneinander lernen.
- Um einen atomisierenden Charakter des Wochenplanes zu überwinden, ist es nötig, das Prinzip der Arbeitsvereinigung besonders zu betonen und ihm viel Raum zu geben. In gemeinsamen Auswertungen und Planungen, in die die Arbeit mit dem Wochenplan eingebettet ist, können Schüler Einsicht in den Kontext und Sinn dieser Arbeit entwickeln.

Letztlich liegt das Grundprinzip im Paradoxon „Freiheit in Grenzen". Wenn also die Schüler fragen „Müssen wir heute wieder tun, was wir wollen?" (Morawietz 1997, 254), dann ist man auf dem richtigen Weg.

7.3 Ungünstige Rahmenbedingungen

Es kann sein, dass die Rahmenbedingungen nicht optimal sind! Dreierlei mögliche ungünstige Bedingungen seien hier aufgeführt und mit lösungsorientierten Hinweisen versehen. Morawietz (1997) widmete sich den Problemen der Wochenplan- und Freiarbeit, einige seiner Vorschläge sind hier auch vorgestellt (254f.).

- *Ungünstige Klassenräume*

Klassenräume sind häufig und in der Regel für den Frontalunterricht konstruiert. Für den Wochenplanunterricht ist eine größere Platzressource hilfreich, jedoch nicht Voraussetzung. Für Morawietz (1997, 254) wären drei Zonen optimal: Neben einer Arbeitszone mit Tischen und Stühlen (in U-Form oder als Gruppentische) ist eine Lernzone (ausgestattet mit Schränken und Regalen als Raumteiler) z. B. mit ruhiger Leseecke, Spielecke für Lernspiele und Experimentierbereich zum selbstständigen Erkunden sinnvoll. Wünschenswert ist außerdem eine dritte Zone für Gespräche im Sitzkreis. Durch Improvisieren lassen sich in der Regel höchstens zwei Zonen einrichten. Wenn man nach Morawietz das Lehrerpult an eine Wand stellt und die Schülertische etwas zusammenrückt, schafft man fast immer genügend Platz für die Arbeitszone und zumindest für die Lernzone. Für Sitzkreise vor der Tafel oder halb in der Lernzone müssen einzelne Schülertische umgestellt werden, so dass vorher mit den Schülern das leise Umräumen zu üben ist (254).

Grundsätzlich gilt, dass die Aufgaben des Wochenplans ein Stück weit an die räumlichen Gegebenheiten angepasst werden müssen. Steht ein Differenzierungsraum zur Verfügung oder kann der Gang genutzt werden, können wesentlich mehr Partner- oder Gruppenarbeiten, bewegungs- oder erkundungsorientierte Aufgabenstellungen eingebaut werden, als dies bei sehr beengten räumlichen Bedingungen möglich ist.

- *Mangel an Arbeitsmaterialien und „Einzelkämpfertum"*

Besonders die mit Wochenplanarbeit startenden Lehrkräfte beklagen das Fehlen von geeigneten Arbeitsmaterialien. Auf der einen Seite wurden durch Verlage sehr vielfältige Lern- und Arbeitsmaterialien entwickelt (auch mit impliziter Fehlerkorrekturmöglichkeit für den Schüler), auf der anderen Seite macht es nicht die Fülle, „sondern die sinnvolle, gut durchdachte Zusammenstellung eines begrenzten Arbeitsmaterials" (255).

Nicht zu unterschätzen ist die Unordnung, der Verschleiß und auch manchmal Schwund der Arbeitsmaterialien. Einige Materialien lassen sich längere Zeit nicht auffinden, weil einzelne Schüler sie nicht an den angestammten Platz zurückräumen. Andere „schusselige" Schüler halten das Material nicht zusammen, vermischen unterschiedliche Materialkisten und kümmern sich nicht um verstreute oder heruntergefallene Teile. In Extremfällen zerstören frustrierte Schüler auch einzelne Materialien.

Da fühlt man sich schnell als „Einzelkämpfer". Gerade im Hinblick auf Arbeitsmaterialien lohnt ein enges Zusammenarbeiten mit Kollegen. Geeignetes Arbeitsmaterial wird oft in mühseliger Arbeit zusammengesucht und erstellt, viel einfacher ist es, Informationen über den Bezug passender, sinnvoller und finanzierbarer Materialien auf dem Lehr- und Lernmittelmarkt auszutauschen und das Basteln, Kopieren und Laminieren selbsterstellter Arbeitsutensilien gemeinsam vorzunehmen. Bewährt haben sich in diesem Rahmen auch Stufenarbeitskreise (Grund- und Hauptschulstufenbereich) interessierter Kollegen zu Arbeitsmaterialien.

Auch Morawietz empfiehlt: „Gleichgesinnte Lehrer sollten sich zusammentun und gemeinsam die Wochenplan- und Freiarbeit schrittweise einführen, sich gegenseitig unterstützen, Materialien und Konzepte austauschen und bei (fast unvermeidlichen) Misserfolgen sich gegenseitig wieder aufbauen" (1997, 255). In die Erstellung ihrer Freiarbeitsmaterialien für die Wochenplanarbeit des frühen Grundschulstufenbereiches hat Urban (2003) auch viel Arbeit gesteckt; doch es lohnt sich: „Es macht sicher sehr viel Arbeit, das Material erstmalig zusammenzustellen und aufzubereiten. Aber man muss diese Arbeit nur einmal leisten, dann kann man es für spätere Jahre aufbewahren" (20).

– Im Regelschulbereich wird als einer der größten Hemmschuhe des Wochenplanunterrichts die Klassenstärke betont. Mit 28–30 Schülern wird die Beratung und Hilfestellung äußerst schwierig. Durch wesentlich niedrigere Klassenstärken in den Förderschulen eignet sich die Wochenplanarbeit somit vor dem Hintergrund dieser Einschränkung besonders.

7.4 Zum Motivationsloch der Schüler in höheren Klassen

„Die Wochenplanarbeit läuft nicht so streng und so steril ab wie der normale Unterricht, wo der Lehrer vorne steht und seinen Unterrichtsstoff durchzieht." (Schülerin, zit. n. Vaupel 2001a, 31)

Becker et al. (1997) äußern Schwierigkeit in ihren Klassen 8–10 an der vielgelobten Helene-Lange-Schule: „Ab Klasse 8 haben wir Schwierigkeiten mit der Wochenplanarbeit: Statt zu arbeiten, würden sich viele Schüler und Schülerinnen in dieser Zeit am liebsten über ihre verschiedenen Liebesgeschichten austauschen und können nur unter deutlich größeren Schwierigkeiten als in den vorangegangenen Jahren mit dem Freiraum umgehen. Hinzu kommt, dass die bisher benutzten Materialien für die Wochenplanarbeit nur noch bedingt geeignet für diese Altersstufe sind; viele Schülerinnen und Schüler interessieren sich einfach nicht mehr für die Karteien und Arbeitsblätter, an denen sie vorher noch begeistert gearbeitet haben" (58).

Nach Bönsch (1997, 499–501) verbinden sich mit dem Motivationsbegriff im Unterricht oft Assoziationen in Richtung Manipulation, Trickkiste, Lerntechnologie. Im Unterrichtsalltag wird man auf die Vielfalt der Möglichkeiten nicht verzichten können. Was aber möglichst genau und in aufklärerischer Absicht geklärt werden muss, ist der „Verwendungszusammenhang" einzelner Motivierungsmöglichkeiten. Wenn man von der Grundintention aufklärerischen Lernens ausgeht – diese hat zum Inhalt, dass das Individuum zur Welt, zu anderen und zu sich reflektierende Bezüge entwickeln können muss –, so können Schüler nicht schnurstracks Tag für Tag zum Lernen überlistet werden. Die zentrale Frage ist dann, was ihr Lernen initiieren, anregen, stützen kann.

Bönsch benennt drei Kategorien als entscheidend: „Sinn, Relevanz, Interesse" (1997, 500). Schüler werden sich auf Lernanforderungen, auch ungeliebte und langweilige, einlassen können, wenn sie wenigstens den Sinn solcher Anforderungen erkennen können. Das heißt, dass ihnen von Lehrern die Formulierung von Zielen und die Auswahl von Inhalten begründet und erläutert werden muss (ebd.).

Den höchsten Grad von Motivation sieht Bönsch dann gegeben, „wenn das Lernen schließlich für bestimmte Phasen selbst in die Hand genommen werden muss" (502). Die Prämisse steht im Vordergrund, dass Lernen dann erfolgreich wird, wenn der Lernende im Sinne selbstverantworteten und selbstbestimmten Lernens selbst etwas für wichtig halten kann, für die Erledigung einer Arbeit selbst verantwortlich ist und nicht nur Aufträgen und Anweisungen folgen muss. Der Wochenplan ist für Bönsch eine Möglichkeit, diesen Bedürfnissen der Schüler – gerade in fortgeschrittener entwicklungsbedingter Phase – zu begegnen (ebd.).

Blum, er selbst setzt den Wochenplanunterricht in höheren Klassen ein, sieht seinen Erfahrungen nach die Vorteile des Wochenplanunterrichts u. a. in folgenden Punkten (1998, 90):

- Disziplinprobleme durch sich langweilende Schüler entfallen weitgehend
- Gelernt wird voneinander, miteinander und nicht gegeneinander
- Der Unterricht wird durch das angstfreie Arbeitsklima produktiver
- Der Lehrer ist weniger Stoffvermittler als Lernbegleiter.

Prinzipiell wird auch die Notwendigkeit der Bestätigung der Schüler oft unterschätzt. Landwehr (1998) betont sogar, dass die Verfügbarkeit der Lehrperson während der Wochenplanstunde nicht zuletzt unter dem Gesichtspunkt der Verteilung von Lob und Anerkennung zu sehen ist (36).

7.5 „Lehrer-Überdruss"

So beschreibt Morawietz Konditionsprobleme, die auch engagierte Lehrkräfte ein bis zwei Jahre nach der Einführung der Wochenplanarbeit ereilen kann (1997, 258). Diese „Durchhänger" erleiden die meisten Lehrer irgendwann, aber vor allem diejenigen, die als „Einzelkämpfer" ohne gleichgesinnte Kollegen wirken. Es ist einfach motivational vorteilhafter, wenn mehrere Lehrkräfte die Wochenplanarbeit oder andere Formen des offenen Unterricht praktizieren, dabei in Teams oder Arbeitskreisen zusammenarbeiten, die Materialsuche gemeinsam durchführen, sich bei der Planung der Themen absprechen und „sich gegenseitig bei Misserfolgen trösten und wieder Mut machen" (ebd.).

Eine Einbeziehung der Schüler kann auch neue Impulse bringen: Weil einige Schüler gute Ideen haben, kann eine Mitbeteiligung der Schüler an der Themen- und Aufgabensuche sowie an der Organisation der Wochenplanarbeit für die Lehrkraft einen Motivationsschub bewirken.

Bei Unzufriedenheit über den Unterricht ist es grundsätzlich empfehlenswert, Auffälligkeiten und Entscheidungen zur Wochenplanarbeit zu notieren, dann lässt sich vor dem Hintergrund des Verschwimmens von Eindrücken und Erinnerungen eines immer wiederkehrenden, ähnlichen Wahrnehmungseindruckes (bspw. der Schultage) besser rekonstruieren, woran es gelegen haben könnte. Eine Revidierung fällt vor den (evtl. sogar über einen längeren Zeitraum) festgehaltenen Auffälligkeiten leichter (vgl. ebd.).

7.6 Woran kann der Wochenplanunterricht scheitern?

Abschließend eine Checkliste von 20 möglichen Gründen Landwehrs (1998, 33), woran der Wochenplanunterricht scheitern kann:

1	Die Schüler wurden zu wenig sorgfältig in die Planarbeit eingeführt (unklare Regeln, Überforderung durch fehlende bzw. zu große Einführungsschritte; Unklarheit über Sinn und Zweck der Wochenplanarbeit).
2	Zu große Zeitanteile der Planarbeit (im Verhältnis zum lehrergesteuerten Klassenunterricht) überfordern die Schüler.
3	Die Wochenplanstunden sind im Tagesablauf ungünstig angesetzt.
4	Die Regeln für die Planarbeit werden von den Schülern nicht eigenverantwortlich mitgetragen.
5	Der Lärmpegel in der Klasse ist zu hoch und erschwert ein konzentriertes Arbeiten. Laute, äußerlich-aktive Schülertätigkeiten stören die leisen Lernaktivitäten, die zur gleichen Zeit ausgeführt werden.
6	Den Schülern fehlen Lern- und Arbeitstechniken zum selbstständigen Arbeiten.
7	Die Schüler fühlen sich für das Gelingen des Unterrichts und für ihr eigenes Lernen nicht mitverantwortlich.
8	In der Klasse herrscht eine lernfeindliche und leistungshemmende Lernkultur.

9	Soziale Spannungen in der Klasse beeinträchtigen die Lernbereitschaft der Schüler.
10	Die Lernziele, die den Lernaufgaben zugrunde liegen, sind unklar; die Bedeutung der Lernziele (und der entsprechenden Lernaufgaben) ist für die Schüler nicht einsichtig.
11	Die Lernaufträge lassen ein selbstständiges Arbeiten nicht zu, weil sie zu wenig klar und verständlich formuliert oder zu schwierig sind.
12	Die Lernaufgaben sind monoton, wenig motivierend, rein reproduktiv (ohne kreativen Leistungsanspruch).
13	Die Menge der Lernaufgaben ist zu groß; sie erzeugt einen übermäßigen Leistungsdruck und wirkt demotivierend.
14	Zu wenig verfügbares Arbeitsmaterial führt zu Arbeitsunterbrüchen und zu gegenseitigen Störungen in der Klasse.
15	Die vorgesehene Selbstkontrolle kann nicht ohne fremde Hilfe ausgeführt werden.
16	Zu große Wartezeiten für Einführungen, Beratungen und Lernkontrollen blockieren die Arbeitsgemeinschaft und verleiten zu Störungen.
17	Die Lehrperson verliert in den Einzelgesprächen den Blick für das Ganze.
18	Ermutigungen und persönliche Zuwendung durch die Lehrperson kommen zu kurz; die Schüler fühlen sich allein gelassen.
19	Die Lehrperson ist selber zu wenig vom Wochenplankonzept überzeugt und lässt sich durch auftretende Schwierigkeiten zu sehr verunsichern.
20	Die Eltern wurden zu wenig über die neue Unterrichtsform informiert; ihre Verunsicherung überträgt sich auf die Schüler und beeinträchtigt deren Lern- und Arbeitsverhalten.

Den Schlusspunkt setzt ein Zitat von Bönsch (2000), der die ganze mögliche Tiefe der Wochenplanarbeit auf den Punkt bringt: „Die ewig widerwillige Reaktion auf die unerbittlich Tag für Tag gestellten Forderungen könnte dem Abenteuer weichen, das Lernen in nicht unbeträchtlicher Weise selbst in die Hand nehmen zu können. Würde dies angenommen werden, käme dies einer kleinen Revolution gleich" (374).

8 Downloadhinweise und Literatur

Viele Vorlagen der Autoren, die in diesem Buch vorgestellt werden, können per Download von der Seite der Bayerischen Landesschule für Körperbehinderte bezogen werden: www.baylfk.de (Bereich: Download).
  Diese dürfen gerne eingesetzt und auch verändert werden.

- Drei individuell abgestufte Wochenplanvorlagen, drei Reflexionsblattvorlagen, „Nachdenkblatt" (C. Cassar)
- Wochenplanvorlagen für den Förderschwerpunkt geistige Entwicklung (E. Coenen)
- Wochenplanvorlage für die Primarstufe (A. Schöngart)
- *Lese- und Schreiblied* und *Rechenmeisterlied* (A. und B. Sager)
- Wochenplanvorlage für die Hauptschulstufe, Reflexionsblatt für die Hauptschulstufe, Dokumentationsbogen (J. Moosecker)
- Dateien zum handlungsorientierten Unterrichtsprojekt „Bankgeschäfte" (J. Moosecker)

Literatur

Ackerman, P. L. (1989): Individual differences and skill acquisition. In: Ackerman, P. L./Sternberg, R. J./Glaser, R. (Hrsg.): Learning and individual differences: Advances in theory and research. New York
Aebli, H. (1989): Zwölf Grundformen des Lehrens. Stuttgart
Akademie für Lehrerfortbildung Dillingen (1993): Materialgeleitetes Lernen. Elemente der Montessori-Pädagogik in der Regelschule – Grundschulstufe. Dillingen
Anderson, J. R. (1983): The architecture of cognition. Cambridge
Arnold, K. H./Schreiner, S. (2006): Üben. In: Arnold, K. H./Sandfuchs, U./Wiechmann, J. (Hrsg.): Handbuch Unterricht. Bad Heilbrunn
Ausubel, D. P./Robinson, F. G. (1969): School learning. An introduction to educational psychology. New York
Bartnitzky, H. (1999): Zeugnisse als lernfördernde Rückmeldung. In: Böttcher, W./Brosch, U./Schneider-Petri, H. (Hrsg.): Leistungsbewertung in der Grundschule. Weinheim
Bastian, J./Merziger, P. (2007): Selbstreguliert lernen. Konzept – Befunde – Erfahrungen. In: Pädagogik 7–8/2007, 6–11
Bauer, R. (2001): Schlüsselqualifikationen erlernen. In: Bauer, R. (Hrsg.): Schule als Lern- und Lebensort gestalten. Berlin
Bauer, R. (2003): Offenes Arbeiten in der Sekundarstufe I. Ein Praxishandbuch. Berlin
Bauer, R. (2004): Offene Arbeitsformen. Nur schüleraktivierend, wenn schülergerecht. Beispiele aus der Praxis. In: Pädagogik 56 (2004) 1, 16–20
Bauer, J. (2007): Lob der Schule. Sieben Perspektiven für Schüler, Lehrer und Eltern. 2. Auflage. Hamburg
Beckenbach, H./Topp, M. (2001): Möglichkeiten und Grenzen der Integration. In: Grundschulmagazin 69 (2001) 5–6, 17–20
Becker, G./Kunze, A./Riegel, E. (1997): Die Helene-Lange-Schule, Wiesbaden. Das andere Lernen. Entwurf und Wirklichkeit. Hamburg
Berlinecke, M./Böckermann, M. (1996): Die Arbeit mit dem Wochenplan in Klasse 3 und 4. In: Grundschule 28 (1996) 7–8, 21–22
Blum, D. (1998): Lernprozesse begleiten im Fachunterricht. In: Landwehr, N.: Schritte zum selbstständigen Lernen. Eine praxisorientierte Einführung in den Lern- und Wochenplanunterricht. Aarau
Blum, E./Blum, H.-J. (2006): Der Klassenrat. Ziele. Vorteile. Organisation. Mülheim
Bodenbender, T.: Auf dem Weg zu alternativen Hausaufgaben. In: Die Grundschulzeitschrift, 18 (2004) 179, 16–18
Böhl, W. (1996): Auf dem Weg zu einer offeneren Wochenplanarbeit. In: Grundschulunterricht 43 (1996) 3, 12–15

Bönsch, M. (1998a): Qualifikationen. In: Haarmann, D. (Hrsg.): Wörterbuch neue Schule. Weinheim
Bönsch, M. (1998b): Aufgabentypen für den offenen Unterricht. In: Förderschulmagazin 20 (1998) 11, 5–7
Bönsch, M. (2000): Lernpartituren. Beispiel Daltonplan. In: Die Deutsche Schule 92 (2000) 3, 368–374
Bönsch, M. (2006): Allgemeine Didaktik. Ein Handbuch zur Wissenschaft vom Unterricht. Stuttgart
Brandt, B. (2001): Handlungsstränge im Wochenplanunterricht. In: Rossbach, H. G./Nölle, K./Czerwenka, K. (Hrsg.): Forschungen zu Lehr- und Lernkonzepten für die Grundschule. Jahrbuch Grundschulforschung
Braun, C. (2001): Leistungsbeurteilung im Rahmen der Stationen- und Wochenplanarbeit. In: Grunder, H.-U./Bohl, T. (Hrsg.): Neue Formen der Leistungsbeurteilung in den Sekundarstufen I und II. Hohengehren
Brüning, L./Saum, T. (2006): Erfolgreich unterrichten durch Kooperatives Lernen. Strategien zur Schüleraktivierung. Essen
Bulgren, J. A./Schumaker, J. B./Deshler, D. D. (1994): The effects of a recall enhancement routine on the test performance of secondary students with and without learning disabilities. Learning Disabilities Research and Practice, 9, 2–11
Claussen, C. (1996): Kinder werden selbstständig. In: Grundschulunterricht 43 (1996) 3, 2–4
Claussen, C. (1997a): Unterrichten mit Wochenplänen. Kinder zur Selbstständigkeit begleiten. Weinheim
Claussen, C. (1997b): Wochenplan- und Freiarbeit. 5. Auflage. Braunschweig
Cohn, A./Oeveste, M./Tymister, H. J. (1997): Die Angst vor der Selbstständigkeit der Schüler. Erfahrungen mit der Wochenplanarbeit. Friedrich-Jahresheft
Dahlke, M./Rosenthal, K.-H. (2002): Unser Weg … zu einem subjektorientierten, entwicklungslogischen, kooperativen und integrativen Unterricht. Schandelah
Dapper, C. W. (1997): Meine eigenen „Aha-Erlebnisse". In: Lernen konkret 16 (1997) 4, 11–13
Dick, G. (1998): Offene Unterrichtsformen. Wege zur Wochenplanarbeit. In: Grundschule 30 (1998) 6, 50–51
Dinges, E. (2002a): Wochenplanunterricht. Darstellung eines Konzepts am Beispiel der Unterrichtseinheit „Kartoffel". In: Förderschulmagazin 24 (2002) 6, 5–9
Dinges, E. (2002b): Eine „tolle Knolle". Teil 1: Aufbau, Entwicklung und Herkunft der Kartoffelpflanze. In: Förderschulmagazin 24 (2002) 6, 25–28
Dinges, E. (2002c): Eine „tolle Knolle". Teil 2: Lagerung, Schädlinge und Schale der Kartoffel. In: Förderschulmagazin 24 (2002) 7–8, 35–38
Duden (2005): Das Fremdwörterbuch. Mannheim
Eberle-Weiss, S. (2003): Grund- und Menschenrechte. Wochenplanarbeit dargestellt am Beispiel des Sozialkundeunterrichts. In: Schulmagazin 5 bis 10, 71 (2003) 3, 39–40
Edelmann, W. (2000). Lernpsychologie. 6. Auflage. Weinheim
Eder, F./Felhofer, G. (1994): Schule als Lebenswelt. In: Wilk, L./Bacher, J. (Hrsg.): Kindliche Lebenswelten. Opladen, 197–251
Engelbrechtsen, B. (1995): Ein Geist in vielen Lernbereichen. Ein Beispiel für die Gestaltung der Wochenplanarbeit. In: Grundschulunterricht 42 (1995) 7 + 8, 20–29
Festinger, L. (1954): A theory of social communication processes. Human Relations, 7 (1954) 117–140
Fischer, E. (1997): Offener Unterricht in der Schule für Geistigbehinderte: Möglichkeiten und Grenzen. In: Lernen konkret 16 (1997) 4, 2–10
Fischer, H. (1996): Der Hausaufgabenplan – eine Alternative?! In: Schulmagazin 5 bis 10, 11 (1996) 3, 75–76
Fischer, M. (1995): Wochenplanunterricht – von Anfang an. In: Grundschule 27 (1995) 5, 44–45
Frey, C. (1990): Die Projektmethode. 3. Auflage. Weinheim
Freygang, V. (2002): Sicher im Grundrechnen – mit Selbstkontrolle – Sekundarstufe I. Horneburg
Friedrich Jahresheft (2000): Üben & Wiederholen. Sinn schaffen – Können entwickeln. Seelze/Velber
Gasser, P. (1992): Didaktische Impulse. Geralfingen
Göhlich, M. (1997): Offener Unterricht. Geschichte und Konzeption. In: Göhlich, M. (Hrsg.): Offener Unterricht, Community Education, Alternativschulpädagogik, Reggiopädagogik. Die neuen Reformpädagogiken. Geschichte, Konzeption, Praxis. Weinheim
Grow, G. O. (1991): Teaching learners to be self-directed. Adult Education Quarterly 41 (1991) 125–149
Grunder, H.-U./Bohl, T. (2001) (Hrsg.): Neue Formen der Leistungsbeurteilung in den Sekundarstufen I und II. Hohengehren
Gudjons, H. (2000a) (Hrsg.): Methodik zum Anfassen. Unterrichten jenseits von Routinen. Bad Heilbrunn
Gudjons, H. (2000b): Kleine Schritte sind kein Verrat am Ziel. Über hinführende Formen zu freier Arbeit und Projektunterricht. In: Pädagogik 52 (2000) 11, 6–9

Gunder, H.-U. (2001): Neue Formen der Leistungsbeurteilung in den Sekundarstufen I und II. Baltmannsweiler
Haas-Hausmann, S./Schütz, C. (2000): Wochenplan von Anfang an. Der Praxishelfer für das 1. und 2. Schuljahr. München
Hagener, T. (2007): Kompetenzraster – Checklisten – Wochenpläne. Individualisierung und Selbstregulation im Jahrgang 5 einführen. In: Pädagogik 7–8/2007, 12–17
Hagmann, G. (1997): Wochenplan. Zürich
Hagstedt, H. (1987): Schüler können machen, was ihre Lehrer wollen. In: päd. Extra 10, 4–7
Hartinger, A./Katic, A. (2003): Entspannung üben – Konzentration fördern. In: Grundschule 35 (2003) 10, 50–52
Hartinger, A./Hawelka, B. (2005): Öffnung und Strukturierung von Unterricht. Widerspruch oder Ergänzung. In: Die Deutsche Schule 97 (2005) 3, 329–341
Haunschild, I./Renkawitz, K. (1997): Offener Unterricht und freies Arbeiten. In: Grundschulmagazin 12 (1997) 7–8, 35–38
Hebel, H.-R./Zipfel, E. (1995): Offener Unterricht am Beispiel der Wochenplanarbeit. In: Schulmagazin 5 bis 10, 10 (1995) 9, 4–7
Helmke, A. (2007): Unterrichtsqualität. Erfassen. Bewerten. Verbessern. 6. Auflage. Seelze
Herbert, M. (1987): Morgenkreis, Tagesplan, Wochenplan, Vorhaben, Projekt-Unterrichtsformen für den offenen Unterricht. In: Die Grundschulzeitschrift 1/1987, 1
Herrmann, S. (1998): Sonne ist Leben. Ein Wochenplan zum Frühling. In: Grundschulmagazin 13 (1998) 3, 33–35
Hieronimus, A. (1996): Vom Tagesplan zum Wochenplan. In: Grundschulunterricht 43 (1996) 3, 16–18
Hiller, G. (1997): Ausbruch aus dem Bildungskeller. Langenau-Ulm
Hittinger, A. (2001): Offener Unterricht in den Klassen 7–9. In: Bauer, R. (Hrsg.): Schule als Lern- und Lebensort gestalten. Berlin
Holzkamp, K. (1995): Lernen. Subjektwissenschaftliche Grundlegung. Frankfurt
Huf, C. (2001): Zum Umgang mit dem Wochenplan: Alltagspraktiken und Deutungsmuster von Grundschulanfängern. In: Rossbach, H. G./Nölle, K./Czerwenka, K. (Hrsg.): Forschungen zu Lehr- und Lernkonzepten für die Grundschule. Jahrbuch Grundschulforschung
Huschke, P./Mangelsdorf, M. (1995): Wochenplan-Unterricht. Eine Einführung in die praktische Arbeit. Weinheim
Huschke, P. (1996): Grundlagen des Wochenplanunterrichts. Von der Entdeckung der Langsamkeit. Weinheim
Jerusalem, M. (1997): Schulklasseneffekte. In: Weinert, F. E. (Hrsg.): Psychologie der Schule und des Unterrichts. Göttingen
Jürgens, E. (1994) (Hrsg.): Erprobte Wochenplan- und Freiarbeitsideen in der Sekundarstufe I. Hemsberg
Jürgens, E. (1996): Die ‚neue' Reformpädagogik und die Bewegung Offener Unterricht. Theorie, Praxis und Forschungslage. 3. Auflage. Sankt Augustin
Jürgens, E. (1998): Wege zu selbständigem Lernen. Erfahrungen von Lehrerinnen und Lehrerin mit Freiarbeit. In: Die Deutsche Schule 90 (1998) 3, 321–332
Jürgens, E. (2000) (Hrsg.): Von der Praxis lernen – für die Praxis lernen. Wochenplan- und Freiarbeit aus dem Deutsch- und Fremdsprachenunterricht der Sekundarstufe. Baltmannsweiler
Jürgens, E. (2003): Schüleraktive Unterrichtsformen. Modelle und Praxisbeispiele für erfolgreiches Lehren und Lernen. München
Kiper, H. (1997): Selbst- und Mitbestimmung in der Schule: das Beispiel Klassenrat. Hohengehren
Klempt, R. (1997): „Nur Mut". Gedankliche Annäherung und praktische Schritte zur Wochenplanarbeit an der Schule für Geistigbehinderte. In: Lernen konkret 16 (1997) 4, 17–19
Kluge, E. (1985) (Hrsg.): Vier mal zehn Wochenpläne für die Grundschule. Hemsberg
Knauf, T.: Einführung in die Grundschuldidaktik. Lernen, Entwicklungsförderung und Erfahrungswelten in der Primarstufe. Stuttgart 2001
Kociubski, H. (2001): Die Juniorfirma. In: Schweizer/Selzer: Methodenkompetenz lehren und lernen. Dettelbach
auf'm Kolk, A. (2006): Lesen üben leicht gemacht! 5. Auflage. Donauwörth
Konrad, K. (2003): Wege zum selbstgesteuerten Lernen. In: Pädagogik 55 (2003) 5, 14–17
Kratzsch, M. (1996): Wer können soll, muss wollen dürfen ... In: Grundschulunterricht 43 (1996) 3, 5–8
Kummer, A. (1999): Freie Stillarbeit. Wie man unruhige Kinder auf den Unterricht einstellen kann. In: Grundschulmagazin 14 (1999) 10, 17–18
Kupersmidt, J. B. et al. (1996): Social self-discrepancy: A theory relating peer relation problems and school maladjustment. In: Juvonen, J./Wentzel, K. R. (Hrsg.): Social motivation: Understanding children's school adjustment. New York, 66–97

Lamers, W. (1993) (Hrsg.): Spielräume – Raum für Spiel. Spiel- und Erlebnismöglichkeiten für Menschen mit schweren Behinderungen. Düsseldorf

Landwehr, N. (1998): Schritte zum selbstständigen Lernen. Eine praxisorientierte Einführung in den Lern- und Wochenplanunterricht. Aarau

Lawrenz, T. (1995): Wochenplan – dargestellt am Beispiel „Bäume". In: Grundschulunterricht 42 (1995) 5, 14–17

Lefrançois, G. H. (2006): Psychologie des Lernens. 4. Auflage. Heidelberg

Lelgemann, R.: (2002) Didaktik der Abschlussklasse. In: Didaktik des Unterrichts mit körperbehinderten Kindern. Stuttgart

Leyendecker, C.: (1982) Lernverhalten behinderter Kinder. Eine vergleichende experimentelle Untersuchung zum Lernverhalten bei Kindern mit cerebralen Bewegungsstörungen. 2. Auflage. Heidelberg

Leyendecker C./Thiele, A. (2003): Symptomatik, Ätiologie und Diagnostik bei Beeinträchtigungen der Motorik und der körperlichen Entwicklung. In: Leonhardt, A./Wember, F. (Hrsg.): Grundfragen der Sonderpädagogik. Weinheim, 596–631

Lohmann, G. (2003): Mit Schülern klarkommen. Professioneller Umgang mit Unterrichtsstörungen und Disziplinkonflikten. Berlin

Luft, I. (2004): Lernen mit Möglichkeiten zur Selbstdifferenzierung. In: Grundschulunterricht 51 (2004) 5, 34–36

Markert, T. (2007): Ausgrenzung in Schulklassen. Eine qualitative Fallstudie zur Schüler- und Lehrerperspektive. Bad Heilbrunn

Marxen, I. (1987): Mein Weg zum Wochenplanunterricht. In: Grundschule 3/1987, 17–18

Meier, R./Mayer-Behrens, H. (1988): Freie Arbeit – Wochenplan. In: Die Grundschulzeitschrift 17/1988, 24–27

Meis, R./Sennlaub, G. (1990) (Hrsg.): Mit Feuereifer dabei. 3. Auflage. Weinheim

Meister, H. (2000): Differenzierung von A–Z. Stuttgart

Menzel, B. (1996): Wochenplanarbeit – Lernchancen für die Schüler. In: Grundschulunterricht 43 (1996) 3, 9–11

Merzinger, A. (1998): Wochenplanarbeit ab der ersten Klasse. Anregungen zu einer schrittweisen Einführung. In: Grundschulmagazin 13 (1998) 3, 39–42

Meyer-Bönsch, U. (2002): Kleine Schritte zur Selbstständigkeit. In: Bönsch, M. (Hrsg.): Selbstgesteuertes Lernen in der Schule. Praxisbeispiele aus unterschiedlichen Schulformen. Neuwied

Mielke, R. (2001): Psychologie des Lernens. Stuttgart

Moosecker, J./Pfriem, P. (2005) (Hrsg.): Körperbehinderte Schüler an der Schwelle ins Arbeitsleben. Neue Wege und Herausforderungen in der schulischen Berufswahl- und Lebensvorbereitung. Aachen

Morawek, H. (1997): Offener Unterricht am Beispiel einer Integrationsklasse an der Grundschule Hartenberg in Mainz. In: Lernen konkret 16 (1997) 4, 25–28

Morawitz, H. (1996): Strategien zum Einstieg in die Wochenplan- und Freiarbeit. In: Schulmagazin 5 bis 10, 11 (1996) 5, 45–48

Morawietz, H. (1997): Probleme der Wochenplan- und Freiarbeit. Analysen und Lösungsansätze. In: Pädagogische Welt 51 (1997) 6, 254–259

Morawietz, H. (2000): Lernbiologische Regeln – Sie verbessern den Lehrgangsorientierten und Offenen Unterricht. In: Schulmagazin 5–10, 15 (2000) 1, 51–54

Morgenthau, L. (2003): Was ist offener Unterricht? Wochenplan und Freie Arbeit organisieren. Mülheim

Müller, F. (2004): Selbstständigkeit fördern und fordern. Handlungsorientierte Methoden – praxiserprobt, für alle Schularten und Schulstufen. 3. Auflage. Weinheim

Omonsky, C./Seidel, B. (2005): Schüler mit geistiger Behinderung arbeiten im Zahlenraum bis 10. Buxtehude

Pallasch, W./Reimers, H. (1990): Pädagogische Werkstattarbeit. München

Petersen, P. (1927): Der Jena-Plan einer freien allgemeinen Volksschule. Langensalza

Petersen, P. (1934): Die Praxis der Schulen nach dem Jena-Plan. Weimar

Petersen, P. (1937): Führungslehre des Unterrichts. Langensalza/Berlin

Petillon, H. (2005): Grundschulkinder und ihre sozialen Beziehungen. In: Einsiedler, W. et al. (Hrsg.): Handbuch Grundschulpädagogik und Grundschuldidaktik. 2. Auflage. Bad Heilbrunn, 166–175

Pfeffer, W. (1988): Förderung schwer geistig Behinderter. Würzburg

Pfriem, P. (2005): Neue Wege beim Einsatz von handlungsorientierten Methoden zur Berufswahlvorbereitung von körperbehinderten Jugendlichen. In: Moosecker, J./Pfriem, P. (Hrsg.): Körperbehinderte Schüler an der Schwelle ins Arbeitsleben. Neue Wege und Herausforderungen in der schulischen Berufswahl- und Lebensvorbereitung. Aachen

Pintrich, P. R. (1988): A process-oriented view of student motivation and cognition. In: Stark, J./Mets, L. (Hrsg.): Improving teaching and learning through research. San Francisco

Pitsch, H. J. (2002): Zur Didaktik und Methodik des Unterrichts mit Geistigbehinderten. 3. Auflage. Oberhausen 2002

Raeggel, M./Sackmann, C. (2002): Freiarbeit mit Geistigbehinderten! Geht das denn überhaupt? 3. Auflage. Dortmund

Räuber, G. (1996): Schülerorientierter, Offener Unterricht an der Schule für Lernbehinderte. In: Förderschulmagazin 18 (1996) 6, 5–10

Ratz, C./Schneider, K.-H. (Hrsg.) (1998): Materialgeleitetes Lernen an der Schule zur individuellen Lebensbewältigung. Rimpar

Reich, E. (2007): Der Klassenrat. In: Fördermagazin 10/2007, 5–7

Reiß, G./Eberle, G. (1995) (Hrsg.): Offener Unterricht – Freie Arbeit mit lernschwachen Schülerinnen und Schülern. Weinheim

Rinschede, G. (2005): Geographiedidaktik. 2. Auflage. Paderborn

Rips, D. (2002): Bewegungsangebote im Wochenplan. Horneburg

Rosenthal, K. H./Dahlke, M. (2002): Unser Weg ... zu einem subjektorientierten, entwicklungslogischen, kooperativen und integrativen Unterricht. Schandelah

Rother, K. (2004): Wochenplanarbeit in einer Freinet-Schule. In: Grundschulunterricht 51 (2004) 5, 14–17

Sadewasser, E. (1996): Till Eulenspiegel. Ein Beispiel für die Gestaltung von Wochenplanarbeit. In: Grundschulunterricht 43 (1996) 3, 18–19

v. Saldern, M. (1991): Die Lernumwelt aus Sicht Von Lehrern und Schülern. In: Psychologie in Erziehung und Unterricht 36/1991, 190–198

Sandfuchs, U. (2000): Das Nachschlagen üben. Selbstständiges Lernen durch Einübung in Lern- und Arbeitstechniken. In: Friedrich Jahresheft 2000: Üben & Wiederholen. Sinn schaffen – Können entwickeln. Seelze/Velber

Schermer, F. J. (2002): Lernen und Gedächtnis. 3. Auflage. Stuttgart 2002

Schneider, W./Büttner, G. (1995): Entwicklung des Gedächtnisses. In: Oerter, R./Montada, K. (Hrsg.): Entwicklungspsychologie. Weinheim

Schloms, C. (1993): Freie Arbeit mit dem Wochenplan. In: Hell, P. (Hrsg.): Offener Unterricht. Donauwörth

Seel, M. (2003): Psychologie des Lernens. 2. Auflage. München

Seibert, N. (2000) (Hrsg.): Unterrichtsmethoden kontrovers. Bad Heilbrunn

Seidl, N. J. (1996): So funktioniert die Arbeit mit dem Wochenplan. In: Schulmagazin 5 bis 10, 11 (1996) 9, 79–82

Semb, G. B./Ellis, J. A. (1994): Knowledge taught in school: What is remembered? Review of Educational Research, 64, 253–286

Siepmann, G./Schirmer, B. (1993): Ganzheitliches Lernen im Anfangsunterricht mit lernbehinderten Schülern. In: Zeitschrift für Heilpädagogik 44 (1993) 10, 665–674

Simons, P. R.-J. (1992): Lernen, selbstständig zu lernen – ein Rahmenmodell. In: Mandl, H./Friedrich, H. F. (Hrsg.): Lern- und Denkstrategien. Analyse und Intervention. Göttingen

Skiera, E. (1990): Reformpädagogik und Schule in Europa. In: Klaßen, T./Skiera, E./Wächter, B. (Hrsg.): Handbuch der reformpädagogischen und alternativen Schulen in Europa. Baltmannsweiler

Speck, O. (1980): Geistige Behinderung und Erziehung. München

Staatsinstitut für Schulqualität und Bildungsforschung (Hrsg.): Unterrichten in jahrgangskombinierten Klassen. München 2007

Städing, K. (2003): Lernprozessbegleiter in der Grundschule. Lernkompetenz durch Differenzierung und Individualisierung. In: Pädagogische Führung 14 (2003) 2, 82–84

Stein, R. (2006): Grundlagen einer sonderpädagogischen Didaktik. In: Ellinger, S./Stein, R. (Hrsg.): Grundstudium Sonderpädagogik. 2. Auflage. Oberhausen

Steins, G. (2005): Sozialpsychologie des Schulalltags. Das Miteinander in der Schule. Stuttgart

Stetten, R. (2004): Jahrgangsübergreifender Schulanfang. In: Grundschulunterricht 51 (2004) 6, 18–21

Stolper, K. (2000): Über den Aufbau eines Helfersystems im altersgemischten Stammgruppenunterricht. Zwischen theoretischem Anspruch und pädagogischen Praxiserfahrungen. In: PÄD Forum 1 (2000) 59–63

Strote, I. (1985): Das Wochenplanbuch für die Grundschule. Hemsberg

Süselbeck, G. (2007a): Arbeitstechniken von Anfang an lernen. Bedeutsamkeit für jahrgangsübergreifendes Arbeiten. In: Praxis Grundschule 11/2007, 24–26

Süselbeck, G. (2007b): Regeln, Rituale, Ordnungsprinzipien. In: Praxis Grundschule 11/2007, 28–29

Susteck, H. (1998): Das Mühsame bewältigen. In: Grundschulmagazin 4/1998, S. 7

Traub, S. (2003): Selbstgesteuertes Lernen in der Praxis. In: Pädagogik 55 (2003) 5, 19–22

Autoren

Christine Cassar
 Albert-Schweitzer-Schule
 Thingstr. 50
 70565 Stuttgart-Rohr

Eva Coenen
 Sankt-Martin-Schule
 Förderzentrum für den Förderschwerpunkt geistige Entwicklung
 Am Wäldele 28
 88161 Lindenberg

Dr. Jürgen Moosecker
 Bayerische Landesschule für Körperbehinderte
 Kurzstr. 2
 81547 München

Anja Sager
Bernd Sager
 Johann-Nepomuk-von-Kurz-Schule
 Elbrachtstr. 20
 85049 Ingolstadt

Anke Schöngart
 Bayerische Landesschule für Körperbehinderte
 Kurzstr. 2
 81547 München

Uhlenwinkel, A. (2003): Nanooks Enkel – Wie leben Eskimos heute wirklich? Ein Wochenplan zum Leben der Inuit. In: Praxis Geographie 33 (2003) 10, 31–38
Ulich, K. (2001): Einführung in die Sozialpsychologie der Schule. Weinheim
Urban, A. (2003): Freie Arbeit von Anfang an. Selbstständigkeit und Selbsttätigkeit fördern. In: Grundschulmagazin 71 (2003) 7–8, 19–22
Unterstab, S. (2001): Die schönste Sache der Welt – Wochenplanarbeit zum Thema Liebe und Sexualität. In: Die neue Sonderschule 46 (2001) 3, 206–216
Vaupel, D. (1996): Das Wochenplanbuch für die Sekundarstufe. Schritte zum selbstständigen Lernen. 2. Auflage. Weinheim
Vaupel, D. (2000): Wochenplanarbeit. In: Wiechmann, J. (2000): Zwölf Unterrichtsmethoden. Vielfalt für die Praxis. 2. Auflage. Weinheim
Vaupel, D. (2001a): Selbstständigkeit fördern. Wochenplanarbeit als Weg zur Vermittlung von Schlüsselqualifikationen. In: Pädagogik 53 (2001) 4, 30–34
Vaupel, D. (2001b): Lernergebnisse im Offenen Unterricht. Beispiel: Wochenplanarbeit. In: Pädagogik 53 (2001) 10, 25–28
Vester, F. (2006): Denken, Lernen, Vergessen. 31. Auflage. München
Wagner, A. C. (1987): Schülerzentrierter Unterricht. In: Gesellschaft für wissenschaftliche Gesprächstherapie (Hrsg.): Rogers und die Pädagogik. München
Wallrabenstein, W. (1994): Offene Schule – offener Unterricht. Hamburg
Weinert, F. E. (1997): Notwendige Methodenvielfalt. Unterschiedliche Lernfähigkeiten erfordern variable Unterrichtsmethoden. Friedrich Jahresheft 1997 Lernmethoden. Lehrmethoden. Wege zur Selbstständigkeit. Seelze/Velber
Weinert, F. E. (1999): Konzepte der Kompetenz. OECD. Paris
Wertenbroich, W. (2002): Der unbegrenzte Plan. Möglichkeiten zur Förderung des selbstständigen Arbeitens. In: Förderschulmagazin 24 (2002) 7–8, 43–44
Wiechmann, J. (2000): Zwölf Unterrichtsmethoden. Vielfalt für die Praxis. 2. Auflage. Weinheim
Winkel, S./Petermann, F./Petermann, U. (2006): Lernpsychologie. Paderborn
Witzel, H.-G. (2006): Wochenplanarbeit. Eine Lernform innerhalb der Methodenvielfalt. In: Fördermagazin 12/2006, 5–7
Zeindler, E. (2000): Arbeiten mit dem Wochenplan. In: Pädagogik 52 (2000) 11, 23–26
Zimmermann, B. J. (2002): Becoming a self-regulated learner. An overview. Theory Into Practice 41 (2002) 2, 64–70